du même auteur

Essais

Paul Klee, l'œil en trop, La Différence, 1988 ; 2e éd., La Différence, « Matière d'images », 2007.

L'ombre de la nuit. Essai sur la mélancolie et l'angoisse dans les œuvres de Mario Sironi et de Paul Klee entre 1933 et 1940, La Différence, 1993 ; 2e éd., La Différence, « Les Essais », 2005.

Lindström, La Différence, « Mains et merveilles », 1993, épuisé.

L'art abstrait, P.U.F. « Que sais-je? », 1994 ; 2e éd., 1995, épuisé.

Paul Klee, le geste en sursis, Hachette, 1995 ; 2e éd., Hachette Littératures, « Pluriel », 2008.

L'art en France, 1945-1960, Nouvelles Éditions françaises, 1995, épuisé.

L'expérience esthétique à l'épreuve de la phénoménologie, P.U.F., 1995, épuisé.

Hergé, Tintin le terrible ou l'Alphabet des richesses, en collaboration avec J.-L. Marion, Hachette, 1996 ; 2e éd., Hachette Littératures, « Pluriel », 2006.

Le cinéma de Michelangelo Antonioni, Éditions Images modernes, 2003. Prix « Philippe Arnaud/Cinémathèque française », 2004, épuisé.

Wu Guanzhong, La Différence, « Mains et merveilles », 2007.

Le cinéma saturé. Essai sur les relations de la peinture et des images en mouvement, P.U.F., « Épiméthée », 2007 ; 2e éd., Vrin, 2011.

Histoire de l'art et phénoménologie. Recueil de textes 1984-2008, Vrin, « Essais d'art et de philosophie », 2009.

Romans et récits

Lettres d'août, La Différence, 1990.

Quatre jours dans la neige, Éditions du Regard, 1990, épuisé.

Le rêve de la guerre, La Différence, 1990.

Le malheur, La Différence, 1991.

La chambre du cerf, La Différence, 1992.

La craie, Seuil, 1996.

L'homme malade d'amour, Bartillat, 1998.

Le sang clair, La Différence, 2003.

le cinéma d'Akira Kurosawa

dans la même collection

Jacques AUMONT, *Le montreur d'ombre*, 2012.

Éric ALLIEZ, avec la collaboration de Jean-Clet MARTIN, *L'œil-cerveau. Nouvelles histoires de la peinture moderne*, 2007.

Laure BLANC-BENON, *La question du réalisme en peinture. Approches contemporaines*, 2009.

Alain BONFAND, *Histoire de l'art et phénoménologie*. Recueil de textes 1984-2008, 2009.

– *Le cinéma d'Akira Kurosawa*, 2011.

– *Le cinéma saturé. Essai sur les relations de la peinture et des images en mouvement*, 2 e éd. revue et augmentée, Vrin, 2011.

Fabienne BRUGÈRE, *L'expérience de la beauté. Essai sur la banalisation du beau au XVIII e siècle*, 2006.

Noël CARROLL, *La philosophie des films*, avant-propos et traduction par É. Dufour, L. Jullier, J. Servois, Anna C. Zielinska, 2015.

Anne-Marie CHRISTIN, *Poétique du blanc. Vide et intervalle dans la civilisation de l'alphabet*, 2009.

Danielle COHEN-LEVINAS, *La voix au-delà du chant. Une fenêtre aux ombres*, 2006.

– *L'opéra et son double*, 2013.

Carl DAHLHAUS, *L'esthétique de la musique*, textes réunis et traduits sous a direction de J. Labia, introduction de J. Labia, postface de A. Soulez, 2015.

Giuseppe DI LIBERTI, *Le système des arts. Histoire et hypothèse*, traduit de l'italien par A. Henssien et P. Rougier, 2016.

Thomas DOMMANGE, *Instruments de résurrection. Étude philosophique de La Passion selon saint Matthieu de J.-S. Bach*, 2010.

Formalisme esthétique. Prague et Vienne au XIX e siècle, textes réunis et traduits sous la direction de C. Maigné, 2012.

Roman INGARDEN, *Esthétique et ontologie de l'œuvre d'art*. Choix de textes (1937-1969), présentation, traduction et notes de P. Limido-Heulot, 2011.

– *L'œuvre architecturale, 1945*, introduction, traduction et notes de P. Limido-Heulot, 2013.

G.E. LESSING, *Traités sur la fable*, précédés de la *Soixante-dixième lettre*,

suivis des *Fables*, édition bilingue, avant-propos de N. Rialland, postface de J.-Fr. Groulier, 2008.

K. LÜDEKING, *La philosophie analytique de l'art*, introduction et traduction par J.Fr. Groulier, 2013.

Jacques MORIZOT, *Goodman : modèles de la symbolisation. Avant la philosophie de l'art*, 2012.

Frédéric POUILLAUDE, *Le désœuvrement chorégraphique. Étude sur la notion d'œuvre en danse*, 2009.

Roger POUIVET, *L'ontologie de l'œuvre d'art*, 2010.

Patricia TOUBOUL, *Instruire par l'image. Fénelon et les arts du dessin*, 2012.

Patrick VAUDAY, *Histoire(s) de médium*, 2016.

Eugène VÉRON, *L'esthétique*, 2007.

Lambert WIESING, *La visibilité de l'image. Histoire et perspectives de l'esthétique formelle*, traduction par C. Maigné, 2014.

Clélia ZERNIK, *L'œil et l'objectif. Psychologie de la perception à l'épreuve du style cinématographique*, 2012.

essais d'art et de philosophie

Alain Bonfand

le cinéma d'Akira Kurosawa

« Le mode d'être artistique d'une œuvre peinte est celui qu'elle tient de l'artiste et de l'art auxquels elle doit d'exister.
Le mode d'être esthétique d'une peinture est celui qu'elle tient de l'expérience par laquelle et dans laquelle elle est appréhendée comme œuvre d'art ».

Étienne Gilson de l'Académie française
fondateur de la collection

directrice de collection :
Jacqueline Lichtenstein

6, place de la Sorbonne, Paris V^e
imprimé en Belgique
ISSN 0249-7913
ISBN 978-2-7116-2343-3

Pour Domitille

"Qu'est ce que tu fiches à traîner comme ça ? Dépêche-toi, sinon le soleil va se coucher !"
Oui. Hatsu, au cœur des ténèbres, disait que le soleil allait se coucher.

Natsume Sôseki, *Le Mineur*

introduction

Dans le texte qu'il a intitulé *Comme une autobiographie*, Kurosawa note, sous la forme d'une parenthèse après avoir relaté une anecdote de son enfance : « En rapportant cet épisode de la tenue de kendo et des hautes socques de bois je viens d'avoir une révélation subite : ce sont les objets de mon passé que, sans le savoir, j'ai utilisés dans mon premier film, *La Légende du grand judo*, pour visualiser et symboliser l'entrée de Sanshiro dans une existence vouée au kendo [...] N'est-ce pas le pouvoir de la mémoire qui donne son envol à l'imagination ? »[1]. (Kurosawa veut bien sûr dire « vouée au judo », mais je ne sais si le lapsus vient de lui ou de la traduction.) Les hautes socques de bois seront le signe du passage du temps et des saisons, objet témoin, telle la grille où s'enroule le rosier grimpant dans *Duel silencieux*. Cette phrase à la fois évidente et énigmatique est une clé de l'œuvre de Kurosawa : « N'est-ce pas le pouvoir de la mémoire qui donne son envol à l'imagination ? » En construisant cet essai, j'avais à l'esprit la défiance de Kurosawa pour les théories. Il me semblait qu'il fallait, pour subsumer quelques images, respecter au plus près ces images ; ne pas les aimanter par un concept ; en tout cas, épouser la prudence vers laquelle le pragmatisme de Kurosawa nous guide.

En relisant cette phrase, c'est son film *Rêves* qui m'est venu à l'esprit : *Rêves* est pour Kurosawa une façon de se souvenir, de faire confiance au pouvoir de la mémoire pour donner son envol

1. Akira Kurosawa, *Comme une autobiographie*, Paris, Cahiers du cinéma, 1995, p. 64.

à l'imagination; ce film est d'abord la rémanence de son propre cinéma, né de ce pouvoir de la mémoire[1]. Ainsi, plutôt que d'avancer par concepts et de les déguiser sous le nom d'obsessions, j'ai préféré faire confiance à *Rêves*, et imaginer que chaque court-métrage est un pan de mémoire où s'orchestrent ensemble l'empreinte inédite de l'enfance et celle des films réalisés. L'éclectisme de ces courts-métrages s'accorde à cette idée que j'essaierai de formuler : il y a au cinéma, de même qu'en peinture, une théorie des genres; Kurosawa la formule comme peu de cinéastes et la formule pour la contredire. Oui, l'œuvre de Kurosawa est hétérogène, c'est peut-être pour cela qu'une certaine cinéphilie ne s'y retrouve pas, lui préférant Mizoguchi (on se souvient des débats devenus légendaires entre les *Cahiers du cinéma* et *Positif*). Cette façon d'avancer me semble respecter ce qui appartient en propre au cinéma, cette fraternité des métaphores dont parle Godard, et s'accorde aussi à un principe de montage, où une image fait surgir de la mémoire telle image sœur sans pour autant l'expliquer. Cette concaténation produit alors un montage particulier où « le pouvoir de la mémoire donne son envol à l'imagination ».

J'ai donc choisi de m'ajuster, court-métrage par court-métrage, à la mémoire qu'a Kurosawa de ses films. Ils sont dans *Rêves*, passés ou à venir, et *Le Village des moulins à eau* anticipe *Rhapsodie en août* et *Madadayo*.

De courts-métrages en courts-métrages, Kurosawa reste peintre dans l'âme, tout en étant profondément cinéaste. *Un soleil sous la pluie* semble filmé pour se conclure par un tableau, un seul tableau : l'arc-en-ciel que contemple le petit garçon. L'enfant s'arrête à la frontière entre l'écran et le tableau. Il fait à la fois partie du tableau

1. Le film *Dreams (Rêves)* est composé de huit rêves, que par commodité j'appellerai courts-métrage; les titres des chapitres qui composent cet essai reprennent les titres des rêves. À la sortie du film, dans un article intitulé « La neige et la cendre », Hubert Niogret note : « Esquissé après *Ran* comme un projet au centre duquel se serait trouvé le décès, qu'avait révélé la publication de son autobiographie, de la jeune sœur de Kurosawa, *Rêves* est devenu un film plus large, plus global, à mi-chemin entre des "souvenirs" et un testament. », *Positif*, n°352, juin 1990.

qu'il découvre et est sur le point d'y entrer : cette frontière sera franchie dans le rêve intitulé *Les Corbeaux*.

Ensuite, tout se déroule selon une complexité où la peinture vient se faire et se défaire dans le cinéma. J'ai étudié ce dépassement, cette *Aufhebung* de la peinture par le cinéma et puis son retournement[1]. Dans *Le Verger aux pêchers*, le deuxième court-métrage, le souvenir de sa jeune sœur morte à seize ans s'incarne en une suite de tableaux : les plans fixes des pêchers en fleurs. La sensation d'implosion et la densité des fleurs dans le cadre sont, sinon un hommage, du moins un souvenir – et si le souvenir est conscient, c'est donc un hommage – des plans d'arbres et de fleurs du *Fleuve* de Jean Renoir. Les pétales des pêchers décapités viennent d'un coup, dans le ressouvenir, par touches, exister d'une seconde vie, celle de l'image, comme si justement il s'agissait bien là d'un tableau. Ce principe d'une touche picturale dont le pétale ou le pigment serait l'indice, est un fil qui traverse et relie chacun des courts-métrages. Les flocons de neige de *La Tempête de neige* ou les pigments mortifères de *La Montagne rouge* sont la mise en mouvement par le cinéma d'une image qui ne peut ni ne veut être fixe. Le tableau se fait pour se défaire et trouvera dans *Les Corbeaux* toutes les variations possibles en un hommage à Van Gogh.

Dans *Les Démons gémissants*, l'avant-dernier rêve, cette mise en mouvement est paralysée, l'explosion est retenue. La conversation avec le démon ne se passe dans un champ de pissenlits que parce que leurs fleurs fanées sont une menace si elles explosent. Le tableau est donc là, surréaliste et en suspens, tableau-décor, tableau-présage, tableau-menace et menacé par le moindre mouvement.

Cette présence de la peinture dans le cinéma, ce fil de la peinture qui relie les courts-métrages de *Rêves* répond à la volonté d'écrire *Comme une autobiographie*, de donner corps aux images qui organisent ce livre. Kurosawa fait le point sur son œuvre ; il ébauche à cette époque un scénario dont le sujet est le théâtre Nô, et *Rêves* fait de son

1. Alain Bonfand, *Le cinéma saturé. Essai sur les relations de la peinture et des images en mouvement*, Paris, P.U.F., 2007.

côté ressurgir certains plans du *Château de l'Araignée* ou de *Ran*, dans lesquels le théâtre Nô est si présent (et pour le dire à nouveau à la façon de Godard, jusqu'à se substituer à la langue de Shakespeare). D'un court-métrage à l'autre, *Rêves* me sert de fil conducteur ; mais cet essai n'est pas un livre sur *Rêves*. *Rêves* ne résume pas l'œuvre mais permet, au fil des intuitions et des analogies, de rassembler ce que j'ai vu dans ses films.

Dans *Le Temps scellé*, Tarkovski rend deux fois hommage à Kurosawa. La première occurrence illustre un principe de mise en scène qui pour Tarkovski a une dimension éthique :

> Je voudrais dire encore combien la condition *sine qua non* et le vrai critère de construction plastique d'un film, sont son authenticité par rapport aux faits de la vie. Il tire de là son caractère tout à fait unique, que sont loin de lui donner les compositions plastiques d'un auteur qui l'investirait de quelque mystérieuse tournure de sa pensée, d'où naissent d'ailleurs les symboles faciles qui tournent vite aux clichés. [...] Encore un exemple, dans une séquence des *Sept Samouraïs* de Kurosawa. C'est un village japonais du Moyen Âge. Des samouraïs à pied se battent contre des cavaliers. Il pleut à verse. Tout est dans la boue. Les samouraïs portent leurs habits traditionnels, qui laissent entrevoir leurs jambes nues et couvertes de boue. L'un d'entre eux tombe mort. La pluie lave ses jambes qui progressivement deviennent blanches comme du marbre. La mort est ici à la fois un fait et une image. Mais peut-être n'y avait-il eu là qu'un effet du hasard ? L'acteur courait, il était tombé, la pluie avait lavé la boue, et c'est nous qui prenons ce phénomène comme une révélation voulue par l'auteur[1].

Si je dois justifier mon approche d'une méthode, elle tient dans ces lignes écrites par Tarkovski. Ce qui vient ensuite, le retour aux choses mêmes, les descriptions que j'ai voulu alourdir le moins possible de leur codicille conceptuel, va de soi. Tarkovski, un peu

1. Andreï Tarkovski, *Le Temps scellé*, Paris, Cahiers du cinéma, 2004, p. 84-85.

plus loin dans *Le Temps scellé*, commente une scène du *Château de l'Araignée* pour rendre sensible une préoccupation qui le hantait au moment du *Miroir* :

> Quelques plans de la scène de l'imprimerie sont filmés en accéléré. Mais cette fois on s'en aperçoit à peine. Notre souci était d'agir avec délicatesse pour que le spectateur ne s'en rende pas compte tout de suite, et qu'il ressente d'abord une sorte d'étrangeté. Nous n'avions pas ici l'intention de souligner une quelconque idée, mais d'exprimer un état d'âme sans avoir recours au jeu de l'acteur. Je pense, à cet égard, à une scène du *Château de l'Araignée*, adapté du *Macbeth* de Shakespeare. Comment Kurosawa résout-il la scène où Macbeth s'égare dans le brouillard ? Un réalisateur de moindre qualité aurait dit à ses acteurs de se démener à la recherche de leur chemin, ou de se cogner contre les arbres. Que fait Kurosawa? Il trouve pour cette scène un lieu avec un arbre caractéristique dont on se souvient. Les cavaliers en font trois fois le tour pour que nous comprenions, en revoyant cet arbre, qu'ils passent par le même endroit et qu'ils se sont perdus. Pourtant, les cavaliers continuent à ignorer eux-mêmes qu'ils se sont depuis longtemps trompés de chemin. Avec sa résolution du problème de l'espace, Kurosawa touche ici au plus haut niveau de la pensée poétique, sans aucun maniérisme. En effet, quoi de plus simple que d'installer une caméra et de suivre trois fois le chemin des personnages à la ronde ? En un mot l'image n'est pas une quelconque idée exprimée par le réalisateur, mais tout un monde miroité dans une goutte d'eau, une simple goutte[1].

Tarkovski se souviendra dans son cinéma des plans du *Château de l'Araignée*, ceux des tumuli qui encombrent la forêt après que Washizu et Miki ont entendu la prophétie de la fileuse. Quelque chose s'instille de ces plans dans *Stalker*, et quelque chose qui est le contraire d'une citation. Il est dit dans *Le Château de l'Araignée* : « Hommes d'hier, hommes d'aujourd'hui », dans la mise en garde qui ponctue la tragédie. La manière dont sont édifiés ces tumuli – tibias et crânes amoncelés, et crânes encore coiffés de leurs casques – fait naître une

1. A. Tarkovski, *op. cit.*, p. 129-130.

sensation qui est celle de l'atemporalité de la mort. Nous ne sommes pas plus dans une pièce de Shakespeare que dans le Japon du Moyen Âge ou dans celui de la guerre du Pacifique, c'est tout cela en même temps. La guerre et la mort sont hors du temps. Cela tient à cette part inexplicable que je ne retrouve, ce n'est pas un hasard, que dans *Stalker* de Tarkovski.

Le cinéma de Kurosawa est lesté d'une volonté qui nous oblige en permanence à faire référence au cinéma[1]. Dans la scène du *Château de l'Araignée* que décrit Tarkovski, un élément de mise en scène s'ajoute à son commentaire : l'ambiguïté volontaire et manifeste d'un geste de Washizu. Washizu et Miki viennent de comprendre qu'ils tournent en rond. Ils chevauchent sous la pluie et dans l'orage. La lumière éclate entre les branches. Au début de la chevauchée, on peut avoir la sensation qu'il s'agit d'un soleil aveuglant dans la pluie – la lumière du soleil est aussi violente que la pluie est diluvienne – puis, une autre lumière vient pendant la chevauchée s'ajouter ou se superposer à celle-ci. Il s'agit alors de la lumière de la foudre, de la lumière de l'éclair, qui fuse entre les branches. Washizu dit : « Étrange lumière, je n'ai jamais rien vu de pareil ». Il bande son arc et tire une flèche contre cette lumière, ou à égalité d'arme, tire une flèche contre la foudre. Mais peut-être tire-t-il tout simplement sur la branche de l'arbre qu'il croise pour la troisième fois afin de la marquer d'un signe de reconnaissance, d'un signe de piste. Je crois peu à cette interprétation ; le plan suivant montre en contre-plongée les branches de l'arbre en contre-lumière (bien plus qu'un contre-jour), et dessine l'arbre tel un fragment d'idéogramme monstrueux. Le spectateur a le temps de chercher la flèche plantée dans une branche,

1. Quand je suggère que le cinéma de Kurosawa en appelle en permanence au cinéma, il est impossible alors de ne pas penser au plan qui conclut le premier volet du diptyque de Fritz Lang. Je renvoie au commentaire qu'en fait Jacques Aumont : « À la fin d'un film que Godard connaît bien, *Le Tigre d'Eschnapur* (Fritz Lang, 1958), les héros poursuivis dans un désert de sable, s'effondrent, à bout de forces ; ne supportant plus la chape de feu du soleil, l'homme décharge sur lui son revolver, dans un geste « halluciné » qui « témoigne d'un sens du cosmique ». *Matière d'Image Redux*, Paris, Éditions de la Différence, 2009, p. 339.

il ne la trouvera pas. Ensuite Washizu en appelle au dieu de la guerre, Hachiman, et la chevauchée reprend. Au galop, Washizu tire flèche sur flèche, cette fois il tire dans le vide contre un ennemi invisible. Ce geste convulsif, répété, compulsif, nous le retrouverons dans d'autres films sous d'autres formes. C'est le geste de l'homme que l'on croit aveugle dans *Dodes'kaden* et qui a pour seule occupation, dans sa maison en tôle, de lacérer et déchirer les étoffes.

Dans *Le Château de l'Araignée*, ces flèches, tirées d'abord contre ce qui aveugle puis dans le vide, anticipent la fin du film. La mise en scène défie la lumière qui aveugle et entraîne un enchaînement de tirs à la façon dont se déroule la pellicule, l'engrenage de quelque chose qui ne pourra plus s'interrompre, la machine du destin qui se met en route. Washizu devra périr transpercé de cent flèches, comme si cette flèche tirée contre la lumière avait été un blasphème, le geste qui allait mettre la tragédie en mouvement, littéralement le moteur de cette tragédie, et donc du film.

1. un soleil sous la pluie

John Ford quand il rencontra Kurosawa lui dit : « Vous aimez vraiment la pluie. » Et Kurosawa répondit : « Vous avez bien regardé mes films. » Il n'y a pas un seul film de Kurosawa où il ne pleuve pas. Dans *Un soleil sous la pluie*, la pluie est filmée avec une intention particulière ; elle est l'instrument essentiel pour la constitution du tableau qui se fige dans l'image et conclut ce premier court-métrage. L'arc-en-ciel, devant lequel le petit garçon reste en arrêt, est né de la pluie, du soleil dans la pluie. Les courts-métrages de *Rêves* ont une dimension allégorique, et la pluie, comme dans les autres films, est cet élément qui, dirigé comme un acteur, agit dans le récit. Ici elle agit à la façon d'une métaphore d'où naît l'allégorie : ce tableau final.

Les éléments ont une vocation notable ; ils refusent la thématisation. Dire et décliner chaque plan où il pleut dans le cinéma de Kurosawa et faire de la pluie un thème serait figer ce qui a pour vocation au contraire de faire apparaître, et d'apparaître véritablement comme phénomène. Ce que je note de la pluie vaut du vent, de la neige, de la brume, de chaque élément qui, dans les films, a cette puissance dramatique, celle d'un d'acteur privilégié et capricieux. Le refus de la dimension ontique des éléments, en d'autres termes de les considérer tel des étants, est un des signes singuliers du cinéma de Kurosawa.

Les éléments sont la mesure de l'apparaître, l'outil d'une phénoménalité qui est, dans le récit, davantage qu'une tonalité affective. J'ai dit un acteur, un acteur suprême, un *kami* (le *kami* est un esprit dans la religion *shintô*, et *kamikaze*, par exemple, veut dire « vent divin »). Il ne faut pas tirer ce pouvoir des éléments vers une dimension religieuse ; si elle existe, elle est implicite. Quand l'orage éclate et que la lumière blanche de l'éclair oblige la grand-mère de *Rhapsodie en août* à couvrir de draps blancs les corps des enfants qu'elle croit menacés, puis le sien propre, l'orage et l'éclair appartiennent à l'Histoire. « L'œil de l'éclair », c'est ainsi qu'on le nomme, c'est l'explosion, la bombe, la mémoire de ce jour d'août à Nagasaki, pour cette vieille femme. Le héros de *Vivre dans la peur* se recroqueville tel un animal lorsque l'orage éclate et que la lumière et le grondement ne font qu'un ; l'Histoire trouve alors des alliées dans la peur et l'obsession qui mèneront le personnage que joue Toshiro Mifune (Kiichi Nakajima) jusqu'à la folie.

Dans son autobiographie, il est rare que Kurosawa souligne une dimension théorique, et pourtant il le fait, une fois au moins ; je le cite : « Une théorie qui m'est chère, selon laquelle le pouvoir du cinéma provient de l'effet de multiplication réciproque du son par l'image quand ceux-ci sont mis en rapport l'un avec l'autre [...] »[1]. L'apparaître des éléments, leur phénoménalité, est probablement le lieu dans le cinéma de Kurosawa où ce postulat trouve toute son ampleur. *Duel silencieux* s'ouvre par une pluie sous forme d'un déluge. Dans les baraquements et sous la tente où le chirurgien opère, non loin du front, la pluie et surtout le bruit de la pluie, les étincelles que font les rafales sur le pare-brise du camion, sur les vitres, et sur l'écran qui semble nous abriter de cette pluie, sont une métaphore de ce qui a lieu à quelques kilomètres : tirs de barrage et de mitrailles, combats sans fin, éclats d'obus ... Mais la puissance du cinéma de Kurosawa diffère la métaphore, l'éclabousse par la force de l'image, une force dramatique comparable à ce qui a lieu sur le front et qui, lorsque nous allons entrer sous la tente, dans le bloc opératoire, introduit à la guerre que le médecin mène seul. La coupure avec le scalpel, puis la contamination par la syphilis du soldat qu'il opère,

1. A. Kurosawa, *op. cit.*, p. 181.

sont des blessures de guerre. J'insisterai sur la pudeur avec laquelle la maladie qui condamne est traitée dans le cinéma de Kurosawa. Le médecin de *Duel silencieux* ne veut pas avouer à sa fiancée ce pourquoi il renonce à elle, comme le protagoniste de *Vivre* a tant de mal à « avouer » son cancer.

Je me risque à penser que la pluie, mais aussi tous les autres éléments, la neige, le vent, la brume, commandent à des puissances dramatiques et psychologiques, celles d'une réalité qui ne peut pas être directement dite ou montrée par l'acteur selon le respect de ce qui est écrit dans le scénario. La pluie, dans *Duel silencieux*, est la guerre, est le drame. Cette dimension dramatique, nous la retrouverons dans la direction des acteurs, et dans une conception particulière du montage ; mais c'est dans le statut conféré aux éléments qu'elle trouve son envol. Ce besoin est là très tôt chez Kurosawa, son génie est probablement d'avoir su en inventer les formes, telles cette puissance « phénoménale » des éléments. C'est ainsi que son cinéma, toujours au bord de l'excès ou de la grandiloquence, sait y échapper. Aussi, considérer des éléments comme des thèmes serait en quelque façon nier l'énergie et la singularité de ce cinéma.

Cette tension dramatique, Kurosawa la devine en lui. Il est prêt à la contredire quand il travaille pour un autre. Dans son autobiographie, il se souvient de son rôle d'assistant auprès de Kajiro Yamamoto sur le film *Chevaux (Uma)* :

> Yama-san était resté assis à côté de moi, un certain nombre de fois, pour me regarder monter ce film, mais il n'avait jamais ouvert la bouche, et je savais que si je ne l'entendais pas dire : "C'est bien", cela signifiait que ce n'était pas au point. J'étais dans une impasse complète, et dans mon désespoir, j'implorai son conseil. Il me dit : "Kurosawa, cette scène n'est pas un moment dramatique, c'est du *mono no aware.*" *Mono no aware* signifie "caractère poignant des choses fugitives", comme la tristesse douce, nostalgique, qui vient quand on regarde tomber les feuilles de cerisier. Quand j'entendis cette vieille expression

> de poésie je fus soudain frappé d'une illumination, et je me mis à refaire complètement le montage de la scène[1].

Si cette forme du *mono no aware* caractérise à l'évidence le cinéma de Ozu, elle est antonyme à la nature du cinéma de Kurosawa, emporté par un souffle dramatique dont les éléments sont les leviers. Leviers de l'apparaître, phénomènes par excellence, soulevant avec eux ce qui, psychologisé dans le scénario, basculerait dans l'emphase. Parfois, Kurosawa semble être dans certains films rattrapé par ce « caractère poignant des choses fugitives », cette tonalité intraduisible et propre au Japon. C'est dans *Un merveilleux dimanche* qu'elle est la plus présente ; dans *Je ne regrette pas ma jeunesse* ou dans *L'Idiot*, à certains moments, elle se cristallise. Elle est prise en étau par une prégnance dramatique qui conspire soit avec l'autorité de l'Histoire, soit avec la trame romanesque initiale. Dans *Vivre*, elle est présente, mais tumorisée, étouffée par un temps où le sursis ne laisse plus de place au caractère poignant des choses fugitives. Souvenons-nous de Watanabe que joue Takashi Shimura, à la fin du film, dans le long flash-back de l'édification du jardin : au crépuscule, après une longue journée de travail, alors qu'il lui reste si peu de temps à vivre, en traversant le pont qui surplombe le jardin, il considère le ciel – le spectateur ne voit pas ce qu'il voit – et Watanabe dit et redit : « C'est merveilleux ! [...] Il y a trente ans que je n'ai plus admiré cela, mais je n'ai plus le temps ». Dans *Dersou Ouzala*, le *mono no aware* perce souvent et trouve même un aveu dans le film quand, pour évoquer les moments de bonheur, par pudeur et par ellipse, Kurosawa utilise les photographies témoins de ces instants. Kurosawa touche, sans esprit de théorie, à l'essence de la photographie. Déjà, dans une scène poignante de *Duel silencieux*, il avait eu recours à ce procédé : feuilleter un album photographique d'avant-guerre, d'avant la contamination, celui des instants du bonheur. Dans *Vivre dans la peur*, ce sont les photographies du pique-nique avec les ouvriers ; l'épouse de Kiichi

1. A. Kurosawa, *op. cit.*, p. 178.

Nakajima dit : « Nous étions très heureux, mais j'avais l'impression que quelque chose nous menaçait. » Dans *Rhapsodie en août* et dans *Madadayo*, quelques trouées dans le scénario laissent filtrer cette coloration du *mono no aware*. C'est souvent en regardant la lune, pleine, que cela a lieu, cet instant stable, en équilibre, infiniment fugitif dont la lune est, au sens où je l'entends, l'élément. Parfois, ce ne sont pas les éléments qui s'imposent à l'égal de phénomènes, mais une cale dans le scénario qui vient les mettre en attente. Dans *Rhapsodie en août*, il n'a pas encore plu quand Kurosawa va filmer la cascade qui est comme un écran de pluie que regardent les enfants. De cet écran s'échappe le serpent menaçant qui provoque leur terreur (cette cascade « à la place de la pluie », nous la trouvons aussi dans *La Forteresse cachée*, instrument du scénario). La cascade de *Rhapsodie en août* est une pluie dissimulée par l'allégorie. Elle est l'anticipation et le présage de la pluie qui conclut le film, pluie de déluge qui révèle la folie de la vieille femme, déraison surgie de la peur et du remords. Cette course sous la pluie, débâcle où chacun court pour rejoindre la grand-mère et semble en même temps courir pour fuir, fait écho à la bataille finale des *Sept Samouraïs*, ou au trajet mécanique du garçon-tramway, parapluie ouvert et accroché à sa ceinture dans *Dodes'kaden*. À la fin du *Château de l'Araignée*, nous sommes confrontés à une véritable « pluie de flèches ». Il ne s'agit pas seulement de flèches et d'archers mais bien d'une manifestation qui s'impose dans la mise en scène. Évidemment, la flèche n'est pas un élément, mais nous sommes en présence d'une « pluie de flèches ». Une telle phénoménalité rappelle la pluie réelle que j'évoquais au début de *Duel silencieux*. Dans la chambre maudite du château au cœur du film, Kurosawa et son décorateur (Yoshiro Muraki) prennent grand soin de disposer, en amorce, une herse de flèches comme ils disposeraient un paravent. La flèche, outil de la mise en scène, se dédouble, l'étant qu'elle est devient complexe, elle est et devient ce que la mise en scène veut d'elle. Amorce, ai-je dit, menace, au creux du récit, de l'orage, signe de la fin spectaculaire. Pluie horizontale certes, mais qui correspond au dérèglement même que la narration suppose. La

« pluie de flèches » répond à la forêt qui avance. Les arbres agités par le vent et mis en mouvement par les armées de Noriyasu Odagura, Kuniharu Tsuzuki, et Yoshiteru, le fils de Miki, manifestent cet élément – le vent – qui lui aussi refuse la thématisation. La pluie a convoqué son allié, le vent, qui anime et fait vivre la forêt en marche, et est ainsi rendu visible. Kurosawa fait littéralement voir le vent, la forêt est le dispositif de sa mise en scène. Mettre en scène le vent, ou mettre en scène la pluie, c'est, pour Kurosawa, répondre de leur apparition, en répondre par une intercession. Ce qui est vrai de la pluie, ce qui est vrai du vent, l'est tout autant de la course des nuages, qui apparaissent en vassaux pour servir le ciel : le rendre visible. Je pense à la fin de *Ran*, à ce plan où le visage du roi semble s'effacer lorsqu'il regarde le ciel. On ne voit plus que sa barbe et ses cheveux blancs ; dans un effet spéculaire, Kurosawa cadre le ciel qui devient le miroir dans lequel le roi se regarde. Les nuages s'effilochent et fuient pour faire apparaître le bleu, le vide de ce bleu qui répond au regard d'Hidetora. Les nuages mis en scène par le vent, puis mis en scène par Kurosawa au moment attendu (combien de temps ?), confirment l'intuition que le ciel est l'écran des éléments : du vent, du soleil, de la lune et de la pluie qui, souvent, défait l'écran du ciel. La pluie pactise avec l'écran quand il redevient celui du cinéma, frontal, l'instance où ce qui est donné est donné sous le mode de la séparation. Comment filmer la pluie, comment la faire apparaître selon son intensité et sa violence ? Dans *Rashômon* ou dans *Chien enragé*, Kurosawa mettra de l'encre noire dans les canons qui projettent cette pluie pour la doubler, la redoubler, la rendre visible. On songe, par analogie, à ce qu'on a appelé la « pluie noire », celle des retombées des explosions d'Hiroshima et de Nagasaki, et dont Masuji Ibuse fera le titre de son récit[1] ; la journée qui précéda l'explosion fut étouffante et torride. La pluie, dans presque tous les films, survient par contraste après une longue attente. Dans *Rashômon*, elle ouvre le film. Kurosawa joue du contraste entre cette pluie et la suite, inondée de soleil ; il insiste

1. Masuji Ibuse, *Pluie Noire*, Paris, Gallimard, 1972.

dans son autobiographie sur la prouesse de Kazuo Miyagawa, son opérateur : pointer la caméra directement sur le soleil, filmer le soleil de face. Il ne dit rien de la pluie, comme si la pluie allait de soi.

Violence du contraste donc, mais aussi à l'intérieur du plan, une subtilité certaine dans la mise en scène de la pluie. Pluie écran frontal, barrage, barrière, herse, qui en vient à certains moments à faire apparaître selon sa violence, à la même seconde, un « élément » d'une fragilité insoupçonnable et que le spectateur ne voit pas immédiatement. En revoyant *Chien enragé*, au moment où la pluie est la plus intense, aussi violente qu'était harassante la lumière de l'interminable scène où le jeune policier (Goro Murakami joué par Toshiro Mifune) arpente le marché noir, m'apparaît alors au bord de l'écran, prêt à tomber, posé devant le rideau de pluie, ce qui est davantage qu'un détail de décor : un aquarium où vit et tourne un poisson transparent. L'eau de l'aquarium, cette boule d'eau, posée devant l'écran, est un élément impavide par effet de contraste. Un effet d'une subtilité qui évoque la peinture d'Hiroshige et fait sentir la pluie dans toute sa violence. Plus loin dans le film, Harumi (Keiko Awaji), la jeune danseuse éprise du yakuza, brisera dans un geste d'humeur cet aquarium.

Parmi les éléments, certains ont une vocation plus traditionnelle, celle d'un dévoilement. La brume, bien sûr, qui, dans *Ran* ou dans *Le Château de l'Araignée* se met à agir pour son propre compte, vient contrarier la mise en scène (dans *A.K.*, Chris Marker le fait superbement voir). La poussière des sacs de ciment répandus pour amplifier le galop des chevaux, la brume qui fait apparaître puis disparaître les ruines du *Château de l'Araignée*, sont les instruments du dévoilement. Ils servent à faire apparaître l'invisible, à donner corps aux *kamis*, à rendre présent le présent, à rendre présent le passé, à faire apparaître les fantômes. Dès *La Légende du grand judo*, cette ambition du cinéma de Kurosawa avait pris valeur de manifeste. Dans la région ventée des montagnes Hakone choisie par Kurosawa afin de mettre en scène le duel final, il dut paradoxalement attendre deux jours pour que le vent se lève et ne fit qu'une seule prise. Le vent n'est pas, dans cette scène, l'acteur essentiel, ni même une sorte d'arbitre divin qui viendrait superviser le combat. Le vent est le metteur en scène délégué de ce duel. La portée dramatique d'un tel cinéma trouve dès ce premier film une puissance manifeste, au sens où l'on parle d'un tableau manifeste, au sens aussi où l'on évoque en phénoménologie une essence de la manifestation. Oui, le drame participe de la conspiration des phénomènes et certains phénomènes portent *a priori* ce drame en eux : la neige et le feu. Dersou parle au feu, il lui répond, il l'invective. Le feu a ici une puissance animiste, autonome et singulière. Dans *Ran*, le feu lutte contre Hidetora, c'est lui le véritable ennemi. À la réminiscence évidente de l'incendie des *Niebelungen*, que Kurosawa dit avoir vu en 1924, s'ajoute ce souffle qui anime l'image, la rend visible[1] ; dans cette réminiscence, on retrouve le « pouvoir de la mémoire ». Ceux qui, par une « pluie de flèches », incendient la forteresse, ne sont que des accessoiristes ; le feu trouve son allié dans les éléments, le vent, par exemple. Dans *L'Idiot*, au cœur de la maison d'Akama, le feu animé d'un coup par un souffle de vent jaillit de la trappe du poêle et devient soudainement une entité autonome, un *kami*. Le *kami* du feu apparaît au centre de l'écran, je devrais dire au creux de l'écran, pour faire éprouver que hors-champ, tout autour, le gel et la neige règnent. *L'Idiot* est le film où la neige et le feu forment un hendiadyin. Dans *La Forteresse cachée*, la mise en scène de la cérémonie du feu reprend la scène de la patinoire, capitale dans *L'Idiot*, où le feu, sous la forme de flambeaux, glisse sur la glace. *L'Idiot* (avec *Les Hommes qui marchent sur la queue du tigre*) est le seul film où il ne pleut pas ou à peine, dans un souffle, lors de la scène de conclusion ; c'est une pluie de neige que regarde la jeune femme, une neige mouillée que perce péniblement le soleil, soleil que cette pluie

1. Les *Niebelungen* semblent d'ailleurs s'être imprimés aussi dans *Les Sept Samouraïs* : les scènes dans la forêt respirent cette influence lointaine et pourtant prégnante. Dans son autobiographie, Kurosawa livre la liste des films qui l'ont marqué (*op. cit.*, p. 128). Pour l'année 1924, il fait mention, entre autres, du *Cheval de fer* de John Ford et des *Niebelungen* de Fritz Lang.

de neige fait apparaître[1]. Cette neige, dans le troisième rêve intitulé « La tempête de neige », a aussi ce caractère d'événement et de phénomène, et en aucune façon de décor. Dans la seconde version de *La Légende du grand judo* qui se conclut par le duel entre Tesshin et Sanshiro, les ravins enneigés se sont substitués aux pans ventés des montagnes Hakone :

> Nous le tournâmes en extérieur à un endroit nommé Hoppo, qui est une station de sources chaudes et de sports d'hiver et pendant le tournage, il se passa deux incidents assez drôles. Un jour, j'aidais les architectes de plateau à construire la hutte où vivent les deux frères. Mes gants étaient couverts d'une neige collante, que je devais faire fondre au-dessus du feu[2].

Dans ce film de jeunesse, Kurosawa éprouve le besoin de tourner en décors naturels, puisque la sensation de la neige participe du récit (plus tard, à propos de *La Forteresse cachée*, il dira combien il est parfois plus difficile de tourner en décors naturels, à quel point les éléments, leur caractère intempestif et capricieux, retardent et contrarient le travail).

Un pacte se fait et se défait dans le cinéma de Kurosawa avec les éléments, un pacte ou parfois une lutte, dont le plus bel emblème est probablement cette scène de *Dersou Ouzala* où, dans la steppe gelée, Dersou et Arseniev vont être pris par la nuit et la tempête. Il faut alors faucher. Faucher à la vitesse du danger qui croît. Faucher les hautes herbes pour construire un abri puisque la tempête de neige se décide, et que Dersou l'anticipe. Les deux hommes amassent les herbes en une meule et les gestes du savant épuisé deviennent mécaniques. Il obéit à Dersou, sans chercher à savoir pourquoi ; Dersou construit un abri contre le vent, la neige, la nuit, le froid, un abri contre les éléments. La puissance de cette scène suspend les métaphores.

1. La neige a rarement été filmée comme elle l'est dans *L'Idiot*, et cette dernière image du film m'offre l'occasion de rendre hommage au très récent film de Jean-Michel Alberola, *Koyamaru, l'hiver et le printemps* (2009).

2. A. Kurosawa, *op. cit.*, p. 224.

Métaphores de ce qui échappe dans la mise en scène, qui travaille justement contre les éléments : leur caractère d'événement, imprévisible pour Arseniev autant que pour le réalisateur, et que Dersou seul peut deviner, parce qu'il entretient ce commerce secret avec les éléments. Métaphores également du récit d'exploration et d'initiation puisque nous comprenons que, pour construire l'abri dont les parois seront les hautes herbes fauchées, Dersou va utiliser le trépied qui sert aux mesures du géomètre. L'outil de la science, de la géométrie et de la mesure change ainsi de fonction. Il devient l'armature, la charpente de cet abri improvisé[1]. Dans le cinéma de Kurosawa, les plans les plus lointains se répondent ; je ne sais m'expliquer pourquoi, lorsque j'évoque cette image d'un ventre de chaleur au centre de l'immensité gelée, un des derniers plans de *Madadayo* me revient : à la toute fin, l'enfant qui s'est caché dans une meule de foin en surgit pareil à un petit soleil. Image du rêve d'un vieux professeur qui s'endort dans la mort, rêve qui se continue en un ciel immense, mobile et mouvant, qui envahit l'écran et que le cadre semble ne pas pouvoir contenir. Les éléments, même réduits à leur presque rien, même dans leur amuïssement, sont l'événement de la vie : ils s'obstinent contre l'obscurité et contre la mort. Une scène résume cette intuition : la fin de *L'Idiot*, quand Akama et Kameda, blottis l'un contre l'autre, voient se consumer une bougie ; il y a dans ce feu épuisé une double menace, l'alternative entre l'obscurité et l'incendie, les deux terreurs secrètes de Kurosawa. La cire de la bougie à cet instant évoque, par oxymore, la forme d'une stalactite, cette cire qui s'écoule du feu a la forme du gel comme si tout le film entrait à cet instant ultime à l'intérieur de la maison d'Akama. Assurément, l'incendie et l'obscurité sont des peurs primitives pour

1. La philosophie de Heidegger propose un double statut de l'étant : *Vorhandenheit* ou *Zuhandenheit*. Le caractère d'ustensilité, celui de l'étant sous la main, dans cette modification métaphorique et poétique de la *Zuhandenheit*, trouve ici un exemple particulièrement parlant. Le trépied change littéralement de fonction. Les différentes références issues de *Sein und Zeit* renvoient à l'édition Max Niemeyer Verlag, Tübingen, 2001. Concernant la distinction de la *Zuhandenheit* et de la *Vorhandenheit*, la distinction apparaît au § 16.

Kurosawa. Non seulement elles hantent son cinéma (dans *Madadayo*, le professeur dira : « Un homme qui n'a pas peur de l'obscurité est un estropié de l'âme. ») mais Kurosawa les débusque dans sa mémoire et les consigne dans son autobiographie :

> Il y a des sons heureux, des sons solitaires, des sons tristes, et des sons de peur. Je déteste les incendies et les sons de l'alerte à incendie. La voix et le tambour du pompier criant le lieu du sinistre sont des sons, pour moi, synonymes de terreur. "Bong, bong, incendie dans la circonscription Kanda, Jinbocho." Quand j'entendais ces bruits, je me terrais sous mes couvertures et j'essayais de me faire tout petit[1].

Et, à peine plus loin :

> Il est impossible de se représenter l'intensité de la terreur que l'obscurité totale peut éveiller chez des gens qui n'en ont jamais fait l'expérience jusque-là : c'est une terreur qui annihile toute raison. Lorsque quelqu'un ne voit plus rien autour de lui, il perd complètement le moral et la raison. Et, comme le dit le vieux proverbe : "La peur peuple l'obscurité de monstres"[2].

J'ai dit que les courts-métrages de *Rêves* avaient une dimension d'allégorie ; dans *Un soleil sous la pluie*, la procession des renards, que le petit garçon n'a pas le droit d'avoir vu, a d'autant plus une puissance allégorique que la référence au théâtre Nô y est explicite. Je tenais à libérer les éléments de toute thématisation ; il faut également libérer ces animaux qui, d'un film à l'autre, traversent le cinéma de Kurosawa, d'un inventaire trop simple. Ils sont dans son

1. A. Kurosawa, *op. cit.*, p. 69.

2. *Ibid.* p. 95. Je ne peux m'empêcher de songer à l'évocation par Antonioni de son court-métrage de fin d'étude – première ébauche de film – perdu : « Nous avions décidé avec des amis de tourner un documentaire sur les fous [...] J'ordonnais d'allumer les projecteurs. [...] D'un seul coup, la salle s'embrasa de lumière. Un instant les malades restèrent immobiles, pétrifiés. Je n'ai jamais vu sur le visage d'un acteur une épouvante aussi profonde et totale. Cela ne dura qu'un instant, je le répète, et puis se produisit une scène indescriptible. Les fous commencèrent à se tordre, à hurler, à se rouler par terre. Désespérément, ils cherchaient à s'abriter de la lumière comme d'un monstre préhistorique [...] C'était maintenant à nous d'être pétrifiés devant ce spectacle. Ce fut le directeur qui cria : "Stop ! Éteignez !" [...] et dans la pièce rendue à la pénombre et au silence, nous vîmes un grouillement de corps dans le sursaut d'une agonie. », Michelangelo Antonioni, *Cinema Nuovo*, n°138, juillet-août 1958.

cinéma, au même titre que les éléments, des événements singuliers. La procession des renards est d'abord une apparition. Une des plus belles scènes d'*Un merveilleux dimanche* est celle de la visite au zoo, scène paradoxalement heureuse où l'on voit des animaux en cage, et leurs cages sont moins réelles que la prison de pauvreté et d'errance des deux amoureux. Ce sont plus volontiers les hommes que Kurosawa mettra en cage, et le symbole de l'enfermement accompagne son cinéma. Les animaux sont libres, impermanents, menaçants. J'ai parlé du serpent qui surgit de la cascade dans *Rhapsodie en août*, et le plus souvent, l'animal filmé surgit dans l'image. Il ne faut pas comprendre « surgissement » forcément à l'aune d'une violence brusque, mais dans son essence d'apparition : le protocole de la procession et le hiératisme processionnel sont, dans le défilé des renards, une façon lucide et distanciée d'exprimer sur le mode de l'allégorie cet événement qu'est la présence des animaux dans tout son cinéma. La procession répond à la dimension allégorique que revêt la peinture pour, à l'intérieur du rêve, devenir solide dans le tableau final dominé par l'arc-en-ciel.

Cependant chez Kurosawa le réel, ou sa dramatisation, prend toujours le dessus sur le symbole ; le plan qui me vient immédiatement à l'esprit est celui de l'ouverture de *Chien enragé* : la gueule de ce chien haletant et que l'on sait maquillé, la bave donnant cette sensation que la bête est véritablement enragée. Kurosawa rapporte cette anecdote de l'Américaine procédurière l'ayant mis en demeure de prouver qu'il n'avait pas inoculé la rage à ce pauvre chien ; et Kurosawa de devoir s'exécuter pour éviter tout conflit avec la censure. Ce plan est l'*incipit* du film et il a la puissance d'événement que j'évoquais, comme par exemple la pluie et son bruit de mitraille au début de *Duel silencieux*. Et, à la mention des éléments identifiés aux *kamis* répond, pour les animaux, celle du tigre : Amba, « l'esprit ». Le tigre pour Dersou est plus que le tigre, il est comparable au feu. Et il me semble même que cette analogie avec les *kamis* (Kanga, l'esprit de la forêt où règne Amba, en témoigne) a son écho lointain, volontairement dérisoire mais certain, dans cet usage que Kurosawa fera dans son cinéma des animaux en peluche. Je pense à l'ours blanc offert à Masako par son père dans *Scandale*, et aux lapins mécaniques que fabrique la jeune collègue de Watanabe, le héros de *Vivre*. Elle lui dit à cette occasion qu'elle est heureuse de fabriquer ces animaux car, grâce à eux, elle se sent près des enfants. Phrase d'un dialogue qui passerait inaperçu, s'il ne provoquait pas la décision de Watanabe de construire un parc avec un espace de jeu pour les enfants, afin de se sentir près d'eux après sa mort.

On se souvient aussi de l'inspecteur simenonien de *Chien enragé* (on sait que *Chien enragé* fut d'abord un roman écrit en quarante jours par Kurosawa, justement à la façon de Simenon, qu'admirait sans réserve le cinéaste). Juste avant qu'ils rejoignent le criminel, une scène réunit les deux inspecteurs, le jeune homme que joue Toshiro Mifune (Murakami), et Takashi Shimura (Sato). C'est Sato qui décide de partir pour arrêter le criminel et il a ce geste qui ressemble à celui d'un joueur d'échecs, geste étrange, énigmatique, apparemment gratuit, de déplacer un jouet – je crois me souvenir d'un canard en plastique –, évidente mascotte de l'inspecteur. L'ours en peluche, le lapin mécanique, le petit canard sont investis d'une tonalité affective chaque fois singulière, ils portent en eux un monde et sont les signes d'une décision. Ils sont les témoins de présages, à l'instar des corbeaux qui envahissent la salle du conseil du *Château de l'Araignée*. Lâcher de corbeaux dont la phénoménalité est du même ordre que la pluie de flèches dont je parlais. Il y a dans cet événement de mise en scène, dans la puissance phénoménale de ce lâcher de corbeaux, quelque chose qui en appelle à l'essence du cinéma. On imagine ces corbeaux dans leur volière juste avant qu'ils ne s'envolent et ne se dispersent. Et l'on imagine Kurosawa se souvenant du film de Murnau, de la cage avant que les rats ne soient lâchés sur le navire dans *Nosferatu*[1]. Cette scène des corbeaux anticipe *Les Oiseaux* qu'Hitchcock tournera cinq ans plus tard. *Le Château de l'Araignée*

1. Dans la filmographie qui a rythmé son enfance et son adolescence, il mentionne *Tartuffe* et *Faust*, et plus loin, *L'Aurore*. *op. cit.*, p. 128.

s'inscrit tout autant dans l'histoire du cinéma, il fut projeté pour l'ouverture du National Theater de Londres, occasion de la rencontre entre John Ford et Kurosawa.

Les corbeaux ne sont pas seulement un symbole, fût-il investi d'une dimension propitiatoire, mais aussi les instruments d'un événement cinématographique, d'une apparition soudaine, violente, incontrôlable. Un phénomène en excès que le cadre doit contenir comme une cage. J'ai évoqué l'importance de l'enfermement et de la cage comme principe de mise en scène. Cette structure, nous la retrouvons sous forme de mémorial à Nagasaki, tordue et déformée par la chaleur de l'explosion. Cette armature, prison et espace de jeu, que nous appelons en français « cage à écureuils », est un dispositif étrange dans l'espace. C'est ce dispositif de cage, si je peux utiliser le néologisme d'« encagement », qui donne souvent la sensation que l'acteur chez Kurosawa joue et se comporte comme un animal pris au piège de la mise en scène. Le jeu génial et excessif de Toshiro Mifune dans *Vivre dans la peur* en témoigne au plus haut point ; on se souvient également de ce plan plein-cadre dans *Vivre*, où un lapin mécanique est posé à gauche de Watanabe, tel son double et son totem. On sait, enfin, que l'intuition de *Rashômon* concernant le jeu de l'acteur, Toshiro Mifune toujours, était venue à Kurosawa en regardant un documentaire sur les lions[1]. Et si l'acteur se libère de cette cage, il bondit et gesticule, tel le septième samouraï quand il suit de loin ses futurs compagnons, ou lorsque, se souvenant de son ascendance paysanne, il se met à faucher à la serpe, en gestes compulsifs, afin d'aider ou de séduire une paysanne ; c'est le même geste, mais

1. « Dans ce film, Kyô Machiko [Masago, l'épouse du samouraï dans *Rashômon*] est merveilleuse. Sa nature agressivement féminine m'a fasciné. Après ce film, nous nous sommes promis de retravailler ensemble, mais malheureusement, nous n'en avons pas encore trouvé l'occasion. En attendant que les extérieurs soient construits, nous nous sommes réunis dans un hôtel de Kyoto. Un soir, nous avons projeté en 16 mm un film de Martin Johnson sur l'Afrique. Il y avait un plan où un lion nous regardait à travers un buisson. J'ai dit à Mifune : "Tiens ! C'est un rôle pour toi." J'ai eu l'idée de faire d'un homme un animal. Nous sommes allés voir aussi un autre film d'aventure sur les panthères noires. Dans la salle, à côté de moi, Kyô Machiko a eu tellement peur qu'elle a caché ses yeux derrière ses mains. Cela m'a donné l'idée du geste de la femme dans *Rashômon*. », A. Kurosawa, « L'empereur », *op. cit.*, p. 74.

exactement à l'opposé de celui de Dersou, aussi saccadé et animal que celui de Dersou est contrôlé, nécessaire, vital. L'animal, ou l'animalité, inspire donc le jeu de l'acteur lorsque celui-ci doit être en excès ou revêtir un caractère d'événement; ce qui advient alors donne l'impression d'être à l'étroit dans le cadre et de se cogner frontalement contre l'écran. Je pense à cette scène capitale qui conclut *Entre le ciel et l'enfer*. Ginjiro, le criminel condamné à mort, après un monologue laconique, cynique et apparemment mesuré, bondit et se jette contre la grille qui le sépare de l'industriel. Geste d'animal se jetant contre sa cage avant que le rideau ne tombe, produisant cet effet de miroir noir où Gondo, l'industriel, se retrouve seul en face de son reflet. Ce geste est amorcé par les plans qui précèdent l'arrestation de l'interne, où on le voit apparaître entre les fleurs et les branchages, prédateur traqué à l'égal d'un félin aux aguets.

L'animal chez Kurosawa n'est donc pas une bête filmée, il oriente la mise en scène, prend en otage le jouet et sa symbolique, et incurve et dicte parfois le jeu de l'acteur. Filmer le vent ou donner cette impulsion animale au jeu de l'acteur procède de cette idée qu'il s'agit pour Kurosawa de dramatiser la mise en scène, c'est-à-dire de conférer, grâce aux éléments ou à l'observation de l'animal, une intensité d'événement à certains plans.

Dans ce premier court-métrage de *Rêves*, Kurosawa enracine la procession dans la mythologie pour lui donner une puissance allégorique, et revendique une référence au théâtre Nô ; mais sous l'image, c'est l'allusion à John Ford, qui de façon subliminale, sourde et profonde, est présente. Cette admiration pour Ford filtre dans la manière de filmer les chevaux et les batailles, elle compte peut-être plus encore pour ce protocole processionnel, ici à peine dissimulée mais évidente dans les premiers plans des *Salauds dorment en paix* ou dans certaines scènes de *Madadayo*, ou encore dans un des tous derniers plans des *Sept Samouraïs* où, en contre-plongée, la lumière vient tinter contre les lames des sabres qui marquent l'emplacement des tombes. Le recueillement est ici le même et le plan, identifiable au dernier plan de *The Lost Patrol* de John Ford[1]. Ce que j'entends par événement, dont les éléments sont le levier ou l'animal l'intercesseur, ne suppose donc pas la gesticulation ou la véhémence. La procession ou le recueillement guident vers un événement tout aussi grand et qui comble l'écran au point d'obliger le cadre à s'y conformer.

Un plan, en apparence anodin et d'une simplicité radicale, concentre ce que je viens d'évoquer. Nous sommes dans *Rhapsodie en août*, au moment où Clark vient se recueillir au temple, essayant de pénétrer ce rituel qu'il ne comprend pas et que scande la litanie des sutras[2]. Ce plan est le suivant : le long d'une tige de rosier, Kurosawa filme la course ou la procession – on ne sait – des fourmis. Elles se dirigent, comme aimantées, vers la fleur éclose d'une rose rouge. Ce plan a la précision et l'intelligence d'un haiku – poésie dont on sait l'importance pour Kurosawa. Il s'en explique dans son autobiographie[3]. Le haiku est effectivement comme un déclic, la forme la plus simple qui libère la phénoménalité, rend les éléments à leur apparaître. Certains plans du cinéma de Kurosawa en témoignent, ce plan de la tige et de la rose par exemple. Sa durée même est ambiguë, le plan épouse le rythme de la procession des fourmis. La temporalité est celle de mon regard, du regard de la caméra, qui les suit sans savoir où elles vont, jusqu'à ce dénouement

1. *La Patrouille perdue* (*The Lost Patrol*) est un film de 1934 dont le scénario est signé par Dudley Nichols.

2. Le souvenir dans l'autobiographie est antonyme à l'évocation cinématographique dans *Rhapsodie en août* : « Le jour où elle fut portée en terre, toute la famille et toutes nos relations se rassemblèrent dans le temple bouddhiste, pour écouter les prêtres réciter les sutras. À un moment, la récitation devint plutôt bruyante, et quand ils se mirent tous à carillonner avec un tambour en bois et le son du gong, je fus pris d'un fou-rire nerveux. Mes parents et mes sœurs avaient beau me regarder, je ne pouvais pas m'arrêter. Mon frère m'emmena dehors, toujours hilare. Je m'attendais à subir une engueulade terrible mais il n'avait pas l'air en colère du tout. J'avais pensé qu'il me laisserait et qu'il retournerait à la cérémonie dans le temple, mais au lieu de cela, il se tourna vers l'endroit d'où provenaient les sons et me dit : "Fichons le camp d'ici, Akira". Puis il partit d'un pas vif sur l'esplanade pavée devant le temple. », *op. cit.*, p. 47-48.

3. « Si nous voulions nous exprimer par nous-mêmes, nous devions trouver le moyen de le faire sans toucher à aucun problème social, et c'est pour cette raison que la poésie haiku connut pendant la guerre une vogue nouvelle. », A. Kurosawa, *op. cit.*, p. 240-241.

où l'on découvre, ou l'on voit que c'est le cœur rouge de la rose qui les attire. Dans son autobiographie, le haiku que mentionne Kurosawa comme manifestant sa découverte (fascinée) pour ce genre tombé en désuétude est, justement, d'une simplicité désarmante : « En haut de la montagne / apparaît l'eau / qui dégringole ». Le plan dure le temps de l'apparaître. Le caractère dépouillé et paradoxalement équivoque du plan compromet la métaphore qui viendrait spontanément à l'esprit : celle des fourmis se pressant pour dévorer une rose rouge à cet instant précis du ressouvenir et de l'évocation de la bombe, de l'explosion et de ses conséquences. Que représente la rose ? Que sont ces fourmis ? Le visible l'emporte sur la métaphore, et emporte la métaphore. Le visible est rendu à son énigme, à l'ambiguïté d'un événement qui non seulement ne supporte pas d'être montré par la fiction mais, qui plus est, refuse même l'explicite d'une métaphore. Il y a de l'inmontrable, de l'inexplicable, de l'incompréhensible dans ce plan ; quelque chose a eu lieu que l'intentionnalité ne peut pas restituer, ni par la fiction, ni par la métaphore. La rose rouge se phénoménalise dans le cadre par un effet de superposition unifiant le récit, et apparaît comme est peint « l'œil de l'éclair » quand il se profile à l'embrasure de la montagne. Elle est formellement son équivalent. La procession des fourmis aimantées par la rose se nourrit de cet événement ; à partir de là, toute interprétation est reléguée par la puissance et la simplicité de ce plan, puissance qui procède de sa simplicité. Il y a peu de plans comparables dans le cinéma de Kurosawa et qui en appellent à un tel effet de fascination, une fascination brutale, interrompue, définitive, une injonction à voir aussi forte que la simplicité de ce qui doit être vu. Et si je me réfère au haiku en suivant Kurosawa, deux plans me reviennent à la mémoire : les grains de riz sur la table que ramassent un par un les paysans des *Sept Samouraïs*, et la tomate écrasée dans *Chien enragé* – je reviendrai sur ce plan qui résume tout un film. Il s'agit là d'une fascination paradoxale et qui refuse ses conséquences, où l'apparaître est plus fort que ce qui, dans la fascination, cimente l'apparaître[1].

La tentation est grande de dire que les fourmis sont comme des humains, mais quelque chose fait que l'on y résiste. On ne résiste pas en revanche dans *Kagemusha* à voir, dans le messager en armure qui dévale l'escalier, se frayant un chemin parmi d'autres soldats en armure, un scarabée parmi les scarabées. En relatant ce plan, je me rends compte qu'il s'agit également d'une course solitaire et, à l'inverse des fourmis, cette fois du haut vers le bas. L'homme-scarabée dévale l'escalier comme l'armée des fourmis monte le long de la tige. Dans *Madadayo*, le professeur raconte qu'au moment du bombardement et de l'incendie, son épouse avait ouvert la cage des oiseaux pour que ceux-ci puissent s'envoler, mais que les oiseaux retournaient à leur cage, retournaient se brûler aux flammes casanières. En décrivant cette scène, c'est à un plan terrible des *Sept Samouraïs* que je pense, celui de la femme otage devenue la prostituée des bandits, qui préfère retourner dans la maison en flammes et être brulée vive, plutôt que de subir la honte de retrouver son mari.

Madadayo est l'inverse de *Rhapsodie en août*, c'est l'histoire du solipsisme d'un homme qui subit l'Histoire du Japon, sans pour autant être traversé par elle. Le seul événement qui le perturbe et le plonge dans une profonde dépression est la disparition de Nora, le chat jaune et blanc qui part pour ne plus revenir (dans le roman, ou plutôt l'autobiographie de Hyakken Uchida intitulé *Maada kai* dont s'inspire le film, l'effet est encore accentué puisque le professeur a deux fils dont il ne s'occupe pas). L'animal, ce chat, provoque donc les sentiments que d'autres humains ne peuvent pas susciter. Nora est

1. Par analogie, je pense à un des plans de conclusion de *L'Éclipse* d'Antonioni, plan confirmé d'ailleurs par une notation d'Antonioni lui-même. Dans un texte intitulé *La Frontière*, il écrit : « La lumière des phares laisse une trace sur les arbres lorsqu'elle les éclaire la nuit. Une fois, j'ai dirigé mes phares sur un chêne, je suis descendu de voiture et j'ai été voir. L'écorce grouillait de fourmis qui allaient et venaient avec leur fièvre habituelle si stupide, mais la place touchée par les phares était vide. Les fourmis la contournaient en effleurant le périmètre sans jamais y pénétrer. Elles continuèrent à l'éviter quand, une fois les phares éteints, la lumière disparut à mes yeux, pas aux leurs évidemment. », *Rien que des mensonges*, Paris, Jean Claude Lattès, 1985, p. 177.

irremplaçable, et sera pourtant remplacée par Kurz, que l'épouse du professeur appellera Kuru, le chat noir et blanc qui vivra jusqu'au bout sa vie de chat. C'est l'ultime félin, après le lion inspirateur de *Rashômon* et le tigre de Dersou, de l'œuvre de Kurosawa.

On se demande pourquoi voir la procession des renards est un acte si grave, grave au point de devoir se faire *seppuku*, si l'on n'obtient pas leur pardon. Mais souvenons-nous, les renards sont dans l'univers de Kurosawa d'abord des esprits ainsi que l'explique dans *Ran* la longue parabole que le général Kurogane déroule pour prévenir du danger que représente Dame Kaede. Aucun véritable renard n'apparaît, et le général apporte une tête de renard en pierre à la place de celle de Dame Sue. Revenons un peu en amont de cette scène ; après avoir violé son beau frère, Dame Kaede demande, en pleurant de fausses larmes, la tête de Dame Sue ; à cette seconde elle avise un insecte – une petite sauterelle – qu'elle étouffe de sa manche en cachette. On comprend à ce moment-là qu'elle ne peut pas faire autrement, que cette femme est folle, véritable mante religieuse tuant une sauterelle, l'avatar de Lady Macbeth dans *Le Château de l'Araignée.* Elle écrase la sauterelle après l'avoir étouffée. Le dispositif de l'intrigue – la mort programmée de Sue – passe encore par l'intercession des animaux. Animal maléfique, Dame Kaede l'est. Elle est méchante comme semblent l'être les renards de la procession. Elle est la renarde ; c'est d'ailleurs ainsi que Kurogane, le général, va la dénoncer ; par une fable, quand à la place de la tête de Dame Sue il lui offre la tête de renard en pierre : « Les renards sont nombreux ici, ils se jouent des hommes … Ils se changent en femmes ». Et Kurogane récite la généalogie de la perfidie des renardes : « L'épouse du roi Pan Tsu fit tuer des milliers d'hommes au Japon ; pour ces méfaits, la princesse Tamano finit en renard blanc à neuf queues ». À ce moment de l'évocation par Kurogane, la scène de l'insecte écrasé revient à notre mémoire, puisque dans cette scène la princesse est habillée de blanc et que les manches et la traîne de son kimono sont comme les queues d'un renard. Le général conclut : « Il se pourrait bien qu'elle vive non loin d'ici maintenant, fais attention, Seigneur ». Quand à la fin du film le même Kurogane décapitera Dame Kaede, éclaboussant le mur et tout l'écran de sang, c'est ainsi qu'il l'appellera, « la renarde ».

Cependant l'animal qu'aimait le plus Kurosawa, celui qu'il a le plus mis en scène, le cheval, n'apparaît dans aucun des courts-métrages de *Rêves* ; certes nous le verrons, il y a bien ce plan sur la locomotive en mouvement, ce cheval de fer – hommage à John Ford – dans le court-métrage intitulé *Les Corbeaux*. On se souvient du cheval blanc qui tourne et tourne encore dans *Le Château de l'Araignée*, comme s'il était un élément du destin, du cheval du kagemusha qui désarçonne l'imposteur, du regard du cheval de garde filmé au ralenti, regard plein de reproches adressé au professeur dans *Madadayo*, quand celui-ci va acheter de la viande de cheval pour la mélanger avec de la viande de cerf afin de l'offrir à ses anciens élèves ; des galops sans fin étouffés par la poussière de ciment semée pour amplifier ces galops lors du tournage de *Ran* ; et enfin, de cette phrase dans *L'Ange ivre*, prononcée au comptoir par le tenancier d'un bar à propos de Matsunaga : « C'est un cheval brisé bon pour l'abattoir. » Chobo, le petit voleur de *Barberousse* dira : « Je voudrais être un cheval pour pouvoir manger de l'herbe parce qu'il y en a partout. »

2. le verger aux pêchers

S'il n'y a pas de chevaux dans *Rêves*, il n'y a pas non plus de samouraïs. Cependant, le geste que sa mère demande d'accomplir au petit garçon parce qu'il a vu ce qu'il ne devait pas voir, est le geste ultime du samouraï. Et c'est par l'intercession du théâtre et des costumes que le monde du passé entre dans le second rêve.

Ce n'est pas la gestuelle du théâtre Nô mais celle de la tradition du *bunraku*, le théâtre de marionnette, qui anime et met en mouvement les poupées d'un souvenir d'enfance douloureux, évoquant les obsèques de Petite Grande Sœur, ainsi que Kurosawa la nomme dans son autobiographie :

> J'étais en huitième quand cette sœur qui m'était chère tomba malade. Presque aussitôt, comme si elle avait été touchée par un vent mauvais, elle mourut. Jamais je n'oublierai le sourire désespéré qui errait sur son visage quand nous allâmes la voir à l'hôpital Juntendo. Je ne peux pas non plus oublier nos jeux au moment de la Fête des Poupées. Dans ma famille, nous avions un ensemble complet de poupées de fête représentant l'Empereur et l'Impératrice. Nous avions aussi les trois Dames de cour, cinq musiciens de cour, un Urashima Taro (une sorte de Rip Van Winkle sous-marin, qui voyage sur une tortue et rentre chez lui quand il est déjà devenu un vieil homme), et enfin une Dame de cour avec un chien pékinois en laisse[1].

1. Akira Kurosawa, *op. cit.*, p. 46.

Le verger aux pêchers, saccagé, est filmé telle une parabole pour évoquer la mort de Petite Grande Sœur. Au début du rêve, quand le petit garçon réalise qu'il manque l'une des petites filles, Kurosawa a pris soin de disposer dans le décor un bouquet constitué uniquement par des branches de pêchers en fleurs. L'enfant sort de la chambre aux poupées et se dirige alors vers le verger décapité. Le verger décapité est là à la place de la mort : c'est une métaphore sur le mode de la litote, propre à cette pudeur de Kurosawa qui fait que l'évocation de la mort a lieu par l'entremise d'un objet, ici les fleurs. Le plan le plus saisissant pour manifester cette évocation de la mort est celui de la tomate écrasée dans *Chien enragé*, filmé en deux temps, pour faire éprouver ce que Kurosawa se refuse à montrer : le corps de la femme qui vient d'être assassinée. Je reviendrai sur cette pudeur parfois mésinterprétée. Dans *Le Verger aux pêchers*, c'est aux fleurs qu'est dévolu ce rôle, faire voir, faire comprendre ce qui ne peut être évoqué directement ; dans *Rêves*, les fleurs tiennent ce rôle : le champ de fleurs dans *Un Soleil sous la pluie*, où le petit garçon s'aventure et qui est « l'avant-champ » du tableau dominé par l'arc-en-ciel, mais tout aussi bien dans les *Démons gémissants*, les pissenlits à taille d'homme dont les fleurs fanées sont un danger, sont l'évocation symbolique d'une explosion pathogène. Cet usage métaphorique des fleurs répond à une évocation de la peinture qui se complexifie de rêve en rêve et correspond aux étapes de la constitution d'un tableau, comme si les fleurs, pistils, pétales, pollens, travaillaient à l'instar des touches de peinture et selon une symbolique revendiquée. Je pense au bouquet d'œillets rouges dans *L'Idiot*, œillets dont il est dit explicitement qu'ils sont rouges – emblème d'une déclaration d'amour – pour suggérer qu'il y a de la couleur dans un film en noir et blanc. Un film en noir et blanc où le blanc de la neige étouffe le film et lui donne sa tonalité affective essentielle, un blanc au-delà du blanc cinématographique, une couleur ou une absence de couleur qui s'impose et donne la sensation paradoxale de couleur[1]. La fleur témoigne d'un désir de couleur qui dénonce le noir et blanc. On connait l'anecdote des camélias dans *Sanjuro*, signe du tour que doit prendre l'action, lorsque par brassées entières, ils filent le long du ruisseau. Kurosawa voulait que cette scène fût en couleur dans le film, il fit une tentative mais y renonça. En revanche, il fit peindre toutes les fleurs accrochées dans les arbres, camélias noués dans les branches d'un arbre de sakaki. Les fleurs d'un arbre dans les branches d'un autre, arbre hybride en noir et blanc pour le spectateur, mais dont chaque fleur avant d'être greffée à sa branche avait été peinte[2].

Il est inutile de subsumer le rôle des fleurs dans le cinéma de Kurosawa ; à la façon des enfants qui apportent des bouquets disparates pour le dernier anniversaire du professeur dans *Madadayo*, je décris celles qui me reviennent en mémoire : les couronnes mortuaires devant l'autel commémoratif après la mort de Watanabe dans *Vivre*, et dans *Ran* cette autre couronne dérisoire confectionnée par le page-bouffon pour Hidetora avec des fleurs des champs. Je pense aussi à l'écran saturé de fleurs quand, dans *Les Sept Samouraïs*, le jeune homme, après avoir éprouvé la tension du désir, se refuse à la jeune paysanne. Quand le désir vaincra la réserve du jeune homme, le feu volera le rôle qui incombait aux fleurs : le jeune samouraï et la jeune femme sont en face l'un de l'autre, séparés par un grand feu qu'ils contournent pour se réfugier dans une grange. La lumière qui va embraser leur étreinte sera celle de ce feu ; c'est à nouveau là infiniment plus qu'une métaphore, le feu éclaire véritablement l'étreinte. Il devient à l'intérieur de la mise en scène un outil au delà du symbole où la puissance du réel fait oublier la métaphore. Scène de

1. *La Maison du docteur Edwardes (Spellbound)*, sorti en 1945, est l'un des rares films en noir et blanc où le blanc a un rôle analogue, c'est-à-dire un rôle de couleur paradoxale. Hitchcock conclut d'ailleurs son film par l'éclaboussure rouge du coup de feu qui se retourne contre le spectateur.

2. Ce désir de couleur n'incombe pas qu'à la fleur. La fumée rose dans *Entre le ciel et l'enfer* qui doit dénoncer le kidnappeur quand il décidera de brûler le cartable de la rançon, témoigne d'un désir identique ; dans un cas comme dans l'autre la couleur est un indice, un signal, avec mission d'interrompre le noir et blanc, à un moment capital de l'action (dans certaines versions, cette couleur dans la fumée est visible, dans d'autres, non).

désir et de violence, rare chez Kurosawa, et qui embrase l'écran, comme si la paille s'enflammait. C'est dans cette scène que le jeune samouraï succombe à son désir et la paille de la grange donne l'impression de brûler. Cette scène serait même un hapax, si l'on ne trouvait une étreinte en négatif de celle-ci, douloureuse, humide, inconfortable : dans *Les Salauds dorment en paix*, dans le couloir d'un abri sous terre, une tranchée du champ de ruines qui fut son champ de bataille, Nishi embrasse enfin et pour la première fois sa jeune épouse infirme. Ils sont debout, l'un contre l'autre, elle en équilibre contre lui afin que dans cette étreinte elle puisse rester droite et debout. Il faut être malavisé pour imaginer qu'il y a de la misogynie chez Kurosawa. Les baisers et les étreintes y sont en général à la dernière seconde retenus. Nishi, au début du film, quand il comprend sans le formuler encore qu'il est amoureux de la jeune femme malgré lui, alors qu'elle vient de tomber et qu'il la porte dans sa chambre, à l'instant où il va l'embrasser se détourne. Dans *Je ne regrette pas ma jeunesse*, Kurosawa sait que les vingt dernières minutes sont singulières : « Quand j'eus terminé le film, j'étais si agité et épuisé qu'il m'était impossible de le juger la tête froide, mais j'étais convaincu d'avoir réalisé quelque chose de très spécial »[1]. À la fin des travaux, la jeune femme, devenue une vraie paysanne, a un mouvement vers sa belle-mère, sa sœur de travail, un mouvement pour l'embrasser. Kurosawa interrompt cet élan parce que la tonalité du scénario l'interdit, mais aussi tout simplement parce qu'il ne saurait pas comment le filmer. Dans la scène des *Sept Samouraïs*, c'est en longue focale et à travers un voile que nous observons le visage de la femme devenue la prostituée des bandits. Son visage, les expressions qui passent sur ce visage procèdent d'un éclairage singulier : au début

1. « La Compagnie arrangea une projection pour la censure américaine. Pendant que la projection se déroulait, ils continuaient à bavarder et j'étais donc persuadé d'avoir manqué mon coup. Mais quand le film parvint à ces vingt dernières minutes, on entendit "Chut" et ils commencèrent à fixer l'écran avec une profonde concentration. On aurait dit qu'ils retenaient leur souffle jusqu'à l'apparition du mot "fin". Quand la salle se ralluma, ils se levèrent tous à la fois et vinrent me serrer la main. », A. Kurosawa, *op. cit.*, p. 244.

du plan, Kurosawa insiste une seconde sur une lampe à huile et sa flamme, flamme qui va éclairer le visage de la femme d'une lueur intense, celle de l'incendie à venir. Cette lumière du feu appartient à la mise en scène, et est de même nature que celle évoquée dans l'étreinte du jeune samouraï et de la paysanne. Lorsque la femme préfère s'immoler dans la maison en flammes plutôt que de retourner vers son mari, c'est aussi parce que Kurosawa sait qu'il ne saurait pas filmer leur étreinte. Cette impossibilité, il la retrouve seize ans plus tard, substituant le laconisme au drame : dans *Dodes'kaden*, la femme de l'homme que l'on croit aveugle l'a rejoint dans sa baraque en tôle, une coquille qui semble hermétique, bunker intérieur accordé à la cécité et qui accentue le contraste avec la violence de la lumière du dehors. Dans ce bunker, selon un geste machinal, la seule occupation de l'homme est de déchirer des étoffes (c'est un geste mécanique qui défait des trames, geste inverse de celui de la fileuse du théâtre Nô repris dans *Le Château de l'Araignée*). La femme est là pour obtenir un pardon, et son visage est, dans cet antre, la seule source de lumière qui, à la façon d'une icône, la rend à une présence intense. Mais cela ne décide pas d'un pardon ; l'homme est semblable à l'arbre mort devant sa maison, aveugle à cette lumière, il est un fantôme. Un fantôme qui a son double et son ombre dans cet arbre mort, comme le fantôme de la sixième petite fille dans *Le Verger aux pêchers* a son équivalent dans le bouquet des branches de pêcher roses, surexposées à la lumière. Fantôme, elle apparaît deux fois à côté de ce bouquet puis dans l'embrasure de la porte, cadre dans le cadre où le petit garçon la suit quand elle disparaît.

Le tapis de fleurs lors de la rencontre entre les deux jeunes gens dans *Les Sept Samouraïs* est un tapis de fleurs blanches, de vraies fleurs blanches, décor naturel consolidé par Kurosawa qui y ajouta d'autres fleurs blanches pour accentuer la tonalité affective dont ce décor devait être l'accent. L'influence du Fritz Lang des *Niebelungen* est à nouveau certaine dans cette volonté d'accorder le décor à la tonalité de la scène[1]. Dans *Dodes'kaden*, on retrouve cette scène, mais en négatif ; la tonalité qui y préside est sordide et souillée. Juste avant que l'oncle ne viole sa nièce, un plan en plongée la montre couchée sur le tapis des fleurs en papier qu'elle confectionne mécaniquement toute la journée, fleurs rouges dont le rouge est repris par d'autres éléments du décor pour insister sur la virginité de la jeune fille. L'oncle lui demandera d'abord de fermer les yeux puis éteindra la lumière, provoquant un fondu au noir qui doit se comprendre à l'aune de ce que dit Kurosawa de sa terreur de l'obscurité. Cette scène est la version noire, sombre, désespérée des deux scènes que je viens d'évoquer dans *Les Sept Samouraïs*. Il en est une autre, en amont des *Sept Samouraïs*, dont Kurosawa se souvient évidemment lorsqu'il filme le jeune samouraï et la jeune paysanne tétanisés par le désir et le refus du désir, corps de combattants l'un à côté de l'autre. Cette scène est celle qui conclut *Chien enragé*. Le duel final dans *La Légende du grand judo* avait eu lieu dans les hautes herbes battues par le vent ; la lutte entre Murakami que joue Toshiro Mifune et le voyou que joue Isao Kimura, qui conclut *Chien enragé*, a lieu dans les fleurs après une longue poursuite, et son dénouement sera rythmé par la chanson des enfants qui vont à l'école. Un plan en contre-plongée ponctue le combat : la caméra s'attarde sur une branche aux feuilles et fleurs dévorées par les insectes ; on songe alors au destin de la rose rouge que, quarante et un ans plus tard, Kurosawa filmera dans *Rhapsodie en août*. Les deux hommes, à l'issue de ce combat, allongés parmi les fleurs, respirent d'un même souffle. Et ce plan ressemble à celui que

1. User, pour l'idée de tonalité affective, de la notion de *Stimmung* ne serait véritablement pas abusif. Un tel usage n'en appelle pas seulement à une anthropologie philosophique mais à la compréhension de cette notion dans la philosophie de Heidegger. À cet égard, il est légitime de comprendre « ce qui aveugle » dans le cinéma de Kurosawa (je commenterai plus loin la fin de *Vivre dans la peur*) comme une phénoménalité propre à l'angoisse, c'est-à-dire cette *Stimmung* en charge d'un privilège ontologique et qu'Heidegger dit être une *Grundstimmung*. Concernant l'angoisse, il s'agit du § 40 de *Sein und Zeit*, « Die Grundbefindlichkeit der Angst als eine ausgezeichnete Erschlossenheit des Daseins » ; mais pour faire référence à la notion de *Grundstimmung*, sans doute conviendrait-il mieux de renvoyer au cours du semestre d'hiver 1934-1935, Höderlins Hymnen « Germanien » und « Der Rhein », Gesamtausgabe 39, Vittorio Klostermann, § 8 du chapitre II, intitulé « Ton fondamental de la poésie et historicité du Dasein » ; on peut y lire, en effet, que « le ton fondamental ouvre le monde », p. 79.

j'évoquais et que Kurosawa tournera cinq ans plus tard dans *Les Sept Samouraïs*. Dans ce combat aussi il y a de la couleur dans le noir et blanc quand, blessé au bras par le coup de feu de son propre revolver qu'il retrouve enfin dans la main de son ennemi, le jeune inspecteur voit les gouttes de son sang éclabousser les fleurs blanches.

D'évoquer ainsi les fleurs par un double effet d'anamnèse et de concaténation me fait comprendre que c'est par ce jeu d'analogie que se dévoile l'essence de ce qui, dans l'œuvre du cinéaste, ne se laisse pas thématiser. Ainsi, l'image du sang de l'inspecteur qui goutte sur la fleur blanche me rappelle la scène où Higaki, le serpent de *La Légende du grand judo*, laisse ostensiblement tomber les cendres de sa cigarette dans la corolle d'une fleur blanche. Oui, les fleurs sont des signes, des signes du destin. Dans *Les Salauds dorment en paix*, Nishi rentre avec un bouquet de fleurs pour l'offrir à sa femme, la riche et jeune infirme qu'il n'a épousée que parce qu'elle est un outil pour sa vengeance ; ce bouquet de fleurs est l'aveu qu'il l'aime malgré lui ; c'est alors qu'il est démasqué et le bouquet lui tombe des mains. C'était un bouquet « pour une chambre nuptiale » que par honnêteté ou par pudeur il n'avait pas osé acheter lui-même. Dans la boutique du fleuriste, c'est son ami et son double, Itakura, le « compagnon secret » qui lui a permis de changer d'identité, qui achète le bouquet à sa place. Dans la scène qui ouvre ce même film, celle de la procession du mariage où l'énorme gâteau-maquette est apporté, une fleur désigne l'endroit où le suicide a eu lieu, suicide qui sera la fausse énigme de tout le film. Le protocole par lequel un maître d'hôtel présente cette pièce montée énigmatique et imprévue est impressionnant. Il s'agit d'arriver devant la table des mariés barrée de fleurs blanches, et la rose qui marque le septième étage, la fenêtre du suicide, est véritablement à l'écran une rose noire qui darde sa fleur comme l'éperon d'une machine de guerre. L'immeuble en pièce montée est à la fois un cheval de Troie et une machine de guerre. Un plan plein-écran vient accentuer sa phénoménalité, quelque chose qui avance pour percer et enfoncer les défenses constituées ; ce bouton de rose noire à peine ouvert est devenu une arme offensive.

Que la fleur devienne une arme trouve une forme au contraire douce et dérisoire dans *Les Sept Samouraïs*, quand le jeune samouraï menace la jeune paysanne, qu'il croit encore être un garçon, d'une branche d'arbre fruitier en la brandissant maladroitement à la manière d'un sabre. La stupeur se marque alors sur les visages de ceux qui comprennent ce que la fleur placée au septième étage du gâteau-maquette signifie : cette fleur est le signe du malheur.

Ce rôle de la fleur est déjà là dans *Chien enragé*. Kurosawa filme au téléobjectif le convoi qui approche du lieu du crime. Dans un instant nous allons découvrir les deux médecins, le médecin légiste et le médecin de famille, conversant à propos du corps que l'on ne doit pas voir. Un voisin qui comprend qu'un crime a eu lieu, parle, à propos du jardin de cette maison, d'une fleur qui « porte malheur » (sans pour autant que celle-ci soit nommée). Lorsque nous retrouvons le mari prostré, en écho dans l'écran, pour contrebalancer sa silhouette recroquevillée, un *ikebana* de jonquille s'impose dans le cadre. L'homme se lève brusquement, sort et déracine les plans de tomates, cernés par une plate-bande de fleurs. La caméra va insister au moins à deux reprises sur la tomate écrasée au sol. Le cadre crée une image abstraite et cette abstraction fait allusion à une blessure, où l'on éprouve dans le noir et blanc la sensation du rouge et du sang. Ce n'est pas seulement une métaphore, c'est aussi une façon de dessiner en noir et blanc une plaie ouverte. Ce plan, en 1949, est terriblement moderne et devance une esthétique à venir[1].

1. Je pense à Tarkovski, mais surtout à Antonioni. Ce plan, par ailleurs, est un paradigme de ce que Maurice Blanchot comprendra dans *L'Espace littéraire* telle la fascination. Je le cite : « Voir suppose la distance, la décision séparatrice, le pouvoir de n'être pas en contact [...]. Voir signifie que cette séparation est devenue cependant rencontre. Mais qu'arrive-t-il quand ce qu'on voit, quoique à distance, semble vous toucher par contact saisissant, quand la manière de voir est une sorte de touche, quand voir est un contact à distance ? Quand ce qui est vu s'impose au regard comme si le regard était saisi, touché, mis en contact avec l'apparence ? Non pas un contact actif, ce qu'il y a encore d'initiative et d'action dans un toucher véritable, mais le regard est entraîné, absorbé dans un mouvement immobile et un fond sans profondeur [...] Quiconque est fasciné, ce qu'il voit, il ne le voit pas à proprement parler, mais cela le touche dans une proximité immédiate, cela le saisit et l'accapare, bien que cela le laisse absolument à distance. », M. Blanchot, *L'Espace littéraire*, Paris, Gallimard, 1973, p. 244 (Je souligne que la première édition de *L'Espace littéraire* est de 1955, presque contemporaine de *Chien enragé*.)

Dans *Je ne regrette pas ma jeunesse*, l'héroïne jouée par Setsuko Hara (Yukie), dans la première partie de sa vie de jeune fille bourgeoise, excelle dans l'art de la composition florale. Le moment où le film bascule a lieu lors d'un cours où ses jeunes compagnes lui expriment leur admiration. Elle a alors ce geste qui est semblable à celui de lancer les dés et qui, en même temps, est un geste de voyance : elle jette dans une bassine à moitié remplie d'eau trois boutons de fleurs identiques. Alors, les trois fleurs, à égale distance dans le cercle, forment une improbable ronde sur l'eau. Yukie, changeant de vie, décidera d'aller vivre à la campagne auprès des parents de Noge, celui des deux hommes qu'elle a choisi. Les trois fleurs de chrysanthème représentent bien sûr Yukie elle-même, Noge l'activiste antigouvernemental, et son camarade qui prendra le chemin du conformisme et de la notabilité. Noge est mort dans les prisons du gouvernement militariste et Yukie devient une autre femme. Ses mains de pianiste deviennent des mains de paysanne. On la voit dans la boue, plantant les pousses de riz. La modification, le basculement de sa vie trouve dans les fleurs et la forme végétale davantage qu'un symbole. Dès le premier film de Kurosawa, la puissance du motif que la fleur pouvait représenter – j'entends motif dans son sens fort de mise en mouvement – était lucidement présente. « L'explosion » du lotus, son bruit, son éclosion, cette fleur blanche qui s'ouvre au crépuscule du matin, et dont précisément il veut enregistrer le bruit, est le déclic d'une résolution. Sugata a alors une révélation, et décide de s'arracher à l'étang où il a passé la nuit après avoir voulu s'y noyer.

Dans *Rhapsodie en août*, Clark se recueille dans la cour de l'école où son oncle instituteur est mort. À cet instant, une délégation de survivants fait irruption pour fleurir le mémorial, c'est-à-dire entourer la « cage à écureuils » de plates-bandes de fleurs blanches. À côté, juste à côté, des enfants jouent, glissent sur les toboggans comme si deux époques et deux temps existaient soudain l'un à côté de l'autre. Les fleurs, ces plates-bandes que les survivants s'activent à disposer, dessinent un espace et écrivent une date, elles sont la démarcation du temps et de l'espace. Dans *Scandale*, en même temps que l'ours en peluche, le père apporte à sa fille tuberculeuse un bouquet, et dans *Duel Silencieux*, à chacune de ses visites, la fiancée que le jeune médecin ne peut plus épouser, compose un bouquet. À la toute fin du film, quand on sait qu'elle ne viendra plus, la caméra s'attarde sur une fleur dans un pot. Elle est là dans sa terre, une fois pour toutes, à la place de l'événement qu'était la visite de la jeune femme, accompagnée chaque fois d'un bouquet différent. Le pot d'une fleur de deuil en somme. Dans ce film, d'ailleurs, Kurosawa utilise la floraison des roses et des liserons sur la grille qui borde la clinique pour marquer le passage du temps et des saisons ; et dans la scène de demi-aveu où le jeune médecin essaie de dire à sa fiancée pourquoi il ne peut plus l'épouser, mais sans y parvenir, cette double impossibilité est symbolisée par cette grille où grimpe le rosier. Cette grille est le leitmotiv témoin de tout le film, leur conversation débute devant elle, la caméra les suit et la contourne. Kyoji, le chirurgien, et sa fiancée se retrouvent devant la grille quand il avoue sans avouer. Elle ne comprend pas mais dit : « J'attendrai le temps qu'il faudra. » La grille manifeste l'impossibilité. Un plan sur cette grille en hiver, hiver du départ de la jeune femme, hiver du renoncement définitif, s'attarde longuement là où les tiges du rosier sont devenues semblables à des fils de fer barbelés.

Le Verger aux pêchers est de tous les rêves l'appel le plus intime à la biographie. Kurosawa éprouvera le besoin d'écrire *Comme une autobiographie*, texte rétrospectif, et s'explique d'ailleurs des conditions de ce texte dans sa préface, sceptique quant à la pertinence et à la légitimité d'une telle entreprise : « Vous prenez "moi-même" et vous soustrayez "le cinéma", le résultat de la soustraction vous donnera zéro »[1]. C'est en lisant la préface de l'autobiographie de Renoir que Kurosawa se décidera à écrire, il cite Renoir :

> La vérité c'est que cet individu dont nous sommes si fiers [l'auteur de l'autobiographie à qui on demande de témoigner de sa carrière comme de sa personne] est composé d'éléments tels qu'un certain ami rencon-

1. A. Kurosawa, *op. cit.*, p. 18.

tré à l'école maternelle ou le héros du premier roman que l'on a lu, voire le chien de chasse du cousin Eugène[1].

Dans son autobiographie, Kurosawa revient patiemment sur les épisodes qui ont marqué sa jeunesse et le début de sa carrière de cinéaste. Il évoque ses souvenirs d'enfance, heureux ou tragiques, les personnes qui ont compté, les événements qui ont fait bifurquer son existence. À ce titre, *Rêves* est la forme onirique qui répond à *Comme une autobiographie* en la prolongeant au-delà de *Rashômon* (là où elle s'arrête). Kurosawa évoque les éléments qui l'ont marqué, certains sont gommés dans *Rêves* parce qu'ils ne peuvent entrer dans l'économie d'un ressouvenir filmé, mais ces éléments biographiques cimentent l'œuvre : le séisme de 1923, par exemple, ou la mort de son frère lorsque Kurosawa avait vingt-trois ans.

Kurosawa est né en 1910 à Tokyo, il est le dernier d'une famille de sept enfants. Des membres de sa famille, c'est la personnalité du père et du grand frère, Heigo, qui vont le marquer profondément. Le père est un ancien militaire de l'ère Meiji, descendant d'une famille de samouraïs. Il enseignera à l'Académie Toyoma de l'armée impériale puis à la Société japonaise d'éducation physique. Kurosawa lui doit cette éducation singulière : le foyer est marqué par une atmosphère « de samouraï », paradoxalement renforcée par des éléments de modernité, tranchant ainsi avec l'univers beaucoup plus fermé de la génération de l'ère Taisho (1912-1926). Kurosawa en retiendra la connaissance et le respect du *bushido*, des arts martiaux, mais aussi le goût du base-ball que son père enseigne. Celui-ci sera aussi à l'origine de la construction de la première piscine au Japon. Comment ne pas penser à la piscine dans *Dodes'kaden*, élément conclusif des maisons imaginaires que rêve et projette le père-clochard du petit garçon qui va mourir. Piscine et tombe se confondent alors dans l'image ; la mort semble dans le cinéma de Kurosawa venir en permanence ajouter son codicille à la

1. A. Kurosawa, *op. cit.*, p. 19.

réminiscence et au souvenir. Personnages et images de sa vie s'imposeront par anamnèse dès les premiers films de Kurosawa : le maître de judo de *La Légende du grand judo* (1943), le cloaque de *L'Ange ivre* (1948), la séquence de base-ball dans *Chien enragé* (1949), entre autres, participent de cette mémoire. Après 1949, l'interdiction par les autorités américaines de porter à l'écran le Japon médiéval qui incarnait l'esprit féodal est levée. Kurosawa réalisera alors des *jidai-geki* ou films de sabre (*Les Sept Samouraïs*, 1954) qui font écho à cette éducation.

Le frère de Kurosawa a sans doute été l'être qui a le plus compté pour lui. D'un tempérament aussi mystérieux et affirmé que profondément pessimiste, Heigo fut à la fois le double négatif de Kurosawa et un maître, dur et exigeant tout en restant définitivement imprévisible. Dans son autobiographie, Kurosawa livre une anecdote qui illustre l'attitude de son frère envers lui. Un jour il proposa au jeune Akira qui ne savait pas nager de monter avec lui dans sa barque. Heigo le poussa soudainement à l'eau. Akira apprit à nager, laissant derrière lui un peu de cette personnalité « pleurnicharde » et peureuse qui le caractérisait et qui exaspérait son frère[1]. Si Kurosawa doit sa culture cinématographique, acquise très jeune, et sa cinéphilie à son père – celui-ci avait la conviction de la valeur éducative du cinéma, et emmenait ses fils voir les chefs-d'œuvre du cinéma muet occidental – c'est à son frère qu'il doit la découverte du théâtre, de la musique et de la littérature russes. Les deux figures qui marquent ensuite la jeunesse et la formation de Kurosawa sont deux maîtres. Le premier, M. Tachikawa, son professeur à l'école primaire, fut renvoyé de l'école ; ses manières trop douces, trop libertaires, avaient déplu à l'esprit militariste qui se mettait en place à cette époque. Kurosawa prit l'habitude, avec son camarade d'élection (Keinosuke Uekusa qui sera le scénariste d'*Un merveilleux dimanche* et de *L'Ange ivre*), d'aller rendre visite à ce professeur après l'école. À la lecture d'un tel

1. Kurosawa va même jusqu'à intituler un des chapitre de *Comme une autobiographie* – du moins c'est ainsi que l'édition française le traduit – « Le petit chialeur », p. 32.

souvenir, on ne peut que songer au dernier film de Kurosawa, *Madadayo*, tourné en 1993. M. Tachikawa donna un jour la meilleure note à Akira pour un dessin qui n'avait récolté que railleries auprès de ses camarades. Cette attention fut un élément décisif dans la confiance en soi qu'il allait acquérir. L'autre personnalité qui marqua Kurosawa fut le réalisateur Kajiro Yamamoto, qu'il appellera avec révérence et affection Yama-san. Il fut son maître aux studios de la P.C.L.[1] où Kurosawa entra en 1935 après avoir été sélectionné par concours pour un poste d'assistant metteur en scène. Il apprendra son métier sur le tournage des films de Yama-san (*47 Ronins* (1938), *Chevaux* (1941)), puis il passera à l'écriture de scénarios pour la Daiei. Dans un entretien intitulé « L'Empereur », Kurosawa confiera qu'il écrivit à cette époque plusieurs scénarios jamais réalisés[2]. Il retournera à la Toho pour réaliser son premier film, *La Légende du grand judo* (1943), et dirigera Takashi Shimura, qui sera, avec Toshiro Mifune, l'acteur essentiel de son cinéma. C'est en 1946 que Kurosawa et Toshiro Mifune se rencontrent, Toshiro Mifune venait d'être démobilisé de la section de photographie aérienne de l'armée de l'air. Il sera engagé par la production grâce à l'insistance de Kurosawa qui, en 1948, lui offrira le premier rôle de *L'Ange ivre*. S'en suivra une collaboration marquée par seize films, jusqu'au tournage de *Barberousse* en 1965. Et si Charles Tesson n'a pas tort de dire que Mifune est à Kurosawa ce que John Wayne est à Ford, je ne suis pas certain que l'on puisse écrire comme il le fait ensuite : « Chacun étant la figure emblématique d'un genre, à savoir le western et le film de sabre »[3]. Toshiro Mifune pouvait tout jouer. Il explique comment il improvisa son rôle dans *L'Ange ivre*, sans « préparation sur le terrain » : « Je détestais et je déteste les yakuza [...] Je les méprisais en les voyant marcher dans la rue roulant des mécaniques, je les trouvais insupportables et j'avais envie de les prendre au collet pour

1. Photo Chemical Laboratories, la future Toho.

2. Koichi Yamada, Hayao Shibata, Yoshio Shirai, « L'Empereur », *Cahiers du Cinéma*, n°182, septembre 1966.

3. Charles Tesson, *Akira Kurosawa*, Paris, Cahiers du cinéma, 2007, p. 23.

leur filer une bonne correction car j'estimais que c'était des anti-patriotes insignifiants. Cela ne m'intéressait donc pas d'avoir affaire à eux ». Et dans le même entretien, Mifune ajoute : « Je ne prépare pas les rôles, une fois que je suis dedans, je suis dedans, un point c'est tout »[1]. Kurosawa lui laissait souvent une liberté presque totale d'improvisation sur les tournages. Il incarnait une personnalité affirmée, autonome, et non pas cette attitude soumise au groupe propre à l'identité japonaise, effacée et « fonctionnaire », qui exaspérait Kurosawa. Dans *Je ne regrette pas ma jeunesse*, le personnage de l'étudiant qui deviendra ce fonctionnaire à moustache, qui suit la meute, incarne tout ce que déteste Kurosawa. « Mais alors que mon père portait barbe et moustache à la manière de l'ère Meiji, le calligraphe portait seulement la moustache comme un insignifiant bureaucrate meiji. Invariablement il restait derrière son bureau, arborant une expression sévère comme s'il défiait les élèves alignés devant lui, derrière leur pupitre »[2]. Quelques lignes plus haut Kurosawa avait noté : « Je n'arrive pas à comprendre comment mon père, qui appréciait tellement la calligraphie, a pu me confier à un professeur pareil »[3]. Je suis certain que la barbe de Barberousse vient du souvenir de son père.

Kurosawa a toujours dit, aussi bien dans ses entretiens que dans ses films, son admiration pour Jean Renoir et pour John Ford. Il les rencontrera d'ailleurs tous les deux, Renoir au cours d'un dîner, John Ford à l'occasion de l'ouverture du National Theater de Londres où *Le Château de l'Araignée* fut le premier film projeté. Kurosawa tient à cette phrase de Renoir, et la cite : « Nous n'existons pas par nous-même mais par les éléments qui nous ont entourés dans notre formation »[4]. Mais que peut-on face à l'angoisse et l'horreur de « l'œil de l'éclair » lorsque l'Histoire rattrape et brûle la rétine de tout un peuple ? Le sentiment de culpabilité est omniprésent dans

1. Hubert Niogret, « Entretien avec Toshiro Mifune », *Positif*, n° 352, juin 1990, p. 21.
2. A. Kurosawa, *op. cit.*, p. 59.
3. *Ibid.*
4. *Ibid.*, p. 19.

Comme une autobiographie, et en permanence lié à la mort. Kurosawa vit plusieurs mois en 1932 chez son frère devenu benshi[1], puis retourna chez ses parents. La mort de son frère survint peu après. Kurosawa ne fut pas mobilisé pendant la guerre et continua son parcours à la P.C.L. Au sortir de la guerre, la Toho était presque en faillite, prise en otage par les revendications et manifestations communistes auxquelles Kurosawa ne voulait plus participer après avoir usé beaucoup d'énergie dans la « Ligue des artistes prolétariens », entre 1929 et 1932. Kurosawa aura ces mots : « Même si le régime changeait, je doute vraiment que les hommes puissent être heureux. [...] Il faut absolument que chacun pense plus sérieusement à remettre en question le statut même d'humanité avant de chanter les louanges d'une politique meilleure »[2]. La cruauté des hommes les uns envers les autres, et particulièrement envers les enfants, marquera Kurosawa très tôt ; il conservera la conviction que les enfants devraient « grandir sous serre » sans être affectés du « vent et de la pluie de la réalité » :

> C'est en 1925, alors que j'étais en troisième, que débutèrent au Japon les premiers programmes de radio. Quand bien même je n'aurais rien voulu savoir des événements sociaux, je ne pouvais pas éviter d'en entendre parler. Comme je l'ai dit plus haut, c'est à peu près à ce moment-là que l'éducation militaire fut instituée dans les collèges et que le monde devint quelque peu froid et pressé. Quand je repense aujourd'hui à ces dernières années, il me semble que les derniers moments insouciants de mon enfance, ce fut cet été-là, à Akita[3].

1. Au temps du cinéma muet, le benshi, ou conteur, faisait les voix des personnages et commentait l'action.

2. Koichi Yamada, Hayao Shibata, Yoshio Shirai, « L'Empereur », *Cahiers du Cinéma*, n°182, septembre 1966.

3. La famille de la mère de Kurosawa vient de Akita, dans la partie nord de Honshu ; Kurosawa ajoute dans son autobiographie et cette note corrobore cette nostalgie de l'enfance que je viens de souligner : « La patrie de mon père, dans l'arrière-pays d'Akita, avait subi des changements cruels. Autrefois, dans la rivière qui passe par son village natal, fleurissaient des herbes et des fleurs charmantes, et maintenant, ce sont des ordures qu'on y trouve : des verres à thé, des chaussures de travail en caoutchouc, des boîtes de conserves, et même des vieilles bottes. La nature soigne son apparence, et ce

Kurosawa n'aura de cesse de dépeindre cette cruauté. Il évoque l'épisode où, revenant de son cours de kendo, il tombe dans un guet-apens tendu par des enfants de son âge, qui cherchent à le lapider sans d'autres raisons apparentes que son accoutrement singulier et anachronique. Il était habillé comme un petit samouraï. Dans son autobiographie, il évoque ce souvenir, et la manière dont il le relate fait penser à la scène dans *Dodes-kaden* où Roku-chan subit les jets de pierres d'une meute d'enfants, forts et méchants d'être nombreux. Faisant honneur à sa lignée de samouraï, Kurosawa parvint à mettre en déroute les apprentis yakuza. Cet épisode lui permet de formuler ce « pouvoir de la mémoire ». La scène de bagarre est décomposée comme si le souvenir était mis en scène, décodé, clarifié et mis en ordre. (D'autres éléments de ce souvenir s'instilleront dans son cinéma : « Je courais en zig-zag, sautant d'un côté et de l'autre pour éviter l'eau infecte ... ».) Cette remémoration est d'ailleurs une leçon de mise en scène :

> La troupe enfantine restait muette, mais ils me lançaient tous des cailloux. C'était leur silence qui me terrifiait [...] Mais dès le moment où ils avaient ouvert la bouche, mes adversaires avaient cessé de me terrifier [...] Saisissant mon épée plus légère, et hurlant "O-men" ("Au visage"), ou "Kote" ("Au poignet") ou "Do" ("Au flanc"), ou des cris de même genre appris dans mes leçons de kendo, j'allai à leur rencontre avec ma lame de bambou. Ils auraient pu m'encercler, mais au lieu de cela, sept ou huit d'entre eux se regroupèrent et me firent face[1].

Dans la description, le dispositif de mise en scène du combat est évoqué tel qu'il se répercutera dans *Yojimbo*, *Sanjuro* ou *La Forteresse cachée*[2]. Mais il y a davantage : dans la dramaturgie du combat, le son a une importance capitale ; silences, bruits des combats ou musique alterneront dans une même scène pour créer une intensité drama-

sont les hommes qui l'enlaidissent », A. Kurosawa, *op. cit.*, p. 110. Cette idée est au centre du dernier rêve, *Le Village des moulins à eau*.

1. A. Kurosawa, *op. cit.*, p. 63.

2. *Yojimbo* est également répertorié sous le titre *Le garde du corps*. L'usage le plus fréquent reste le titre japonais, je m'y suis conformé.

tique supplémentaire, co-présente à la mise en scène. Il y a enfin, dans la description de cet affrontement, l'idée qu'un combat est toujours perçu d'un point de vue arbitraire. Je suis convaincu que dans *Rashômon*, le prétendu « À chacun sa vérité », qui a servi à interpréter ce film, oblitère en réalité une expérimentation de la mise en scène : comment rendre le même duel selon qu'il est mis en scène de tel ou tel point de vue.

De ces épisodes retracés dans son autobiographie, il en est un essentiel : l'échec au concours d'entrée de l'école des Beaux-arts, en 1928. On sait le goût de Kurosawa pour la peinture de Van Gogh et celle de Cézanne, qui le décida très tôt au choix d'une carrière de peintre. Cet échec ne le découragea pas et il persévéra dans la pratique de la peinture ; il s'engagea dans la « Ligue des artistes prolétariens », désapprouvant très vite leurs idéaux picturaux. Il continua à peindre pour lui-même, la main guidée par chaque nouvelle découverte :

> Si je venais de regarder une monographie sur Cézanne, en sortant de chez moi les maisons, les rues, les arbres – tout ressemblait pour moi à un Cézanne. Même chose si j'avais regardé un livre sur Van Gogh ou sur Utrillo, ils modifiaient la façon dont le monde m'apparaissait et le faisait devenir complètement différent de celui que je voyais habituellement de mes propres yeux. En d'autres termes, je n'avais pas alors – et je n'ai toujours pas – une façon de regarder les choses complètement personnelle et distinctive. Cette découverte ne me surprit pas outre mesure. Il n'est pas facile de développer une vision personnelle. Mais quand j'étais un jeune homme, cette lacune me causait non seulement de l'insatisfaction, mais aussi un certain malaise[1].

La modestie de Kurosawa n'est pas feinte. Il y a dans cette volonté d'être peintre, et dans la sensation d'être condamné soit au mimétisme, soit à la rhétorique, quelque chose d'essentiellement sincère, et dont son cinéma va se nourrir, acceptant de passer l'image

1. A. Kurosawa, *op. cit.*, p. 150.

d'abord au tamis de la mémoire, puis à celui d'une vision préalable, afin que l'image cinématographique en sorte renforcée et neuve. Il y a en fait peu de citations de la peinture dans le cinéma de Kurosawa. En revanche, l'idée qu'il y a un apprentissage de la vision, une sollicitation de l'apparaître, va rester et s'imposer comme co-naturelle à son cinéma. Cette notion de style propre et autonome – « Chaque exposition que j'allais voir semblait me prouver que tous les peintres japonais avaient leur propre style, leur vision à eux. Je devenais de plus en plus mécontent de moi-même. »[1] – explique la manière paradoxale et le caractère apparemment hétérogène de l'œuvre de Kurosawa. Il me semble que c'est très tôt et grâce à la peinture que Kurosawa va comprendre qu'il faut accorder une forme à son objet, qu'il n'est pas question de chapitrer ou vassaliser tel ou tel objet par un style, mais au contraire d'accorder à tel objet – tel genre – ce que Tarkovski préconisait et que j'ai souligné : « La pureté du cinéma, sa force très particulière, ne tient pas en effet au potentiel symbolique de ses images, même le plus audacieux, mais à ce qu'il parvient plutôt à exprimer dans ses images tout ce qu'un fait peut avoir de concret et d'unique. »[2] Quand Tarkovski dénonce « les compositions plastiques d'un auteur qui investirait [son film] de quelque mystérieuse tournure de sa pensée, d'où naissent d'ailleurs les symboles faciles, qui tournent vite aux clichés »[3], il stigmatise la notion de style dès lors que celle-ci est devenue une sorte de principe de reconnaissance de l'auteur par un tiers, style qui, neuf fois sur dix, procède de la rhétorique et du savoir-faire, de l'installation de l'image dans un cadre acquis. Oui je pense, et c'est d'ailleurs le cas, que ça n'est pas véritablement Kurosawa qui a choisi le cinéma mais que le cinéma l'a choisi, qu'il s'est imposé à lui, dans cette sorte de défaillance de la peinture. Être emprisonné dans le style d'un autre, Utrillo ou Van Gogh, c'est pressentir qu'on risque d'être enfermé dans le sien

1. A. Kurosawa, *op. cit.*
2. A. Tarkovski, *op. cit.*, p. 84.
3. *Ibid.*

propre, devenir l'otage du rapetassage et de la sophistication. « Lorsque je peignais, je m'épuisais à réaliser des tours de force techniques, et les peintures qui étaient le résultat de ces efforts révélaient surtout le dégoût que j'avais de moi-même. Je perdis graduellement toute confiance en mes capacités, et l'acte de peindre lui-même me devint une corvée. »[1] À la même page de son autobiographie, Kurosawa indique comment son entrée dans le cinéma fut presque le fait du hasard : « Un jour, c'était en 1935, je lisais le journal quand une petite annonce attira mon attention. Les studios de la P.C.L. recrutaient des assistants metteurs en scène. Jusqu'à ce moment-là, jamais l'idée ne me serait venue d'entrer dans l'industrie du film, mais quand je vis l'annonce, mon intérêt fut soudain éveillé. »[2] L'intérêt de Kurosawa n'est pas éveillé par le concours lui-même mais par le principe de la première épreuve : « une dissertation, où il fallait exposer les déficiences fondamentales du cinéma japonais » et « suggérer les moyens de les surmonter ». Sur les cinq cents postulants, cent trente passèrent le cap de la première épreuve, il devait rester en tout et pour tout cinq candidats. L'épreuve essentielle de la seconde partie du concours consistait en l'écriture d'un scénario. Kurosawa se souvient :

> On donna à mon groupe un article de journal, sur le crime d'un ouvrier du quartier de Kôt tombé amoureux d'une danseuse d'Asakusa. Je n'avais aucune idée de la façon dont on écrit un scénario [...]. En bon aspirant peintre, je décidai de représenter par le dessin le contraste entre la froide zone industrielle, d'un côté, et de l'autre, les couleurs criardes des coulisses d'une revue de music-hall, montrant en noir la vie des ouvriers et en rose celle de la danseuse. C'est ainsi que je commençai mon scénario, mais j'ai tout oublié de la suite[3].

Ce recours à la peinture pour devenir cinéaste n'est pas anecdotique mais fondateur. Il suscite trois remarques d'importance

1. A. Kurosawa, *op. cit.*, p. 151.
2. *Ibid.*
3. *Ibid.*, p. 155.

inégale. La première est anecdotique et subjective : j'imagine Kurosawa se souvenant des films de Fritz Lang vus pendant son adolescence, et particulièrement de *Metropolis* qu'il découvre à l'âge de seize ans ; je le vois se souvenir que la maison des plaisirs se nomme « Yoshiwara »[1]. Peut-être pense-t-il aussi aux espions japonais de *Spione*, tourné l'année suivante, en 1928, par le même Fritz Lang. L'autre remarque en revanche est essentielle : cette sollicitation du dessin et de la couleur pour clarifier l'espace sera un motif récurrent à l'intérieur de son cinéma. Je pense au dessin du petit garçon kidnappé dans *Entre le ciel et l'enfer* – ce dessin d'enfant représentant le mont Fuji et un soleil couchant – qui est une cale essentielle pour le scénario comme il est un indice déterminant pour l'enquête. Il vient amplifier, estampiller littéralement, les nombreux plans et autres cartes qui sont à leur manière autant de dessins qui aident à la compréhension du scénario. Dernière observation enfin, quand, attendant de pouvoir réaliser *Kagemusha*, pour ne pas perdre son scénario, pour que ce scénario reste vivant en lui, Kurosawa le dessine plan par plan. Alors le dessin colorié est l'allié non seulement du scénario, mais de la mémoire, et la peinture sert le cinéma.

1. Le Yoshiwara était un quartier d'Edo. Il était connu pour être le quartier des plaisirs, célèbre pour ses artistes, ses courtisanes et ses prostituées.

3. la tempête de neige

Parmi les fantômes, il en est un singulier, celui de la tempête de neige : cette « Femme des neiges », figure mythique des légendes japonaises et que Kobayashi évoquera dans un film célèbre et célébré de 1964 intitulé *Kwaidan*. La sixième petite fille du *Verger aux pêchers*, double de la sœur aimée et morte à seize ans, apparaît et disparaît ; elle est un ressouvenir incarné davantage qu'un fantôme. La Lady Macbeth du *Château de l'Araignée* est absorbée par l'obscurité, dans un plan qui joue de l'ambiguïté entre le réel et l'hallucination, et la fileuse, fantôme hérité de Shakespeare, trouve sa présence et sa forme dans une figure centrale du théâtre Nô[1]. La représentation du fantôme est réglée par une logique de l'apparition et de la disparition, liée à l'essence du cinéma, un surgir-disparaître qui n'est pas éloigné de la manière dont Kurosawa mettait en scène les éléments. Le mouvement de leur venue et de leur effacement est tributaire des mêmes lois, mais irrationnelles ici, incompréhensibles et mysté-

1. Kurosawa, dans l'entretien intitulé *L'Empereur* (*op. cit.*), dit : « C'est là, à mon sens, un des secrets du Nô. Il y a aussi cette façon très particulière d'employer les effets sonores pour amplifier l'action. Il y a aussi une chose remarquable, que je n'arrive pas encore à transposer dans mes films : c'est l'expression physique de divinité. Je pense qu'il n'y a que le Nô qui puisse exprimer le divin de façon grave et immédiate. Je ne peux pas l'affirmer parce que je ne connais pas bien la tragédie grecque, mais au moins dans le Nô, l'image des dieux prend forme à travers l'« Omote ». À l'occasion, j'aimerais trouver la formule cinématographique de ce secret … ». La traduction du mot « Omote » est ici ambiguë, il s'agit bien de voir « à travers » l'Omote, c'est-à-dire de dépasser le seuil de l'apparence pour atteindre l'Ura. Le couple Omote et Ura est une notion cardinale de la pensée japonaise : Omote désigne la face visible de toute chose, Ura, sa dimension secrète.

rieuses. Kurosawa tirait les éléments vers une dimension où ceux-ci devenaient des *kamis*. À l'inverse, il marque les esprits du sceau d'un étrange principe de réalité et le fantôme finit par surgir à l'égal d'un élément incarné le temps de son apparition. Si Dame Asaji – Lady Macbeth – peut ainsi se fondre dans l'obscurité, c'est que dès le début elle est un esprit, celui du mal, et son évaporation tel un fantôme nous l'avoue. La porte d'obscurité perd alors sa réalité sans pour autant devenir un fondu au noir. Elle devient une clause phénoménologique de la mise en scène, un procédé qui rend irréel la disparition et la réapparition. Dans *Le Château de l'Araignée*, Kurosawa inaugure un protocole pour l'irruption des esprits. La fileuse s'enfuit après avoir proféré la première prédiction, effacement que Kurosawa reprendra pour que disparaisse la Femme des neiges. Et lorsque Washizu, à la fin du film, recherche dans la forêt l'esprit pour lui mendier la seconde prédiction, il affronte alors une théorie de fantômes. Il avait d'ailleurs combattu, sabre à la main, celui de Miki dans la salle du banquet. Le fantôme de Miki surgissant à l'instant où, dans la forêt, Miki allait être assassiné. Notons comment Kurosawa accorde la mise en scène au scénario. Au début du film, lorsque est seulement évoquée l'ambition de Washizu et que se profile pour Dame Asaji le scénario qui va suivre, dans la cour, un cheval blanc monté par un cavalier tourne et tourne, ponctuant à l'arrière-plan cette scène. Le mouvement de ce cheval est la reprise du rouet de la fileuse, l'esprit que nous venons d'entendre. À l'acmé du drame, ou plutôt à l'une de ses charnières, le présage est devenu explicite, monstrueux, fou, incontrôlable. Le cheval blanc de Miki, au centre de l'écran, tourne dans l'image ; cette fois le présage est en « gros plan ». Malgré cet avertissement, Miki ira au banquet et il sera assassiné en chemin. Cet augure a d'autant plus de force qu'il impose la substitution d'une scène par une autre, qu'il évoque pour ne pas avoir à la montrer. Lorsque Washizu se bat contre le fantôme de Miki dans la salle du banquet puis pourfend le vide, c'est là une manière de faire comprendre l'assassinat de Miki ; quelques secondes plus tard, le messager apporte à Washizu la tête de Miki que bien sûr nous ne verrons pas. En amont dans le film, lorsque Washizu tue son suzerain, Dame Asaji exécute un pas tiré du théâtre Nô, elle se penche ensuite sur la flaque de sang indélébile au sol de la chambre condamnée. À cette seconde, on a l'impression qu'elle se regarde dans un miroir. Washizu, armé d'une lance ensanglantée, revient. Dame Asaji a son double dans *Ran* avec Dame Kaede, qui, si elle n'est pas soumise à la phénoménalité d'un fantôme, est accusée d'être un esprit : la renarde.

Avant de scruter le destin de ce fantôme singulier qu'est la Femme des neiges, femme qui se nourrit du sang chaud des humains, j'insiste une dernière fois : qu'il s'agisse des éléments, des animaux ou des fantômes, ils sont pour Kurosawa bien plus que des thèmes ou des objets à mettre en scène. Ils deviennent des principes qui servent l'invention cinématographique, l'invention d'une forme singulière propre à son cinéma. Lorsqu'il veut faire apparaître Wada tel un fantôme dans *Les Salauds dorment en paix*, il invente une forme proprement cinématographique qui commande la mise en scène, une forme résolument dramatique accordée à la tonalité générale du film. Dans *Le Château de l'Araignée*, l'effacement et la réapparition de Dame Asaji, Lady Macbeth, selon un procédé « magique » répondent à la logique interne du récit. La fileuse peut disparaître et s'envoler d'un coup, Dame Asaji être absorbée par l'obscurité, ceci appartient au récit et Kurosawa fait exister à égalité grâce à la mise en scène le phénomène surnaturel et ce qui arrive en réalité. À l'instar de Washizu – Macbeth – nous croyons à la forêt qui avance et si nous ne connaissions ni l'histoire, ni le stratagème, cette forêt en marche serait bien le phénomène impossible annoncé dans la prophétie. Les esprits se succèdent lors de la seconde prédiction à la fin du film : la foudre frappe tel endroit pour qu'un esprit remplace l'autre, pour que, l'un après l'autre, la litanie de la prédiction se poursuive. « Les hommes sont tombés dans la voie du sang / hommes d'hier, hommes d'aujourd'hui / rien n'a changé ». Dans *Le Château de l'Araignée* en 1957, ce n'est pas impunément que Kurosawa intègre cette phrase psalmodiée deux fois, en ouverture et en conclusion. Washizu, criblé de flèches, est le dernier fantôme du film, mais d'une essence différente des autres fantômes[1]. C'est l'excès de réel qui le rend ainsi; criblé de flèches, il pèse aussi lourd que les esprits étaient évanescents et invisibles. Washizu titube alors d'un excès de visibilité. Cette scène prodigieuse l'est surtout dans son épilogue – le moment où Washizu marche vers (contre) son armée. Un tel plan explique cette remarque du cinéaste : « Quand je pense à une scène, j'imagine d'abord ce qu'elle devrait être pour le cinéma muet. » Quand Kurosawa dit cela, il ne pense pas seulement au jeu ou à l'expressivité de l'acteur, mais à la mise en scène : Toshiro Mifune, dans cette longue scène parfaitement muette, avance comme un robot, une machine, un esprit, et son avancée se décompose en trois temps. Il se met en marche puis la mise en scène accélère son mouve-ment, comme si l'on était dans un film muet. Ensuite Washizu s'effondre. La caméra le filme de dos, et il tombe dans un impercep-tible ralenti. Saisie par la stupeur devant l'avancée de ce mort-vivant, son armée a reculé. Après la chute, lorsque Washizu tombe, Kurosawa monte un plan qui augmente l'effet qu'il vient d'obtenir. Nous voyons alors la forêt qui avance selon un mouvement symétrique, et répond au recul des soldats dans le plan précédent. Les deux phénoménalités inverses produisent un effet de chiasme, intuition magistrale au montage de Kurosawa.

Un merveilleux dimanche introduit un singulier personnage, que je nomme « l'enfant-homme ». Les amoureux pique-niquent de quelques boulettes de riz, ils sont près d'une voie ferrée, « l'enfant-homme » s'avance vers eux tel un fantôme. C'est un enfant mais il n'a

1. Toshiro Mifune se rappelle que lors du tournage de la scène de la mort de son personnage, qui dura plusieurs jours, il ne cessait de rêver la nuit qu'à la place de ces flèches, c'était un B29 qui lui fonçait dessus, cet avion bombardier qui lâcha la bombe atomique, et détruisit également Tokyo en une seule nuit. En ce qui concerne le caractère spectral du *Château de l'Araignée* je renvoie au travail de Jean-Baptiste Lenglet et le cite : « J'envisage *Le Château de l'Araignée* comme un "méta-fantôme", c'est-à-dire comme une entité spectrale regroupant à l'intérieur d'elle-même plusieurs régimes de spectralité. [...] Il me semble que la spectralité envahit directement le film, et le structure. Du spectre du désastre à la spectralité de l'expérience onirique, le film déploie tout un champ fantomatique, dans lequel il s'inscrit successivement. », J.-B. Lenglet, mémoire d'études (U.C. de recherche), sous la direction d'Alain Bonfand, École nationale supérieure des Beaux-arts de Paris, 2011.

pas d'âge, il est sale et engoncé dans des haillons lui donnant, plus encore que l'apparence du clochard qu'il est, celle d'un animal. Cette silhouette anticipe celle de Dersou. « L'enfant-homme » vit au bord de la voie ferrée. Il est installé là, au plus près du passage des trains. Ainsi s'explique qu'il soit sale, hirsute, sauvage. Il s'avance vers le couple, non pas pour mendier, mais pour acheter une boulette de riz. Il tend un billet à la jeune femme, elle le refuse, il emporte la boule de riz. « L'enfant-homme » est un fantôme, la présence symbolique, spectrale, omniprésente de la misère et du marché noir dans l'après-guerre. Kurosawa crée un personnage fantomatique par excès de réalisme, ce personnage vient du cinéma russe et du cinéma muet en même temps. Du cinéma muet à son maximum de gravité : il pèse et s'impose dans le plan. La présence de « l'enfant-homme » pèse dans le film également par son silence. Le cinéma muet dans *Un merveilleux dimanche* existe de bien d'autres manières, légères ou à la limite de la grandiloquence, parce que Kurosawa expérimente la complémentarité de deux cinémas. Yuzo, le jeune homme, devant un hémicycle vide mime la direction d'un orchestre. À l'absence des spectateurs se substitue la présence du spectateur de cinéma. La jeune femme d'ailleurs va s'adresser à lui, à nous. Elle se tourne vers la caméra et nous parle. Elle dit qu'il faut l'encourager, qu'il faut l'applaudir. L'acteur joue sans autre témoin que son premier témoin, le metteur en scène, puis l'actrice, et tous les autres sur le plateau. L'acteur, qui dirige un orchestre absent, est, à l'intérieur de la fiction, l'ambassadeur du metteur en scène. Kurosawa avait une idée précise de ce que pouvait être une musique de film : une musique incomplète. Une musique qui ne devait pas surenchérir sur l'action, mais en être le contrepoint, occuper certains espaces vides. Dans cette scène emblématique, nous sommes au creux, à l'origine, à la matrice d'une telle intuition, comme si les gestes du chef d'orchestre improvisé ramaient, pagayaient, nageaient en tous sens dans l'espace afin de faire venir la musique par touche, par éclat, par fréquence interrompue, puis enfin dans un continuum. Cette musique de Schubert, annoncée par l'affiche puis refusée aux amoureux à l'entrée du théâtre, il la mendie maintenant en s'improvisant chef d'orchestre. Oui, une mise en scène comme s'il s'agissait de cinéma muet, mais aussi une incantation et l'explication de ce qu'est le cinéma ; Kurosawa en appelle, pour la musique comme pour tout le reste, à un principe de vérité. Pour l'utilisation de « La Paloma » dans *Chien enragé*, ou de « La Valse du coucou » dans *L'Ange ivre*, il avait exigé qu'on retrouvât la version qui lui avait donné l'intuition d'utiliser cette musique. Celle-ci devait être, en vérité, l'anamnèse de son intuition. Dans un de ses scénarios non réalisés, ou plus exactement réalisé par Takashi Koizumi et intitulé *Après la pluie*, dans une scène qui se veut une déclaration de l'éthique du protagoniste – un samouraï bien singulier – un plan insiste sur un kakemono où est calligraphié : « La vérité et son objet ne font qu'un. »[1] Cette tension entre le son et l'image, la musique et la fiction, est décisive dans la revendication de sons synchrones qui sera celle de Kurosawa pour *Rashômon*. Elle est d'ailleurs revendiquée dans tout son cinéma, en tout cas Kurosawa lui donne une dimension heuristique. Ainsi, dans *Un merveilleux dimanche*, Kurosawa prend soin d'annoncer cette scène « manifeste » par plusieurs plans qui font référence non seulement au cinéma muet, mais aussi aux expérimentations sur la décomposition du mouvement de Marey et Muybridge. Ce lien est profond, ancré, essentiel, toujours accordé à la fiction, jamais gratuit. Même dans un film que Kurosawa considère comme mineur, *La nouvelle légende du grand judo*, lorsqu'il filme le marin américain essayant de boxer en vain Sugata, Kurosawa cherche l'essence comique d'une scène du muet, et en tire là sa quintessence. C'est volontairement le cinéma muet qui ouvre le film, mais il s'agit aussi d'une scène où, en

1. Que cela soit calligraphié a, dans un tel scénario, une importance qui procède de la déclaration d'intention, et témoigne de ce que demande Kurosawa à son cinéma. Mais c'est aussi, ainsi écrit dans le scénario et mis en scène de façon démonstrative par Koizumi, un souvenir explicite : « Mon père était amateur de calligraphie, et souvent il accrochait des kakemonos, dans le tokomoma de notre maison. Il ne mettait pas souvent des peintures ; les kakemonos qu'il accrochait d'habitude étaient soit des frottis d'inscriptions sur des pierres commémoratives chinoises, ou bien des caractères calligraphiés par des Chinois de ses connaissances. », A. Kurosawa, *op. cit.*, p. 57.

1945, un soldat de la marine américaine, tourné en ridicule, boxant dans le vide, va se retrouver dans l'eau après un plongeon mémorable. L'ironie est double puisque Kurosawa s'accorde de tourner en dérision l'armée américaine, mais se l'accorde grâce à l'héritage explicitement revendiqué du cinéma américain, de son caractère génial et pionnier, illustré par Chaplin ou Keaton. Kurosawa se souvient avoir vu *Charlot soldat* à l'âge de neuf ans, *Le Kid* à onze ans, *La Ruée vers l'or* à quinze ans, et dans son autobiographie, il note pour l'année 1927 l'importance des films comiques avec Harold Lloyd, Buster Keaton, Harry Langdon[1]. Dans la même liste de films, Kurosawa consigne comment se sont imprimés dans sa mémoire *Le Dernier des Hommes* de Murnau, *Tartuffe*, *Faust*, ou bien encore *Metropolis* de Fritz Lang. Cette autorité du cinéma muet dans le cinéma de Kurosawa est aussi une façon de se souvenir de son frère, et de son métier de benshi.

De Heigo il écrira : « Mais je préfère penser que celui-ci fut le négatif original du film dont je suis le développement comme image positive »[2]. C'est ainsi que Kurosawa se souvient du suicide de son frère :

> C'est dans ce contexte que nous apprîmes un jour que mon frère avait tenté de se suicider. Je crois que la cause de cette tentative, c'était sa position pénible de meneur d'une grève qui avait échoué. Il semblait s'être résigné à admettre l'inutilité des benshis, avec les progrès de la technique cinématographique qui permettaient maintenant d'enregistrer le son[3].
>
> Il était un grand fanatique de littérature russe, prétendant qu'*À l'extrême limite* de Mikhail Artsybashev était le plus grand livre au monde, d'ailleurs il en avait un exemplaire à portée de main. Mais j'avais toujours interprété son adhésion à la croyance du héros, Naumov, en une "mort étrange" comme un trait de sensibilité excessive, rien de

1. A. Kurosawa, *op. cit.*, p. 129.
2. *Ibid.*
3. *Ibid.*, p. 145.

plus, mais certainement pas comme le présage, qu'elle devait s'avérer être, de sa propre mort[1].

Il y a dans tout le cinéma de Kurosawa une présence de ce frère, le fait qu'il ait été benshi compte assurément; elle est décisive pour une initiation au sens plus large et plus violent du terme. Kameda et Akama, dans *L'Idiot*, procèdent à un étrange échange, Kameda donne une pierre, une pierre ordinaire («J'ai agrippé une pierre quand j'ai failli être fusillé») contre le talisman d'Akama. Cette pierre est posée au centre du cinéma de Kurosawa, tel un gage que lui aurait donné son frère. Je ne sais pas si Akira Kurosawa a lu *Le Compagnon secret* de Joseph Conrad, mais Heigo est le «compagnon secret» qui l'accompagne toute sa vie.

Dans *Les Salauds dorment en paix*, Kurosawa met en scène comment Shirai apparaît à Wada tel un fantôme. Ce «comment» explique pour le spectateur la vision dont Shirai est victime jusqu'à devenir fou; les coulisses du stratagème appartiennent à la loi du genre, une attente, un suspens, elles sont marquées par les influences du film noir et les réminiscences de l'expressionnisme, mais les montrer ne retire rien, au contraire, à l'effet sur le spectateur: ce n'est pas parce que nous comprenons que nous n'éprouvons pas ce que Shirai éprouve. Wada n'est pas moins un fantôme que la fileuse. Le protocole de son apparition avoue d'ailleurs l'influence du cinéma noir et de l'expressionnisme, mais surtout il se concilie et soudoie la diégèse: le spectateur sait que Wada n'est pas mort. Il devient le complice de Nishi. Je reviens sur l'hypothétique suicide de Wada: pourquoi Wada décide-t-il de se suicider en se jetant dans un volcan? Évidemment pour que l'on ne retrouve pas le corps. On a l'impression que les scénaristes font les quatre volontés de Nishi: Nishi jusqu'au dénouement tragique est le metteur en scène délégué de l'action. Mais le choix du volcan n'a pas cette seule fin, il augure d'une dramatisation plus complexe: il est le lieu du suicide qui n'aura pas lieu. Les plans du

1. A. Kurosawa, *op. cit.*, p. 146.

volcan, des cratères, des cratères adventifs et des fumées s'imposent dans la logique d'ensemble du film : c'est en éprouvant la réalité des fumeroles, des fumées et du vertige, que nous comprenons qu'il est indispensable pour le scénario que le corps ne soit pas retrouvé. L'image précède et anticipe ce qui est écrit dans le scénario. Le volcan amorce magistralement la possibilité que Wada apparaisse au spectateur tel un fantôme, même si le spectateur est averti en deux temps du stratagème. En d'autres termes, le volcan et le physique très particulier de Wada (joué de façon hallucinante par Kamatari Fujiwara) conspirent à son surgissement fantomatique, créent une sorte de généalogie de son crédit comme fantôme[1].

Dans *Rêves*, l'avant-dernier rêve, *Les Démons gémissants*, confirme mon intuition : le démon à une seule corne est finalement un pauvre démon ; il constate : « Ça va être à mon tour d'être dévoré » (par les démons à deux ou trois cornes ; les démons à deux ou trois cornes sont, transposés, les supérieurs hiérarchiques de Wada quand ils le sacrifient et l'obligent au suicide). Wada, hirsute, sale, hagard, a un physique qui le prédispose à son rôle de fantôme. Il se situe entre le personnage joué par Toshiro Mifune dans *Vivre dans la peur* et le démon misérable du court-métrage de *Rêves*. Il a, comme le protagoniste de *Vivre dans la peur*, un physique d'oiseau, un oiseau de nuit beaucoup plus chouette, hulotte ou chevêchette, qu'aigle ou rapace prédateur. Oiseau de nuit en tout cas, prédisposé à se jeter soudainement dans les phares d'une voiture. Wada est cet oiseau de nuit, mal apprivoisé, en service commandé qui, même s'il est ébloui ou aveuglé, doit rester impavide, présent et absent tel un fantôme, et c'est ainsi que Kurosawa en use. Shirai, le « démon à deux cornes », doit rentrer chez lui, Nishi a placé sur sa route Wada, raide et immobile, tout comme la fileuse est placée sur le chemin des deux généraux dans *Le Château de l'Araignée*. Kurosawa met sa mise en

1. Il s'agirait d'ailleurs là d'un *Umwelt* beaucoup plus que d'une atmosphère, une disposition du monde en général qui fantomatise le personnage de Wada. Concernant l'*Umwelt*, il s'agit des § 14, 15 et 16 de *Sein und Zeit*, *op. cit.*

scène au service de la mise en scène de Nishi. Il fait surgir et disparaître Wada dans les phares de la voiture qui traverse la nuit, à seule fin de terroriser Shirai en éclairant Wada. Et pour bien s'assurer de la panique de Shirai, il reproduit deux fois la scène et éloigne les deux scènes, persuadant ainsi Shirai qu'il n'a pas rêvé. Et quand en un écart les phares bifurquent sur le visage de Shirai, cette lumière aveuglante marque sur son visage une terreur qui plus tard le fera basculer dans la folie. Le visage de Wada au contraire ne cille pas, ébloui, il ne trahit rien, les phares ne sont que l'instrument de sa visibilité en excès. Cette phénoménalité du fantôme tel un surgir-disparaître a dans la mise en scène sa démonstration : le visage et le corps de Wada, en faisant obstacle aux rayons de lumière braqués sur lui, deviennent l'objet de la terreur. Il surgit dans et selon cette projection, et vient lui faire obstacle. Après ces deux scènes, Wada, qui a déjà tout subi, assiste à la cérémonie de ses obsèques, le corps absent des funérailles a donc son double en coulisse ; voyant la célébration de sa propre mort, Wada à son tour est terrifié. À cet instant, on comprend qu'il lui fallait devenir objet et fantôme, pour éventuellement renaître. Cette naissance, cette humanisation du « démon à une corne », auront lieu dans les ruines où Nishi et Itakura séquestrent Moriyama (joué par Takashi Shimura), « démon à trois cornes » s'il en est, devenu lui, véritablement inhumain. Inhumain, Kurosawa nous le suggère et nous le prouve : Moriyama est un démon puisque celui-ci n'a pas peur de l'obscurité. Enfermé quarante-huit heures dans une cave, pas une seconde il ne se plaint de la nuit et du noir, mais réclame à manger. Il souffre de la faim, pas de l'obscurité (« Un homme qui n'a pas peur de l'obscurité est un estropié de l'âme » dira le porte-parole de Kurosawa, le professeur dans *Madadayo*). Wada disparaîtra en même temps que Nishi, cette fois corps et biens, sur ce qui fut un champ de bataille. Itakura le soulignera avec amertume et désespoir : il n'y a pas de raison de retrouver le corps de quelqu'un qui est déjà mort. Wada disparaît une fois pour toutes, tel un fantôme, et de sa mort nous ne saurons rien.

La Femme des neiges est, elle, un vrai fantôme et son apparition dans *La tempête de neige* semble naturelle, évidente, attendue. Elle a les attributs d'une sirène et épargne le montagnard perdu. Sa retraite en revanche est troublante : son manteau blanc, d'un coup, à la façon d'un tourbillon, s'envole et vrille l'air pour devenir invisible. Elle fait grâce à l'alpiniste et accomplit en même temps l'orchestration de la tempête. La neige vole dans l'air jusqu'à l'opacifier. La Femme des neiges donne une mesure et une économie à ce mouvement et le trouble d'un autre pigment ; à la neige se mêlent des flocons d'argent et des paillettes de quartz. La Femme des neiges, sa longue chevelure noire sont le pinceau du tableau qui est en train de se peindre. Les pétales, la pluie de pétales, dans le *Verger aux pêchers*, venaient déjà se figer brusquement en images stables.

Il y aurait donc une image en mouvement dont l'issue serait, par césure, de se solidifier en s'interrompant en une image semblable à un tableau, solide, immobile et définitive dans le cadre. Cette logique qui préside explicitement au *Verger aux pêchers* se trouve amplifiée jusqu'à l'allégorie dans *La tempête de neige*. Amplifiée parce que les taches de peinture, ces pigments en suspens, accompagnent la progression des alpinistes dans une sorte de touffeur glacée et de ralenti, qui à la fois obscurcissent, empêchent de voir, et attendent une solidité picturale à venir. La Femme des neiges apparaît. Femme-pinceau éclaircissant la composition, y ajoutant le pigment des touches de quartz, prenant non seulement l'homme mais la composition dans ses filets, puis disparaissant, s'envolant d'un coup, touche finale afin que l'image « prenne » et se révèle enfin. La montagne s'impose en contre-plongée avec une netteté et une stridence égale ; sa crête, la neige et le quartz, sont soutenus par quelques lignes tracées avec de l'argent, la roche contre laquelle frappe la lumière. L'image est faite ; le tableau saisi en une seconde tient dans le cadre confirmé par le bleu du ciel qui scelle l'image en mouvement interrompue. Kurosawa inversera cette logique précisément dans le court-métrage intitulé *La Montagne rouge*. Il fera alors éclater et se dissoudre l'image de la montagne qui se disséminera en pigments pathogènes. La singularité d'une présence de la peinture dans le cinéma de Kurosawa tient d'abord pour moi à ce moment où l'image en mouvement et son indice, ici la neige et les paillettes de quartz, se déposent – instant prégnant – en une image que le cadre cimente à l'égal d'un tableau.

Usant de la même légende, Kobayashi va précisément y intégrer une dimension picturale indéniablement accomplie et efficace, mais qui n'a pas cette complexité. La peinture est, dans la *Femme des neiges*, second court-métrage de *Kwaïdan* (« Histoire de fantôme »), un écran dans l'écran, une toile de fond. Les « décors » sont de véritables tableaux de ciel où l'aveu pictural est puissant, mais exagérément explicite. Le rouge éclabousse de façon irréelle l'immense tableau du décor dans la scène du ponton où l'on retrouve le vieillard, mais surtout, le ciel défile derrière l'action comme on déroulerait une toile, à la fois hétérogène, séparé de l'action, mais sur-affirmant la tonalité affective souhaitée. Chez les cinéastes les plus différents, la forme de l'œil s'impose tel un symbole persistant, dans *La Bête Aveugle* de Matsumura, film contemporain de *Kwaïdan* par exemple. Et cet œil n'est pas forcément « l'œil de l'éclair », celui que Kurosawa peindra à même l'écran dans *Rhapsodie en août* en lieu et place de l'explosion atomique, dans l'embrasure des montagnes, là où la grand-mère l'a vu. Dans le court-métrage de Kobayashi, la toile-décor qui représente un ciel est marquée d'une influence surréaliste et délibérément dalinienne (on ne peut s'empêcher à ce moment de penser à la scène anthologique du rêve dans *Spellbound*[1]). Le ciel est constellé de formes qui d'évidence sont des yeux, mais des yeux semblables à des maelströms, des crevasses dans l'espace, davantage que des yeux qui nous regardent. Ils sont des regards inversés, des regards pièges, mais restent séparés de l'action qui ainsi se théâtralise. Nous sommes à l'opposé de cette idée de la peinture, s'accomplissant dans et selon l'image en mouvement, qui règne dans *Rêves*. Cet écart est d'autant plus facile à déceler que les deux courts-métrages ont en commun ce fantôme légendaire, la Femme des

1. Hitchcock, 1945.

neiges : la divinité Yuki-Onna, jeune femme à la beauté saisissante, drapée d'un manteau blanc. Elle est le *kami* de la neige, la contrôle et la gouverne ; elle attire les hommes pour les étreindre mortellement en les vidant de leur sang, n'en épargnant que quelques-uns, lorsque leur jeunesse et leur beauté parviennent à susciter sa pitié[1].

La tempête de neige permet de mettre en évidence une autre donnée du cinéma de Kurosawa et qui n'est pas un procédé : le ralenti. La progression des alpinistes est entravée par la neige, et Kurosawa joue de l'ambiguïté de la mise en scène et du procédé technique ; il y a dans le court-métrage deux sortes de ralentis. Kurosawa met, dans *La tempête de neige*, réellement et concrètement en scène quelque chose qui appartient à l'usage singulier, nécessaire, novateur du ralenti dans ses films. Ainsi, tout le court-métrage semble au ralenti, si bien que dans un effet de coalescence, on ne sait plus quand le procédé technique travaille de l'intérieur la mise en scène, comme si celle-ci voulait économiser, accuser, ou renforcer ce procédé qui a, dans le cinéma de Kurosawa, une fonction particulière. Le ralenti a cette fonction qui est, en coupant le récit, d'en marquer, au sens pictural du terme, l'instant prégnant. Logique interne au film qui est comparable à la « retombée » en une image des pigments et touches sous la forme de pétales, de flocons ou de poussière en suspens. *La tempête de neige* est un peu comme ces boules de verre que l'on secoue et dans laquelle la neige en apesanteur brouille l'image ; lorsque le mouvement brownien cesse, alors l'image avec une soudaine netteté se dessine. Il y aurait probablement à comparer ce qu'on appelle dans le théâtre Kabuki le « *mie* », et ce que, restant dans le sillage d'une comparaison avec la peinture, je nomme l'instant prégnant[2]. J'aime cette idée que le ralenti amorce l'acmé du récit. Dans *La légende du grand judo*, lors du premier combat, une pancarte tombe au ralenti sur le combattant

1. Cette légende fera l'objet d'une courte nouvelle parmi la cinquantaine d'histoires recueillies par Lafcadio Hearn d'après le folklore japonais. L. Hearn, *Fantôme du Japon*, traduit de l'anglais par Marc Logé, Paris, Le Rocher, 2007.

2. Le *mie* est l'arrêt du mouvement de l'acteur dans une pose appuyée, destiné à souligner un moment particulièrement important de l'intrigue.

assommé projeté à l'autre bout du dojo ; on devine ainsi que l'homme est mort. Le ralenti, instance et autorité de l'instant prégnant. a partie liée avec la mort.

Il y aurait, en contrepoint au ralenti, pour Kurosawa, une autre phénoménalisation de la mort à l'écran, plus radicale : la radiographie. Dans *L'Ange ivre* assurément mais surtout dans l'incipit de *Vivre*, ce n'est plus seulement un arrêt sur l'image mais une image qui arrête le temps. Elle s'impose et pèse dans le cadre du poids du sursis et de l'échéance. Une forme d'instant prégnant encore plus irrévocable et dramatique que celui que le ralenti inaugurait. Dans le cinéma de Kurosawa, le spectateur doit regarder l'instant de la mort, c'est ce que dit au mot près Barberousse à son jeune interne quand ils sont au chevet du vieillard mourant. L'instant de la mort trouve des formes singulières et cinématographiques parce que cet instant est l'instant impossible, et Kurosawa hésite entre l'euphémisme et l'amplification. Parmi d'autres, le ralenti et la radiographie sont deux formes qui suggèrent et imposent cette nécessité de montrer ce qui ne peut se voir. Souvenons-nous, le petit garçon d'*Un soleil sous la pluie* doit se faire *seppuku* parce qu'il a vu ce qui est interdit. À rebours, voir la mort, la regarder en face, je le dirai plus loin, aveugle[1]. C'est au sens physique, ontologique, cinématographique, impossible, un impossible qui est au centre de tout le cinéma de Kurosawa. C'est pourquoi *La tempête de neige* est au ralenti et que le ralenti s'interrompt lorsque les alpinistes sont sauvés : le tableau prend et gèle dans le cadre, libérant d'un coup les hommes en sursis. Oui, le ralenti travaille pour la mort : dans *Les Sept Samouraïs*, lorsque Kanbei (que joue Takashi Shimura), après s'être fait raser le crâne et déguisé en bonze, tue le bandit kidnappeur d'enfant. Il semble que le ralenti soit réservé à l'épopée ou au film de sabre. Le kidnappeur d'*Entre le ciel et l'enfer* anticipe ou provoque l'instant prégnant, celui de sa mort sans appel, selon le

1. La phénoménalité de l'angoisse, ce qui aveugle, une lumière que l'on ne peut soutenir du regard, et que j'analyserai dans les chapitres suivants, trouve ici une occurrence particulière. Pour voir la radiographie, il faut la confronter à la lumière, que la lumière la traverse.

contraire d'un ralenti quand il se jette comme un fauve contre la paroi qui le sépare de Gondo, son ancienne victime, qu'il a voulu revoir avant d'être exécuté. La violence de ce mouvement est, en exagéré, le contraire du ralenti, et la brusquerie du geste finit paradoxalement par avoir la même efficacité que la décomposition du mouvement.

Marque et signe de la mort également dans *Les Sept Samouraïs*, au moment du duel au sabre, lorsque frappé d'un coup, d'un seul, le samouraï fanfaron, vaincu, bascule dans un ralenti sans appel. Ralenti plus ambigu pour un geste absolument identique dans la scène pré-conclusive de *Sanjuro*, puisque dans le duel, le sang qui jaillit et éclabousse continue à s'écouler, prolongeant le ralenti. Ralenti au service de la mort dans les très longs plans de la dernière bataille de *Kagemusha*, ralenti sur l'agonie des chevaux, sur le kagemusha titubant, sa lance à la main; ralenti orchestré dans *Ran* pendant toute la durée de l'incendie quand Hidetora est cerné par le feu et qu'autour de lui, la mort telle que Kurosawa n'avait jamais osé la montrer, l'encercle, le jetant plus encore que les flammes dans un délire obsidional. Je dirai comment dans de telles scènes la peinture d'histoire permet à Kurosawa d'affronter cette « formule de l'intolérable », que sa pudeur et une injonction éthique l'empêchaient auparavant de montrer. Le ralenti sur une longue durée, dans les scènes de *Kagemusha* et de *Ran*, devient une façon de peindre ; il s'arrête sur tel épisode dramatique, et la durée du plan ainsi qu'un format démesuré, s'assurent de la tragédie commune. Notre œil s'arrime au ralenti, comme il reste et se pose sur tel drame individuel dans une peinture d'Histoire.

Le ralenti est, dans le récit, le sceau de la mort Nous pensons au ralenti à certaines scènes, le sont-elles vraiment. Je me souviens, dans le court-métrage intitulé *La Montagne rouge*, de la scène de panique au pied du mont Fuji; le paysage est devenu fou à cause de la folie des hommes, et la foule, saisie de terreur au pied de la montagne qui explose, est gagnée par une panique de mort. Ma mémoire en reconstitue les mouvements au ralenti. Quand, dans *Ran*, le général décapite la renarde, et que le sang éclabousse d'un coup tout le mur, je sais que cette scène n'est pas au ralenti, et pourtant je garde dans ma mémoire la sensation d'un ralenti. Elle renvoie à la violence brusque et définitive d'un effet de mise en scène comparable à celui que j'évoquais pour la fin de *Entre le ciel et l'enfer*. Dans ma mémoire cependant la sensation du ralenti persiste.

Mais la mort trouve d'autres phénoménalités pour se manifester; la forme annonciatrice en est l'aveuglement ou l'éblouissement, mais il y a aussi tout à l'opposé l'obscurité qui accompagne le sommeil, sommeil qui saisit le dernier plan de *L'Idiot*[1]. Une ultime mise en garde, injonction et prédiction, traverse *La Tempête de neige*: « Ne dormez pas, le sommeil c'est la mort! », phrase qui introduit la fin magnifique de *Madadayo*: le professeur s'endort et rêve, son rêve envahit l'écran, c'est un ciel sans fin, un tableau en permanente métamorphose, métamorphose dont le cadre se contente d'être le témoin. C'est un ciel de peinture où l'on éprouve paradoxalement la sensation qu'une sorte de liquide amniotique, l'indice d'une naissance, s'est mêlé au solvant, une image qui résume et unifie ce que j'essayais d'évoquer plus haut, le fait que le tableau procède de l'image en mouvement. Pour conclure son œuvre, Kurosawa peint un tableau qui est une image en mouvement. C'est, de tous les rêves qui hantent son cinéma le plus simple et le plus accompli, il prolonge d'une façon apaisée le rêve de *L'Ange ivre*. Le tableau en métamorphose du dernier plan de *Madadayo*, aux couleurs douces, diluées et totalement vidées de toute présence humaine, est un tableau où les formes, si elles évoquent des nuages, ne sont pas des nuages, si elles évoquent des animaux, ne sont pas des animaux. En métamorphose, ce n'est pourtant pas un tableau abstrait, il est aussi réel qu'un rêve peut l'être[2].

1. Je me demande si les huit rêves, qui me servent ici de chapitres, ne sont pas d'abord les images qui contredisent l'obscurité, que Kurosawa craint dans le sommeil. Rêver, c'est s'opposer dans le sommeil à la mort.

2. Kurosawa se souvient-il, quand il filme ce plan, de la séquence du rêve des *Niebelungen*, signée par Walther Ruttmann, où une forme abstraite se métamorphose en aigle ? Walther Ruttmann, avant Hans Richter et Viking Eggeling, sera le précurseur de cette abstraction formelle qui succède au caligarisme. Elle laisse cette trace à l'intérieur du film de Fritz Lang.

Madadayo est le dernier film de Kurosawa. La charnière de l'œuvre est *Barberousse*, en 1965, dernier film en noir et blanc, dernier film avec Toshiro Mifune. Le tournage s'est avéré difficile et éloigne définitivement Toshiro Mifune[1]. Dans un entretien déjà évoqué intitulé « L'Empereur », qui paraît dans *Les Cahiers du Cinéma* en septembre 1966, Kurosawa dit les deux ans de travail que lui avait demandé le film et l'épuisement ressenti au sortir du tournage[2]. Dans cet entretien qui intervient au moment de la mise en place du projet de *Runaway Train*, finalement avorté quelques mois plus tard, Kurosawa confie son besoin d'alterner entre les *jidai-geki* (films de sabre), et des *gendai-geki* (films modernes), plus lourds à porter psychologiquement; et affirme que même si les *jidai-geki* comportent une dimension moderne, ils guident plus volontiers vers le spectaculaire, le léger et l'aventure. Avec *Barberousse*, cette schématisation ne fonctionne plus. Le film va brouiller les repères du grand public, la douleur et la misère s'infiltrent là où les pitreries de Toshiro Mifune rendaient le sang versé des samouraïs à la fiction. Satyajit Ray se souvient de ce tournant dans l'œuvre de Kurosawa :

> Pour *Barberousse*, Mifune avait signé un contrat d'exclusivité de six mois et avait laissé pousser sa barbe pour le rôle. Comme le tournage n'en finissait pas, il avait été obligé de refuser toute une série d'autres propositions. Et tant que le film ne fut pas terminé, il continua à y travailler. Mais à compter du jour où cessèrent les prises de vues, il rompit avec Kurosawa, et aucun rapprochement entre eux n'est encore envisageable[3].

1. Dans un entretien enregistré à Paris, le 28 novembre 1989, à la question que lui posait Hubert Niogret : « Y a-t-il un metteur en scène qui ait le mieux répondu à vos attentes de comédien ? », Toshiro Mifune répondit : « Akira Kurosawa. C'est avec lui que j'ai commencé cette carrière cinématographique. C'était très agréable de travailler avec lui, je me sentais complètement libre puisqu'il me disait de faire ce que je voulais. C'était une liberté irremplaçable, puisqu'elle me permettait de mettre en valeur ce que j'avais en moi-même, ma personnalité, mon caractère. »

2. Koichi Yamada, Hayao Shibata, Yoshio Shirai, « L'Empereur », *Cahiers du Cinéma*, n°182, septembre 1966.

3. Le texte de Satyajit Ray date de 1967.

Le fait que *Barberousse* ait dépassé le budget prévu laissait Kurosawa parfaitement indifférent. La seule chose qui comptait pour lui était que son travail fût parfait, et il l'était. La critique fut enthousiaste. *Barberousse* fit une longue carrière, mais pas assez longue cependant pour couvrir les frais de sa réalisation. Kurosawa, sentant que les choses allaient tourner à l'aigre, se mit à chercher de l'argent ailleurs.

> J'avais pensé à un sujet, dit Kurosawa, j'avais gardé une coupure de presse américaine où l'on disait qu'un train avait traversé Chicago à cent cinquante kilomètres à l'heure avec trois hommes à bord mais pas de conducteur. Pour une raison mystérieuse, celui-ci avait sauté du train et s'était tué. Le train, avec ses passagers, fut finalement sauvé. Le film montrera de quelle manière[1].

Jusqu'ici Kurosawa était toujours parvenu, à force de persévérance, à trouver les financements nécessaires pour ses films. Se succédèrent la Toho (les deux opus de *La Légende du grand judo*, *L'Ange ivre*, *Vivre*, *Les Sept Samouraïs*, *Vivre dans la peur*), la Daiei (*Duel silencieux*, *Rashômon*), la Shochiku (*Scandale*, *L'Idiot*), puis la Kurosawa Production (*Les Salauds dorment en paix*, *Yojimbo*, *Sanjuro*, *Entre le ciel et l'enfer*, et enfin *Barberousse*). Mais, au tournant des années 1960, les maisons de production étaient en déclin, les moyens de financement venaient à manquer. Impossible pour Kurosawa de se relever de *Barberousse* sans solliciter la production étrangère, celle des américains. En 1966, Kurosawa se lance dans la mise en place de *Runaway Train*. Il souhaite tourner en 70 mm et en couleur, mais les producteurs estiment que la couleur est un caprice onéreux pour mettre en scène un train noir traversant une immensité de neige. Le projet est suspendu, Kurosawa le croit simplement repoussé d'un an; il sera abandonné. L'année suivante, *Tora! Tora! Tora!* est annoncé, production nippo-américaine qui veut mettre en scène l'attaque de Pearl Harbor vue des deux côtés. Kurosawa est en charge de la réalisa-

1. Satyajit Ray, *Ecrits sur le cinéma*, Paris, Ramsay, 1982, p. 217.

tion japonaise. Dans une lettre adressée à ses anciens collaborateurs, il écrit : « Aujourd'hui, le cinéma japonais est malade, et je souhaite vraiment qu'il se remette sur pied. Je vais me battre pour ça ». Mais des désaccords avec la production américaine surviennent, on lui reproche ses méthodes de tournage et d'engloutir les budgets. Kurosawa est brutalement remercié. Il crée alors, avec ses anciens collaborateurs, la société Yonki no kai (« Les quatre cavaliers ») avec laquelle il produira *Dodes'kaden* en 1970. Ce film est le premier film de Kurosawa en couleur. Mais, méfiant à l'égard de la qualité de la pellicule, Kurosawa avait décidé de l'utilisation expérimentale des couleurs primaires. L'usage de la couleur chez les cinéastes japonais tels que Keinosuke Kinugasa, qui reçut la Palme d'or à Cannes avec *La Porte de l'enfer* en 1954, ne satisfaisait pas Kurosawa. Il voulait des couleurs de peintres ; dans *Dodes'kaden*, les décors et les costumes accréditent par l'emploi des couleurs primaires, et de leurs rapports entre elles, son inspiration initiale. Il reprochait aux films japonais leur caractère « exotique » dû à la faible sensibilité des pellicules couleurs de l'époque. Teruyo Nogami, scripte et collaboratrice de nombreux films, dira du réalisateur : « Je crois que Rokkuchan, le fou du tram, c'est Kurosawa, Kurosawa le fou de cinéma ». L'enthousiasme du réalisateur et de l'équipe ne conduisit pourtant pas le film au succès, et la jeune société de production, bien que le film fût à très petit budget, perdit de l'argent. La tentative de suicide de Kurosawa en décembre 1971 renvoie peut-être à un épisode de son enfance évoqué dans son autobiographie, qu'il convient sans doute de rappeler ici :

> Le tram du matin était toujours bondé. Il y avait des grappes de gens qui restaient à l'extérieur, près de l'entrée et qui s'accrochaient précairement à l'avant du car. Un jour, j'étais suspendu comme ça, sur le trajet d'Omagari à Iidabashi, quand subitement je décidai que tout dans l'existence était stupide, assommant et futile, et je lâchai la barre à laquelle je me tenais. J'étais coincé entre deux étudiants de l'université, qui, eux aussi, s'accrochaient à l'extérieur du bus. Sans cela je serais tombé sur le macadam la tête la première. Même ainsi, je n'avais qu'un pied sur le marchepied, et je commençais à tomber en arrière. Un des étudiants poussa un cri, et il libéra une de ses mains pour me

> saisir par la courroie du cartable que je portais sur mes épaules. Tout le reste du trajet vers Iidabashi, je le fis suspendu à la main de cet étudiant, comme un poisson à la ligne. Dans tout cet intervalle, je restai complètement figé, mes yeux rivés sur ceux du jeune homme qui était pâle et frappé d'horreur. Arrivés à Iidabashi, nous descendîmes du tram. Les deux étudiants reprirent leur souffle. "Qu'est-ce qui vous est arrivé ?" me demandèrent-ils. Comme moi-même je ne comprenais rien à ce qui s'était passé, je leur fis seulement une brève inclinaison de la tête, et me mis en marche vers l'arrêt où je devais attraper ma correspondance[1].

En 1974, Kurosawa est appelé par la Mosfilm pour tourner *Dersou Ouzala* en Russie, adaptation du roman de Vladimir Arseniev paru en 1923, que depuis longtemps il voulait réaliser. Quelques mois plus tôt, son maître, Yama-san était tombé gravement malade ; le film sera teinté de ce *mono no aware*, déjà évoqué, que lui avait enseigné Yama-san. *Dersou Ouzala* fut aussi une manière pour Kurosawa de revenir à la littérature russe, à ses lectures de jeunesse, découvertes à l'école ou conseillées par son frère. Le film recevra le Grand prix du Festival de Moscou en 1975 et l'Oscar du meilleur film étranger en 1976. Kurosawa renouera ainsi avec une diffusion internationale d'envergure qu'il n'avait plus connue depuis *Sanjuro.*

En 1980, Kurosawa est l'auteur de plus de vingt-cinq films. Son œuvre est admirée internationalement. Il tournera *Kagemusha*, « l'aboutissement de [sa] réflexion sur la couleur », grâce à l'intervention de George Lucas et de Francis Ford Coppola, et de la Fox qui achète les droits mondiaux. En 1985, Kurosawa peut enfin réaliser *Ran* dont le scénario était en attente depuis de nombreuses années, faute de producteur. C'est Serge Silberman, producteur attitré de Buñuel, qui coproduira le film.

Les années difficiles avaient sans aucun doute opéré un « changement du visage de l'œuvre »[2] de Kurosawa. Et avec la perte de Toshiro Mifune et de Takashi Shimura, disparu en 1982, le regard

1. A. Kurosawa, *op. cit.*, p. 87.
2. Charles Tesson, *Akira Kurosawa*, Paris, Cahiers du cinéma, 2007, p. 65.

du peintre-cinéaste allait se révéler d'autant plus que ses acteurs attitrés n'occuperaient plus le premier plan. Dès lors, « la peinture de l'action prime sur l'action elle-même »[1]. Avec *Rêves*, tourné en 1990 à l'âge de quatre-vingts ans, Kurosawa semble faire un bilan. C'est cette fois grâce au concours de Steven Spielberg et de la Warner que le tournage fut possible. En 1991, aidé par son fils en tant que producteur, Kurosawa peindra une dernière fois « l'œil de l'éclair » avec *Rhapsodie en août*. C'est aussi l'unique apparition d'un acteur américain dans son cinéma : l'un des rôles principaux est attribué à Richard Gere. En 1993, *Madadayo* est une révérence aux maîtres de Kurosawa : M. Tachikawa, qui attribua la meilleure note au dessin d'Akira à l'école primaire en réponse aux railleries de ses camarades et M. Iwamatsu, qui lui offrit au collège la meilleure note en composition écrite. Le sujet était le suivant : « Donnez vos impressions sur les trois trésors sacrés de la cour impériale » (l'épée, le miroir et le collier de pierres précieuses sont conservés dans le sanctuaire de Nara). Kurosawa avait écrit : « Prenons l'exemple du légendaire miroir sacré yata-no-kagami – il est tellement sacré que personne n'a jamais été autorisé à y porter les yeux, il peut donc très bien n'être pas rond, mais carré ou triangulaire. Je ne suis capable de parler que des choses que j'ai vues de près, de mes propres yeux »[2].

1. *Ibid.*
2. A. Kurosawa, *op. cit.*, p. 102.

4. le tunnel

La force et la densité du *Tunnel* réussissent à effacer sa référence : *J'accuse* d'Abel Gance. Kurosawa a ce pouvoir de rendre aussi puissante qu'implicite la référence, puisqu'elle fait partie de lui existentiellement, à égalité avec ses rêves, ses souvenirs et la mémoire de son propre cinéma. Ce tunnel devant lequel l'officier arrive est un trou noir, un puits d'obscurité, synonyme de peur pour Kurosawa. Il dit avoir peur du sang et avoir peur de l'obscurité ; pénétrer dans le tunnel c'est franchir le mur d'obscurité où sommeillent les fantômes, mais aussi entrer dans la nuit, symbole de l'histoire du XXe siècle et de l'histoire du Japon. L'obscurité se confond ici avec l'Histoire :

> Et les gens qui se sentaient menacés par cette nuit noire devinrent les jouets des plus terrifiants démagogues, et se laissèrent entraîner aux actes les plus fous et les plus horribles. Il est impossible de se représenter l'intensité de la terreur que l'obscurité totale peut éveiller chez des gens qui n'en n'ont jamais fait l'expérience jusque-là : c'est une terreur qui annihile toute raison[1].

Cette hantise de l'obscurité renvoie au massacre des résidents de Tokyo qui se produisit dans le sillage du grand séisme, qu'évoque également Chris Marker dans *A.K.* L'obscurité est double, elle est le lieu où s'accomplit l'horreur, elle est ce qui, pour Kurosawa, incite à

1. A. Kurosawa, *op. cit.*, p. 95.

l'indigne et à l'inavouable, et elle retrouve les peurs et les cauchemars de l'Histoire. Cependant l'officier franchit cette barrière de nuit et traverse le tunnel. Il existe dans la tradition architecturale en Asie des maisons nommées en Chine *siheyuan*, constructions dans lesquelles on entre par une porte dont la forme est exactement celle du tunnel que nous évoquons. Cette porte est doublée d'un mur-écran, en forme de chicane, pour préserver la cour intérieure et protéger la maison des fantômes qui ne peuvent, dit-on, avancer que droit devant eux. L'entrée du tunnel est ici dépourvue de tout obstacle qui interdirait aux esprits d'avancer. Le premier fantôme s'avance et marche droit devant lui, il s'arrête devant son officier. C'est un demi-fantôme, un fantôme en devenir puisqu'il se croit encore vivant et interroge l'officier. La compagnie entière va le rejoindre. Le martèlement des pas évoque celui d'une locomotive en marche. Il y a là quelque chose de mécanique, de mécanique plaqué sur du vivant, et toute la compagnie est là, « comme un seul homme ». L'uniforme rend chacun anonyme, anonymat renforcé par le visage peint en blanc de chaque soldat, étrange référence sur le mode de la caricature au théâtre Nô, comme si cette avancée, qui est le contraire d'une procession, était la grimace de la procession des renards. Au hiératisme succède une violence sourde, faite pour broyer. Cette compagnie de soldats morts est entre hommes et fantômes, plus hommes que fantômes, car l'Histoire semble refuser qu'ils entrent dans la légende. Soldats anonymes dont l'officier pourtant se souvient, nom par nom, identité par identité. Ils sont les noms sans visage de sa culpabilité.

Le véritable fantôme, celui en devenir d'être un *kami*, à égalité dans les légendes de la Femme des neiges, est le chien rouge, imprévisible et dangereux, qui déboule du tunnel, surgissant de la guerre. De cette guerre-là, autant que des autres guerres, naîtront des légendes, des *kamis*, des kamikazes par exemple ; pour l'heure, le souvenir de la guerre est trop présent pour que l'esprit, le *kami*, capture le récit qui constituera sa légende. Ce chien est un *kami* privé de légende, il est néanmoins un fantôme, aussi effrayant que rouge. Il émane d'un souvenir d'enfance, que Kurosawa dichotomise, pour mieux recoller les deux parties monstrueuses de son souvenir. « Je ne sais pourquoi, mais mes souvenirs d'après le moment où j'ai appris à marcher jusqu'à mon entrée à la maternelle, sont moins distincts que ceux de ma petite enfance. Il y a une seule scène dont je me souviens, mais c'est en couleurs vives et intenses. Cela se passe à un passage à niveau de tramway. De l'autre côté des rails et de la barrière abaissée, il y a mes parents, mes frères et sœurs, et moi je suis seul de mon côté. Entre les deux, un chien blanc fait le va-et-vient et gambade sur la voie en remuant la queue. Il a répété ce manège plusieurs fois, et il revient en courant dans ma direction quand soudain, le tramway déboule comme un bolide, et le chien blanc est renversé juste sous mes yeux, coupé bien proprement en deux. Le corps de l'animal tué sur le coup était rond et d'un rouge brillant, comme des tranches de thon pour le sashimi. Je n'ai aucun souvenir de ce qui suivit cet horrible spectacle, mais probablement le choc fut tel que je perdis connaissance. »[1] Quand je suggère que le souvenir est coupé en deux et que Kurosawa le recolle, je veux dire qu'il fait du chien blanc un monstre rouge qui veut se venger. La culpabilité – « il revient en courant dans ma direction » – est transposée dans la culpabilité de l'officier. Le chien rouge est l'emblème de la compagnie décimée, mascotte devenue folle et imprévisible et dangereuse ; il incarne ce qui reste vif, rouge, impossible à domestiquer de l'effroi de la guerre. On peut commander aux morts, les faire se lever, ainsi que dans *J'accuse* d'Abel Gance, ou les faire rebrousser chemin, retrouver la nuit, celle du *Tunnel*[2].

Souvent l'animal se transforme en emblème, mais c'est sur des bannières qu'il s'agite, tel le mille-pattes de Washizu, ou le lapin de

1. A. Kurosawa, *op. cit.*, p. 26.

2. On peut aussi écrire les noms des morts sur un mémorial, où les noms des criminels de guerre finiront par rejoindre ceux des soldats morts. Je pense à la controverse autour du Yasukuni, sanctuaire shinto construit en 1869 pour célébrer la mémoire des Japonais ayant donné leur vie au nom de l'Empereur. L'ajout en 1978 de quatorze noms de condamnés du procès de Tokyo, notamment des criminels de guerre de classe A, a entraîné une polémique qui n'a pas cessé.

Miki dans *Le Château de l'Araignée.* Ici au contraire, la mascotte est l'élément indiscipliné, « l'élément à vif » du récit : ce chien rouge. Le souvenir, évoqué à l'instant, du chien tronçonné s'est métamorphosé ainsi : le chien est devenu rouge et le rond est devenu noir, entrée du tunnel où est ensevelie la mémoire de la guerre.

Jamais Kurosawa n'aurait pu, ni voulu, adapter *Pluie noire* ; et cette béance noire, cette entrée du tunnel, cadre paradoxal dans l'écran, résume pourquoi il déteste autant *Hiroshima mon amour*[1] : il y a de l'inmontrable, *Le Tunnel* est la synthèse de cette méfiance et de ce refus. L'œuvre de Kurosawa exprime ce besoin contradictoire du début à la fin : comment montrer ce que l'on ne peut pas soutenir du regard. Il lui faut en trouver la forme et la formule. Dans ce souvenir, l'insistance sur la couleur rouge réaffirme que la couleur, dans et sous la forme de la peinture d'histoire, va lui permettre de montrer ce qui ne peut pas être montré, ce qui est insoutenable. J'imagine que Kurosawa détestait le film *Pluie noire*, il dit plusieurs fois n'avoir aucune sympathie pour le cinéma d'Imamura. Je pense que si Kurosawa déteste *Hiroshima mon amour* c'est aussi à cause du noir et blanc ; un cinéma de fiction qui veut s'approcher du cinéma-document, ou qui place le document et la fiction à égalité d'images, lui semble éthiquement peu légitime. Ce que Kurosawa s'autorise au montage pour d'autres sujets, tramant document et fiction, là il se l'interdit absolument. En ce qui concerne l'inmontrable, le document est le document, la fiction est la fiction. La couleur permet à Kurosawa de trancher. Pour *Hiroshima mon amour*, il dit trouver cela « obscène » et fait donc le contraire. L'intolérable, l'inmontrable, il va le sur-dramatiser, l'héroïser ; la peinture d'histoire, dans *Ran* et *Kagemusha*, va lui permettre de dépasser cette posture éthique,

1. Il dit, dans son entretien : « Je déteste ce film. Il n'y a là que des scènes de coucherie motivées par le souvenir du bombardement nucléaire à Hiroshima. Cela m'a fortement déplu. Je suis sorti de la salle vers le milieu du film. Je n'ai donc pas tout vu, mais je crois que ce film est une connerie. Voilà la grande différence qui existe entre un peuple qui a réellement subi un bombardement nucléaire et celui qui n'a pas vécu ça. Ce dernier n'éprouve qu'une certaine curiosité teintée de romantisme pour un pays bombardé ! », « L'Empereur », *op. cit.*, p. 75.

cette impossibilité physique de montrer l'inmontrable. Le rouge est la couleur de cet inmontrable, et en même temps celle qui l'absorbe ; il en est la condition de possibilité :

> J'appuyais si fort sur le pinceau qu'il se cassa en deux, alors j'enduisis de salive le bout de mes doigts, pour étaler les couleurs, me servant même de mes mains pour faire des dégradés et des nuances. Quand nous eûmes terminé, M. Tachikawa prit les travaux de chaque élève et les afficha sur le tableau. Il demanda à la classe d'exprimer son avis en toute liberté, et quand ce fut le tour du mien, la seule réaction de la classe fut un rire gras. M. Tachikawa tourna vers cette multitude en joie un regard sévère, et il se mit à couvrir mon dessin de louanges démesurées. Je ne me souviens pas exactement de ce qu'il a dit, mais je crois me rappeler qu'il fit remarquer plus spécialement les endroits où je m'étais servi de mes doigts humectés de salive pour mettre la couleur. Puis il prit mon dessin et il le marqua, à l'encre rouge écarlate, de trois gros cercles concentriques – la note la plus élevée. Cela je m'en souviens parfaitement[1].

C'est par les trois cercles concentriques tracés à l'encre rouge écarlate que Kurosawa gagne cette confiance qui lui permettra de s'imaginer être peintre puis cinéaste. Ils sont la porte de l'entrée dans le possible, alors que le noir du tunnel ouvre à la part maudite de la mémoire. Le rond jaune du soleil sera, dans le court-métrage qui suit, *Les Corbeaux*, l'accès aux substructions de la peinture.

Mais il n'y a pas de citation de la peinture dans le cinéma de Kurosawa (j'entends cette sorte de calque qu'il y a chez Greenaway, par exemple). La peinture ou le dessin sera cloué, accroché, collé à même le décor selon une fonction toujours dramatique. Dans *Dodes'kaden*, les dessins coloriés, les dessins de tramway, sont disposés contre le mur, dans le temple-maison, baraque où la mère de Rokkuchan vend les tempuras, et l'on imagine sans peine Kurosawa assis par terre dessinant avec les membres de son équipe. Mais ces dessins ne sont pas seulement collés aux murs, ils sont aussi

1. A. Kurosawa, *op. cit.*, p. 38.

collés contre les vitres et deviennent, puisque la lumière traverse ces vitres, les éléments d'un vitrail composite, un vitrail en hommage au tramway. Les incantations et les sutras que la mère et son fils, dans une litanie ininterrompue, profèrent au début du film, anticipent sur le « dodes'kaden » répété sans fin, le bruit qui veux imiter celui d'un tram. Et l'on se demande si, dans ce film surprenant, le tramway, leitmotiv dans son autobiographie, n'est pas devenu à son tour un *kami* et l'adolescent, l'officiant et le dépositaire de sa légende.

Dans les dialogues de *Chien enragé*, on entend plusieurs fois l'expression « après-guerre » dite en français par Sato, l'inspecteur que joue Takashi Shimura. L'après-guerre est, explicitement ou implicitement, au centre de la plupart des films de Kurosawa. Elle a deux dimensions : la hantise de la catastrophe nucléaire qui s'instille en une anxiété puis une angoisse dont *Vivre dans la peur* témoigne ; la seconde est le constat d'une terre malade, ce qu'en retournant la notion romantique de « description de la vie de la terre », je m'emploierai à comprendre comme l'évocation d'une maladie de la terre liée au cinéma de Kurosawa et qu'incarne *L'Ange ivre*[1]. « Incarner » est le mot puisque, pour Kurosawa, la maladie du corps – la tuberculose – et la description de la maladie de la terre seront liées. L'après-guerre se confond avec une influence du néo-réalisme italien sur le cinéma de Kurosawa. Il me semble que cette influence a été surévaluée, mais c'est probablement une des raisons pour lesquelles Bazin aimait tant et défendit autant *Vivre*, tout en prenant soin de relativiser cette influence du néo-réalisme[2]. Dans *Chien enragé*,

1. Caspar David Friedrich, Carl Gustav Carus, *De la peinture de paysage*, Paris, Klincksieck, 1988, p. 108-109. Je reviendrai longuement sur cette question pour examiner comment une telle notion dépasse pour les romantiques la question de la peinture de paysage.

2. « Akira Kurosawa, qui appartient à une génération relativement jeune (il est né en 1910 alors que Mizoguchi vient de mourir à cinquante-huit ans), est pratiquement un metteur en scène de l'après-guerre. Il est visiblement très influencé par le cinéma occidental des années 1930-1940 et plus encore peut-être par le cinéma américain que par le néo-réalisme. [...] Il s'agit de *Vivre* (*Ikiru*) dont Moullet écrit tranquillement qu'il bat les records du ridicule alors que j'y trouve peut-être le plus beau, le plus savant et le plus émouvant des films japonais qu'il m'ait été donné de voir, à tout le moins, parmi les productions du cycle moderne. », André Bazin, « Vivre », *Cahiers du cinéma*, n°69, mars 1957.

Murakami (joué par Toshiro Mifune) déambule sous le soleil de plomb des souks du marché noir. Cette scène devance celle de *Rashômon* où Kurosawa filmera le soleil sans filtre. Dans cette scène le soleil est terriblement présent, mais tamisé par les canisses des toits des échoppes. Murakami cherche, il scrute. Les plans sur les yeux, sur les yeux de Toshiro Mifune, sont un motif privilégié du cinéma de Kurosawa qu'il radicalisera dans *L'Idiot*. Dans *L'Idiot*, la guerre est là tout le temps puisque le protagoniste est un survivant, un homme qui revient de la mort. Les plans où le regard d'Akama est cadré, découpé par un viseur, font d'évidence référence à la guerre. Dans *Chien enragé*, Mifune scrute sans savoir véritablement qui il cherche, puisque ce qu'il cherche est son arme. Cette arme, certes volée par un voyou, mais qui semble s'être mise à travailler abstraitement pour son propre compte, en d'autres termes, une arme qui échappe à tout contrôle. Le yakuza est le double de l'inspecteur, il aurait pu être son compagnon d'armes et leur histoire est la même. Ils ont été détroussés au retour du front et se retrouvent sans rien ; l'un est devenu policier, l'autre voyou puis criminel. Il est curieux d'observer comment Kurosawa rend, par le scénario, l'arme présente et abstraite en même temps, et comment, d'une certaine manière, il absout en partie le yakuza jusque dans la conclusion du film où le jeune inspecteur, malgré les meurtres commis, éprouve un sentiment complexe. Empathie paradoxale à laquelle n'adhère pas l'inspecteur Sato qui, lui, applique une loi, qui est tout simplement la loi d'avant-guerre.

L'arme est l'objet du mal et sa fonction me fait songer bizarrement à *Godzilla*. Le revolver devient une créature à la mesure de son abstraction : un jouet froid, métallique, abstrait. Godzilla est une créature, un monstre, et se rapporte à la préhistoire. L'arme, à ce degré d'abstraction, devient un monstre après l'histoire. Un monstre à la mesure d'un destin et d'une histoire individuelle, pièce à conviction de ce que l'irresponsabilité des hommes peut provoquer ; un objet dont on perd le contrôle, devenant l'instrument du mal. De la mémoire de la guerre naissent ces deux formes : Godzilla d'un côté, le revolver du *Chien enragé* de l'autre. Ishiro Honda fut le premier assistant de Kurosawa sur *Chien enragé* et il sera le réalisateur de *Godzilla*. Ishiro Honda combattit au front, il eut l'habitude de porter le treillis ; il double, pour ces scènes d'errance dans le marché noir, Toshiro Mifune, afin de donner à cette tenue militaire un surcroît de vérité, comme si la guerre se continuait. Et ces plans des jambes et de l'homme de dos sont aussi ceux de la silhouette d'un militaire rescapé. Cette arme, sous la forme d'une litote, manifeste qu'après-guerre, le mal persévère et s'infuse dans la société ; la déambulation dans le marché noir est interminable, à la mesure de son étendue.

Kurosawa fait un film qui est absolument un film d'après-guerre sans être pour autant un film politique. Il s'en expliquera en disant que sa propre attitude pendant la guerre ne lui permet pas de juger. *Je ne regrette pas ma jeunesse* est un film engagé qui stigmatise explicitement la politique militariste du Japon. *Chien enragé*, en revanche, est un film d'après-guerre au sens simenonien du terme, c'est-à-dire qu'il écarte ou rend implicite tout ce qui pourrait essayer d'expliquer, de formuler politiquement ce qui est décrit. Et il parvient, à la façon de Simenon, en créant une atmosphère, à faire sentir le climat d'une époque. Le génie de *Chien enragé* est d'être le contraire d'un film à thèse, mais d'exprimer cependant une intuition profondément politique sous la forme d'un constat et d'une atmosphère. L'allusion au néo-réalisme réside là, bien davantage que dans le caractère documentaire. Cela vaut également pour *Vivre*, où l'idée de reconstruction transite douloureusement par une aventure individuelle : Kurosawa semble avoir conscience que le « message » que porte le film risque de faire basculer celui-ci vers quelque chose qu'il ne veut pas, quelque chose de militant, et pour lui de ridicule. À la fin du film, volontairement, il laisse une scène lui échapper, scène d'exaltation où les fonctionnaires se congratulent et évoquent le souvenir de Watanabe de façon pesante : ils disent qu'il faut reconstruire, et suivre son exemple. Cette scène guide vers une interprétation qui contrarie Kurosawa : substituer à l'héroïsme des kamikazes un autre héroïsme, celui de la reconstruction ; Kurosawa ne veut pas que le geste de

Watanabe soit pris en otage par les fonctionnaires quand ils profèrent, ivres morts, qu'il ne faut pas que sa mort soit vaine, et qu'elle doit « ouvrir sur une ère nouvelle pour le bien public ». Ma comparaison est moins outrée qu'elle en a l'air : comme Watanabe, les kamikazes se savent condamnés à mort. Kurosawa garde cette scène, mais pour montrer qu'elle l'exaspère, l'irrite, fissure et casse l'atmosphère, que la tonalité néo-réaliste qu'il avait conférée à son film est contrariée par cette scène. Un plan magistral et magnifique vient réaccorder le film : dans ce plan, un jeune fonctionnaire se retrouve sur le pont où Watanabe, considérant le ciel, avait dit plusieurs fois : « C'est merveilleux, mais je n'ai plus le temps ». Le jeune fonctionnaire se penche et observe les enfants sur les balançoires (on se souvient alors de la balançoire sur laquelle Watanabe s'est endormi, et est mort, dans le froid). En contre-plongée, la caméra va suivre le jeune fonctionnaire qui s'éloigne sur le pont. La rambarde du pont fait alors songer, dans ce travelling très lent, à la pellicule du film qui se déroule. *Vivre* a des accents rosselliniens. De Watanabe, il sera dit : « Il est un Christ portant sa croix. [...] Sa croix est le cancer. » Et le gros plan sur le chapeau de Watanabe, à la fin du film, donne à cet objet dérisoire une dimension de relique. De même, dans *Les Salauds dorment en paix*, il est impossible de ne pas penser à *Allemagne année zéro*. Certes, les ruines sont dramatisées par une évocation qui redouble leur présence, alors que Rossellini ne commente rien de Berlin en ruines. Pour Kurosawa, l'ekphrasis des combats et de la guerre a son décor réel : les deux combattants, Nishi et Itakura, retrouvent le lieu qui les a unis. L'image est plus forte que l'évocation des combats, puis du marché noir, du déroulement de l'histoire qui a soudé les deux hommes et les amène là, symboliquement, où s'est nouée leur amitié. Même en différé, Kurosawa a du mal à évoquer la guerre, à la décrire, les ruines du champ de bataille suffisent. La vérité du décor, qui cesse d'être un décor lorsque les deux hommes se taisent et que l'image devient silencieuse, est en revanche formidablement intense. Ce que je soulignais de l'implicite, qui dans une atmosphère a charge du politique, nous le retrouvons, justement, à certains moments des *Salauds dorment en paix.* Dans la dernière scène du film, ce démon parmi les démons, le père, Iwabuchi (joué par Masayuki Mori), laisse ses enfants le quitter dans un mouvement de déni et de mépris, et préfère, plutôt que de les retenir, répondre à cette voix que nous n'entendrons pas et qui commande à tout le film. La dramatisation par laquelle les enfants renient leur père appartient à l'ordre de la tragédie et en appelle à la tragédie grecque, autant que *Ran* en appelle à Shakespeare. Le principe de dramatisation, souverain chez Kurosawa, trouve dans le tragique un allié puissant. Et ce qui est conscient et voulu dans la référence à Shakespeare, dans *Ran* ou dans *Le Château de l'Araignée*, est peut-être encore davantage vrai dans les films qui sont une autopsie du monde contemporain. Le mal y est sensible sous la forme de la tragédie. Et si pour *Ran* (essentiellement à cause de la scène où le page-bouffon invective les dieux et Bouddha après la mort d'Hidetora) j'ai tendance à croire qu'une théodicée porterait le cinéma de Kurosawa, je renonce à cette hypothèse pour y substituer l'idée de tragédie. Elle guide la logique de films tels que *Entre le ciel et l'enfer* et *Les Salauds dorment en paix*, dominés par la question du mal. Dans la dernière scène des *Salauds dorment en paix*, cette voix qui magnétise et aimante le père, est abstraitement la voix du mal, celle d'une puissance non pas aveugle mais qui rend aveugle. On ne peut s'empêcher de penser aux ordres, à l'obéissance aux ordres qui fut celle du Japon pendant toute la guerre impérialiste et jusqu'à la fin. Cette voix que l'on n'entend pas fait paradoxalement penser à une autre voix, celle destinée à mettre fin à la cécité du Japon, la voix de l'Empereur s'adressant pour la première fois directement à ses sujets, dans le discours radiodiffusé du 15 août 1945[1]. Cette obéissance à une puissance obscure au cœur de la guerre

1. L'allocution est connue sous le nom de « Gyokuon-hoso », littéralement « Voix radiodiffusée du Joyau ». Le 15 août 1945, l'annonce de la capitulation du Japon fut prononcée en personne sur les ondes de la radio japonaise par l'Empereur Hirohito. En reconnaissant la défaite inconditionnelle du Japon par

est présente après-guerre, dans la soumission monstrueuse de cet homme qui, mécaniquement, servilement, se courbe plusieurs fois alors qu'il n'a personne en face de lui, qui s'incline en écoutant les ordres que la voix lui instille[1]. D'évidence, le ventre est encore fécond où sommeille la bête immonde, mais cela est dit sans être dit, de façon non politique et non polémique, tel un constat et sur le mode de la fatalité. Oui, il y a un rappel de la tragédie grecque dans *Les Salauds dorment en paix*, autant et même plus que de Shakespeare dans *Le Château de l'Araignée*.

Dans *L'Idiot*, j'ai commenté l'effet du viseur pour cadrer le regard de Mifune; quelques plans dans le film font surgir le souvenir de la guerre, tressé avec l'univers de Dostoïevski. Je pense à la vitrine où les couteaux sont exposés : ils sont disposés telles des strates, et la vitrine est un miroir, c'est l'amorce dans le film de ce que sera sa conclusion. Le couteau est d'abord l'arme du meurtre, ou plutôt du sacrifice final, mais ces rangées d'armes blanches sont aussi pour le soldat, qui a failli mourir devant le peloton d'exécution, le rappel de la guerre. Nous trouvons un plan semblable dans *Chien enragé* lors de la scène dans la baraque de tirs, où l'on voit tourner les cibles. L'effet de strate est le même, le cadre identique, la force d'amorce prémonitoire équivalente. Ces cibles, une seconde, obligent le soldat à se souvenir de la guerre, et cela est d'autant plus fort et au présent que le souvenir est secondarisé par un récit, une évocation qui n'est pas celle de la guerre. Ne simplifions pas, ce n'est pas parce qu'il s'agit d'arme blanche ou de cible que la guerre, dans ces plans, surgit. C'est parce que l'atmosphère du film dans sa totalité conspire à ce

l'acceptation de la déclaration de Potsdam, cette allocution mettait fin à la guerre du Pacifique ainsi qu'à la seconde guerre mondiale. L'Empereur ne renoncera cependant à sa divinité que le 1er janvier 1946.

1. Kurosawa se souvient-il, en mettant en scène cette voix invisible, du *Testament du Docteur Mabuse* de Fritz Lang? « Une version intégrale est arrivée via Paris à New York où j'ai enfin pu voir mon travail en 1943 pour la première fois. Ce film devait présenter l'image des méthodes de terreur hitlériennes. Les consignes et les articles de foi du troisième Reich y sont placés dans la bouche de criminels. J'espérais ainsi démasquer ces théories derrière lesquelles se cachait la volonté de détruire tout ce qui fait la grandeur et la dignité d'un peuple. », Fritz Lang, *Trois lumières. Écrits sur le cinéma*, Paris, Ramsay, 2007, p. 50.

surgissement, elle prépare à ce que ces plans nous apparaissent ainsi. Dire que l'après-guerre est résumée par la question de la corruption dans *Les Salauds dorment en paix*, ou du marché noir dans *Chien enragé*, c'est thématiser, au détriment du cinéma, le pouvoir souterrain qui fonde le cinéma de Kurosawa : l'impact de ces films est que la force d'atmosphère qui porte l'allusion à la guerre est plus grande que le thème qui fait directement allusion à l'après-guerre. Kurosawa n'explique rien, ne justifie rien. Il fait simplement apparaître une sous-couche, une strate à peine visible qui empêche son film d'être un film à thèse et thématisable.

L'après-guerre est présent dans des indices souvent absorbés par les films. Dans *L'Idiot* par exemple, Kameda porte tout au long du film une veste militaire. Dans *Chien enragé*, un plan rapproché, qui fait penser à l'utilisation des radiographies dans *Vivre* ou dans *Scandale*, montre par un effet de grossissement la balle qui vient de donner la mort, et celle perdue dans un tronc d'arbre lors un tir d'entraînement. Le plan qui compare les calibres, pour les identifier, fait autant penser aux films noirs qu'à un documentaire, et Kurosawa le fait basculer dans son camp. Alors, allusivement, l'idée de la guerre monte à la surface de l'écran, c'est le même dispositif qui présidait à la mise en scène de la dernière partie des *Salauds dorment en paix*, où la dimension néo-réaliste était détournée par la vision de Kurosawa. Quand il filme une scène de base-ball, c'est le film qui commande à la prise et c'est après avoir été intégré au récit, après avoir été à égalité de plan avec ceux de la fiction, que cette scène devient un documentaire, et d'ailleurs un classique du documentaire du base-ball pour les amateurs de ce sport, nombreux au Japon. Cette scène n'est pas une citation, n'est pas une enclave documentaire dans le film, elle en fait partie de plein droit, et ensuite devient un document et un symptôme de l'après-guerre. C'est-à-dire de la victoire des américains. Un des plans les moins explicites, au point d'en être énigmatique, de cette présence de l'après-guerre est peut-être celui, dans *L'Ange ivre*, de la poupée flottant à la surface du cloaque. Scène au centre de tout le film, emblème d'une terre malade au lendemain du désastre, à laquelle la tuberculose, dont le yakuza se découvre atteint, fait écho[1]. La caméra insiste sur cette poupée, y revient trois fois. Le vrai nom des pilotes kamikazes était *tokkotaï*[2]. On sait que « kamikaze » veut dire « vent divin », en souvenir du Japon sauvé de la flotte mongole au XIIIe siècle par un typhon providentiel. Dans *L'Idiot*, la surprise de Kameda d'être vivant est une allusion à celle des kamikazes qui ne sont pas morts. Quatre mille hommes se sacrifièrent avec leurs avions et coulèrent cinquante-sept bateaux américains. À la fin de la guerre, il n'y avait plus d'essence et l'on mettait de la résine de pin mélangée au pétrole pour les faire voler ; la moitié du réservoir était remplie et l'on appelait un « avion insoumis » l'avion pour lequel le plein avait été fait pour permettre un aller-retour, ce que le mécano faisait à l'insu de l'autorité. Les *tokkotaï* avaient des familles d'accueil, et dans ces familles d'accueil la mère ou une sœur d'adoption confectionnaient symboliquement une poupée. À l'intérieur de la poupée, elle glissait un papier. Sur ce papier était écrit « Va jusqu'au bout ». Et elle recousait le ventre de la poupée. Dans les documents d'époque, on voit certains de ces jeunes hommes monter dans leur avion avec une poupée accrochée à la ceinture. Dans *L'Ange ivre*, la poupée qui flotte dans l'eau malsaine du cloaque, si elle ne l'est pas, devient une poupée de kamikaze. Après le duel qui aura raison de Matsunaga, il s'effondre sur une terrasse et son corps, tel celui d'un martyr, semble libéré ; il est en suspens dans l'espace, entre la terre fangeuse et fiévreuse, et le ciel. Son visage et

1. La tuberculose se définit véritablement comme « maladie sociale ». La pauvreté et les mauvaises conditions d'hygiène en sont les facteurs de risque principaux tandis que le manque d'équipement médical et le degré de développement de l'organisation sociale sont encore aujourd'hui les causes principales de son expansion. Les fièvres qui rongent Matsunaga sont de deux ordres : la fièvre liée à la tuberculose qu'on nomme *saikinetsu*, fièvre récurrente, symptôme majeur et qui devient de plus en plus intense ; et une autre fièvre, particulière, *chienetsu*, que l'on retrouvera dans l'agonie des malades de *Barberousse* et qui est la fièvre qui accompagne l'instant de la mort. La culture japonaise décèle le signe d'une élévation spirituelle dans cette fièvre ; elle est celle qui emporte Sahachi dans *Barberousse* et lui permet de « voir » et d'évoquer dans cette vision Onaka sa femme morte.

2. Les termes désignant les unités chargées des attaques suicides en 1944-1945 sont *tokubetsu kogeki taï* littéralement « unités d'attaques spéciales », expression couramment abrégée en *tokkotaï*.

son corps sont purifiés par le vent qui souffle dans le linge étendu, qui bat à la façon de bannières. Nous découvrons la même scène, à la fin de *Duel silencieux* – on sait le jeune médecin résigné à son destin –, il s'agit d'un plan d'extérieur faisant apparaître les bandages blancs qui sèchent dans le vent. Ils donnent la sensation qu'ils sont des bannières, des bannières blanches privées d'emblèmes, des bannières silencieuses qui soudain prodiguent un sens singulier au titre du film. Le linge qui bat dans le vent à la fin de *L'Ange ivre*, les bandages qui battent dans le vent à la fin de *Duel silencieux*, sont les étendards de l'après-guerre. Ils célèbrent ce qui ne peut pas être montré, les étendards d'un deuil qui ne peut pas se faire.

Dans *Le Tunnel*, les visages des soldats sont rendus anonymes par la marque de la mort. Ce ne sont pas des masques mais des visages peints de façon rudimentaire. Je dis bien des visages peints, pas des visages maquillés ; si j'interprète, c'est à peine : ce sont des visages camouflés, camouflés par la mort. Dans les commandos de nuit, le visage est caché par une couleur sombre, camouflage « peint » avec le pouce, avec la main. La peinture blanche qui dissimule et rend anonyme le visage de chaque soldat simule ici un crâne. Reste ce qui appartient au mémorial et qui ne s'efface pas : le nom. Les noms, ceux inscrits au Yasukuni. De ces visages peints émanent, à l'opposé l'une de l'autre, l'image des noms qui s'écrivent sur le mémorial et l'image des tumuli qui, dans la forêt du *Château de l'Araignée*, laissent apparaître, entre les armures, les crânes des soldats morts.

Filmer le visage, pour Kurosawa, est toujours un pacte avec la mort. Les deux formes qui dominent sont le visage du mort, à l'instant de la mort dans *Barberousse*, ou le visage qui fixe et regarde la mort. Le lien s'est fait très tôt, à ce moment décisif de la vie de Kurosawa, caractérisé dans son autobiographie par le sous-titre : *Les ténèbres de l'humanité*. Lors du grand séisme de Kanto, son frère conduit Akira, qui a alors à peine plus d'une dizaine d'années, sur les lieux de la catastrophe. Là, Akira doit regarder ce qu'on ne peut pas soutenir du regard : « Dans cette étendue d'un rouge à en avoir la nausée, gisaient toutes les sortes de cadavres imaginables. Je vis des corps complètement carbonisés ; des corps à moitié brûlés, d'autres laissés dans les caniveaux, des corps flottant sur les rivières, des corps empilés sur les ponts, des corps bloquant toute une rue à un croisement – toutes les façons possibles dont peuvent se présenter les corps d'êtres humains morts. Si malgré moi je détournais le regard, mon frère me reprenait : "Akira, regarde bien maintenant." » [...] Plus tard, après être rentré, il se souvient de cette phrase du grand frère : « Si tu fermes les yeux devant un spectacle effrayant, la terreur va finir par te gagner. Si tu le regardes en face, il n'y a plus rien qui puisse te faire peur »[1]. Dans cette évocation, c'est la forme des corps qui domine, et la couleur rouge. À aucun moment me semble-t-il, le visage d'un mort n'est évoqué. Il s'agit de morts qui n'ont pas de visage ou n'en ont plus. Dans son œuvre, Kurosawa mettra du temps à évoquer cet inmontrable. Il attendra *Kagemusha* ou *Ran* pour se donner le droit de le faire. Dans les scènes de bataille ou de massacre qui s'apparentent, je l'ai souligné, à la peinture d'histoire, le désastre collectif est traversé d'instants qui s'arrêtent sur des soldats morts. Il ne s'agit pas pour autant de visages. Je revois un soldat totalement couvert de sang, la caméra ne s'attarde pas sur son visage parce que l'œil est crevé par une flèche : il s'agit là d'un visage sans visage, défiguré et aveuglé, au point de ne plus pouvoir être reconnu. L'image est en excès. Filmer l'horreur et ne pas esquiver l'épisode de ce soldat mort, l'œil crevé par une flèche, moment parmi d'autres du massacre, consiste à marquer un arrêt dans l'immense tableau qui se déroule, dominé par la couleur rouge, qu'elle soit celle du feu ou du sang, une couleur unifiant le tableau, unifiant l'interminable plan du massacre, où il n'y a pas de place pour une tragédie qui serait individuelle. Il n'y a pas plus de visages dans ces plans de carnages de *Kagemusha* et de *Ran* qu'il n'y en a dans l'autobiographie aux chapitres intitulés *Les ténèbres de l'humanité* et *Une horrifiante excursion*[2]. Le kagemusha,

1. A. Kurosawa, *op. cit.*, p. 97 et 99.

2. A. Kurosawa, *op. cit.*, p. 93 et 96. Il est presque superfétatoire de souligner que ces deux descriptions pourraient être celles des désastres d'Hiroshima et de Nagasaki. Dans ce texte écrit

quand il court vers sa mort, a un visage décomposé, défiguré, hagard, méconnaissable. Il n'a plus, depuis longtemps, de double à qui se soumettre, et à qui soumettre une ressemblance. Le visage aura, dans le cinéma de Kurosawa, partie liée métaphoriquement et réellement, avec l'aveuglement. Le visage est aveuglé, ou il est ce qui aveugle. Deux images me troublent. L'une, difficile à décrire : dans *La Forteresse cachée*, un plan résume une part de l'action, la simplicité de l'argument est dessinée de façon rudimentaire sur un sol sableux. La question est tout simplement de savoir comment traverser les lignes ennemies pour que le général Rokurata Makabei (joué par Toshiro Mifune) puisse rejoindre le clan Akizuki. Les trois clans sont représentés par trois formes et désignés chacun par son emblème : trois ronds pour le clan Hayakawa, un croissant de lune pour le clan Akizuki, trois barres serties par un trait pour le clan Yamana. Au sol, grâce à ces emblèmes qui désignent et nomment chaque territoire, le plan se visagéise : deux yeux ou plutôt, à gauche un œil, étrange, sous la forme de ces trois cercles ; à droite un gros sourcil au dessus d'un œil clos ; une bouche édentée en dessous. Une fois la circulation établie, le récit, extrêmement simple, va se dérouler. Après la défaite du clan Akizuki, le général Rokurata organise et protège la fuite de la princesse Yuki, accompagnée de son trésor (des barres d'or dissimulées dans des branches d'arbre), malgré la complicité de deux paysans, Laurel et Hardy surgissant dans le cinéma de Kurosawa, qui convoitent cet or. Une fois le plan dessiné par ces deux paysans, Rokurata scelle l'action à venir en jetant sur le plan une barre d'or[1]. Et cette barre fait, sur le front de cet étrange visage, une cicatrice. Cette

tardivement, Kurosawa fait se télescoper ce qu'il a vu, ce qu'il a dû voir, et ce qu'il n'a pas vu, les charniers d'août 1945, qui hantent son cinéma.

1. *La Forteresse cachée* est décidément un film étrange, où la misère et le malheur des temps affleurent avec une insistance qui passe presque inaperçue. Les paroles de la litanie qui rythment la cérémonie de la fête du feu, sont, ne l'oublions pas : « Plus on y pense, plus noires sont les ténèbres de ce monde. » Et l'or, qui est dissimulé dans les branches d'arbres est là évidemment à la place de la sève. *La Forteresse cachée* ne peut donc pas totalement être enfermée dans un genre où la légèreté dominerait. Kurosawa prend soin de dissimuler dans le film des pépites qui témoignent d'une gravité certaine.

visagéisation est pure anamorphose, je la construis, je la fabrique pour avoir trop vu les dessins de Klee des deux dernières années de sa vie. Oui, s'il n'y avait que ce plan, ce ne serait que pure imagination d'un visage là où il n'y en a pas. Mais dans le pré-dénouement du film, un duel oppose Rokurata au général de l'armée ennemie, Hyœi (joué par Susumu Fujita), duel à la lance, moins fratricide que paradoxalement fraternel, lors duquel Rokurata a le mauvais goût d'épargner Hyœi. Hyœi, que nous retrouvons dans l'ombre faisant face à la princesse Yuki, aux deux paysans et à Rokurata lorsqu'ils ont été fait prisonniers. Il sort de l'ombre, nous découvrons son visage défiguré, au fer rouge. Ce visage a été marqué à la hauteur du front. La cicatrice s'est gravée à l'endroit où, dans le dessin, Rokurata avait jeté la barre d'or. La cicatrice est la punition d'avoir été vaincu et de ne pas s'être donné la mort. À l'instant où le visage de Hyœi sort de l'ombre, le dessin initial s'explique. Il se justifie comme un dessin double : un plan et un visage. Par analogie, je revois le portrait robot qui va être fait du kidnappeur dans *Entre le ciel et l'enfer*, un portrait où les indices qui doivent permettre de reconnaître l'homme recherché sont des indices de la dissimulation. C'est un portrait robot au sens strict du mot et la sensation qui se dégage, une fois le portrait fini, est bien celle d'un robot. Rien du visage n'apparaît que ce qui le dissimule : les lunettes noires, le masque du médecin, un bandage à la main droite. Et ce qui suit, la scène où le portrait robot est affiché au mur, à côté d'un plan du dispositif qui permet d'essayer de cerner le kidnappeur, confirme le pacte évoqué entre le plan et le dessin.

Les visages des soldats de l'armée dans *Le Tunnel* étaient des visages camouflés, le visage de Hyœi est un visage défiguré, le visage du kidnappeur est un visage dissimulé. Les yeux des soldats sont des cavités aveugles, et la sensation de crâne est définitivement suggérée ; le visage de Hyœi a failli être aveuglé ; le regard de l'interne dans le portrait robot, et dans presque tout le film, est caché par des lunettes de soleil, miroir noir dans lequel le paysage, au moment de son arrestation, se reflète.

5. les corbeaux

Martin Scorsese joue le rôle de Van Gogh, et dans le peu de dialogue qu'il a à dire, deux phrases restent ; la première, définitive : « Le soleil m'oblige à peindre, je n'ai pas de temps à perdre avec vous. » L'autre, un peu avant, également adressée à l'apprenti peintre : « Je me suis coupé l'oreille parce que je n'arrivais pas à la peindre. » Le portrait de l'homme à l'oreille coupée prolonge ce que je suggérais à propos du général à la cicatrice dans *La Forteresse cachée*, et du portrait robot du kidnappeur. Le premier tableau que nous découvrons dans ce cinquième rêve est un portrait, le visage de Van Gogh[1]. On le sait, Van Gogh se tranche le lobe de l'oreille gauche le 23 décembre 1888. Le tableau présenté ici est peint fin août 1889. Quand, de mémoire, j'essaie de retrouver de quel autoportrait il s'agit, je me le remémore comme le portrait d'une mutilation. Le tableau que j'ai vu au début du rêve s'est donc trouvé augmenté, modifié, transformé, par ce qui est ensuite dit : « Je me suis coupé l'oreille parce que je n'arrivais pas à la peindre ». C'est le portrait d'une mutilation, qui n'est pas visible comme telle mais implicitement, puisque elle oblige le peintre à se portraiturer de trois quarts. C'est donc le portrait d'une mutilation dissimulée. C'est la mutilation qui répond de la représentation. Non pas un simple autoportrait, mais bien un portrait à l'oreille coupée, qui ouvre à une

1. Il s'agit de l'*Autoportrait* de Saint-Rémy, peint à la fin août 1889 (huile sur toile, 57,2 × 43,8 cm), appartenant à la Collection Whitney, National Gallery of Art, Washington.

suite de tableaux de Van Gogh le long d'un mur, suite qui décline les genres principaux de la peinture.

L'œuvre de Kurosawa désarme souvent, parce que le cinéaste aborde des genres contraires, en principe incompossibles, à égalité d'importance. Le cinéma, sans l'avouer et peut-être sans le savoir, aura épousé la logique académique qui présidait à la peinture, celle de la hiérarchie des genres. Quelques rares cinéastes, dont Kurosawa, en ont accompli l'*Aufhebung*, ce dépassement conservant le dépassé comme dépassé intériorisé. Dans les tableaux de Van Gogh, qu'un travelling va découvrir, la peinture d'histoire est absente ; Van Gogh peint quand ce genre s'éteint. Les cadres de ces tableaux sont présents, démesurément présents, il va falloir entrer dans la peinture malgré le cadre. L'apprenti peintre s'y engouffrera en s'avançant dans un soleil peint comme à même l'écran, qui est l'équivalent du tunnel. La lumière aveuglante répond à l'obscurité. Le tableau par lequel le court métrage se conclura est le *Champ de blé aux corbeaux*, qui transcende l'idée de peinture de paysage[1]. Kurosawa filme une armée de corbeaux qui accompagne l'apprenti peintre quand il s'éloigne. Dans le ciel et sur le champ de blé, les formes noires sont semblables à des idéogrammes affolés. Une seconde plus tard, ils se figent dans la peinture, dans le tableau, devant lequel l'apprenti peintre se retrouve. Les corbeaux sont décidément l'emblème de l'angoisse ; on se souvient de la scène du *Château de l'Araignée*, mais aussi de leur présence dans *Rashômon*. Dans la nouvelle, Akutagawa les décrivait ainsi : « Dans la journée, innombrables, ils venaient en cercle autour des hautes tuiles cornières, en croassant. Au coucher du soleil, ils se détachaient, comme des graines de sésame parsemées, sur le ciel empourpré qui s'étendait au-dessus de la Porte. Ils venaient, évidemment, becqueter les cadavres délaissés. »[2] Le ciel dans le *Champ de blé aux corbeaux* est beaucoup plus sombre qu'il n'apparaît

1. *Champ de blé aux corbeaux*, Auvers-sur-Oise, juillet 1890, huile sur toile, 50,5 × 103 cm, Amsterdam, Van Gogh Museum.

2. Ryûnosuke Akutagawa, *Rashômon et autres contes*, traduit du japonais par Arimasa Mori, Paris, Gallimard, 2005, p. 20.

dans la reproduction filmée dans *Rêves.* C'est un tableau que va envahir l'obscurité, et les corbeaux sont les signes qui l'annoncent. Le soleil a explosé, le jaune se répand à l'avant-champ de l'écran et coule, prêt à déborder le cadre. Le soleil a explosé, comme la tomate s'est écrasée au sol dans *Chien enragé.* C'est la même sensation d'explosion et d'éclaboussure. Le cadre seul, proéminent, semble empêcher que le jaune se vide, continue à couler hors champ, comme d'un tube de peinture.

Le visage de Van Gogh, qui ouvre *Les Corbeaux*, souffre de ce cadre pareil à un coffre-fort. Il contient tous les visages qui hantent l'œuvre de Kurosawa : ce portrait de Van Gogh les recouvre. Sous ce portrait, à la manière d'un palimpseste, nous imaginons les visages qui ont traversé l'œuvre de Kurosawa ; ils se superposent et se fondent, ils sont fixés, cimentés, calés, absorbés dans l'image par le cadre. Je pense à la photographie de Taeko Nasu (jouée par Setsuko Hara) dans *L'Idiot*. Le cadre n'en est pas proéminent mais, en revanche, l'image est derrière une vitre ; alors, la photographie absorbe l'écran et le paysagise. Le paysage de neige vient, dans un fondu enchaîné, à rebours, s'installer dans l'image, puis ce sont les visages des deux hommes qui s'y reflètent. Le portrait absorbe donc le paysage, puis devient un portrait de groupe qui est aussi un « tableau manifeste » de ce que va être le film. C'est le même principe soumis au régime du spéculaire et de la métaphore que celui que j'ai décrit dans *Je ne regrette pas ma jeunesse*, un plan en plongée où les trois fleurs de chrysanthème flottent dans la bassine ronde ; mais ici, le symbole et la métaphore sont amplifiés par la référence à la peinture, référence qui trouve forme grâce à l'intercession de la photographie. Le renfort de la photographie est omniprésent dans le cinéma de Kurosawa ; dans *Scandale*, un long plan se préoccupe de l'identification du couple. Le cinéma filme la photographie et son agrandissement. Une photographie à verser au dossier d'une enquête, teintée de dérisoire et de sordide (on retrouve dans un film d'Henry Hathaway, *Call Northside 777* (1948), une scène semblable mais lestée de gravité). La photographie prise par les journalistes indiscrets doit aussi apparaître pour servir de contrepoint à une autre photographie, scellée dans le film, celle de la petite fille malade, clouée à l'entrée du taudis qui sert de bureau à son avocat de père. Cette photographie-là est essentielle, elle regarde l'avocat compromis, elle est son témoin et sa conscience. Kurosawa joue, par l'entremise du portrait et de la photographie, sur l'idée de témoin pour l'inverser ; le mauvais témoin, le paparazzi qui prend la photographie, s'oppose et s'affronte à la photographie du témoin véritable, la petite fille qui va mourir. C'est une photographie avant la mort alors que celle de Watanabe, qui s'impose plein écran dans *Vivre* est une photographie après la mort ; et celle de Wada, dans *Entre le ciel et l'enfer*, une photographie entre la vie et la mort, une photographie miroir puisque Wada, la regardant, s'y regarde. Il n'est pas nécessaire d'évoquer cette longue tradition du portrait qui a partie liée avec la mort pour commenter ces images ; dans *Scandale*, parce que la photographie est incarnée, l'avocat, qui ne supporte plus d'être vu comme il est, retourne le cadre. Usage double donc de la photographie dans *Scandale*, et qui, au sens familier du mot, est également là pour doubler la peinture : nous ne verrons aucun tableau de Ichiro Aoe (Toshiro Mifune), pas même sa fameuse *Montagne rouge*. Seulement un dessin ; et ce dessin est celui d'un visage, plus exactement d'un regard. Un regard qui est celui de Miyako la cantatrice et, même si le plan est fugitif, nous le reconnaissons ; le peintre n'avait-il pas dit, pour l'avoir vue en photographie : « Ces yeux noirs, je les connais. » Ce dessin, il l'exécute de mémoire lors d'une séance de pose de son modèle, qui est aussi une amie fidèle. Elle est de profil en kimono, assise sur une sellette, pendant qu'il lui parle et dessine de mémoire le regard d'une autre. La rémanence d'une force dans la mémoire, principe de création et de réalisation – « N'est-ce pas le pouvoir de la mémoire qui donne son envol à l'imagination ? » – se glisse allusivement dans le film[1].

Ce dessin d'un œil, ou plutôt d'un regard, nous le retrouvons dans *Rhapsodie en août*. L'œil que trace à la craie le petit garçon et qui fait

1. A. Kurosawa, *op. cit.*, p. 64.

référence aux yeux que, de façon monomaniaque, le jeune frère de la grand-mère dessinait après le traumatisme du *pikadon* (*pika* : la lumière, le flash, *don* : son bruit), est celui d'un regard terrible. Le *pikadon*, autrement appelé « l'œil de l'éclair », est ce qui aveugle, l'œil qui aveugle. Kurosawa le peindra, certes avec des effets spéciaux, dans l'embrasure de la montagne de *Rhapsodie en août*. Le dessin à la craie est l'esquisse de cet œil, tracée par une main de maître, celle du petit garçon, précisément sur un tableau noir, et à aucun moment dans le film, elle ne sera effacée ; sur le mode mineur, sans déclaration, sans thèse, cet œil dessiné à la craie à la façon d'un devoir de vacances est d'abord un devoir de mémoire.

Le chef opérateur de *Barberousse* s'en souvient, Kurosawa voulait que les pupilles d'Otoyo (jouée par Terumi Niki) brillent d'une façon particulière, que son regard ait une intensité inexplicable. Il décrit comment il utilisa les projecteurs d'appoint, les mizards qui, placés de biais, donnaient la sensation de produire un éclair dans le visage. C'était là une façon de faire vivre le visage de l'intérieur, par les yeux, au contraire d'un jeu passant par l'expressivité et la physionomie ; une façon de signifier que le regard comptait plus que les traits du visage et permettait au visage de s'absenter, d'aller vers le masque. Cette conception du portrait et du visage, dont Otoyo est le révélateur dans *Barberousse*, est aux antipodes du jeu sur-expressif de Enoken, le porteur dans les *Hommes qui ont marché sur la queue du tigre*. Cette opposition ne marque pas seulement une évolution dans l'œuvre de Kurosawa, elle avoue son dédain pour le théâtre Kabuki et sa passion pour le théâtre Nô. Neutraliser le visage par l'intensité du regard, c'est aller vers le Nô sans refuser l'héritage du cinéma muet, c'est affirmer que l'héritage du cinéma muet n'est pas dans la sur-expression, que l'intensité dramatique se loge ailleurs. Dans *Le Château de l'Araignée*, où l'influence du théâtre Nô se substitue quasiment à la langue de Shakespeare, Isuzu Yamada (Dame Asaji) se souvient avoir essayé de mettre de la poudre dorée dans ses yeux pour retrouver l'essence du maquillage Nô. C'est cette lumière d'or, ce scintillement, cet éclair que veut Kurosawa en utilisant les mizards pour faire briller les pupilles d'Otoyo ; il crée ainsi une dialectique entre la fièvre du regard et les expressions qui doivent non pas s'absenter, mais se durcir et se figer. Quand le kagemusha est présenté aux généraux, il porte un masque de singe : la ressemblance est donc saisissante quand il le retire. Dans *L'Idiot*, l'idée de masque est implicite et redoublée par la présence de la neige : les visages se paralysent et se solidifient, la lumière se pose sur eux, donne la sensation qu'ils sont collés aux corps et s'en désolidarisent ; ils ne sont pas véritablement des masques pour autant, mais un en-deçà ou un au-delà du visage (les vrais masques sont ceux abandonnés sur la patinoire, et que le vent, au matin, balaie). La profondeur et l'acuité du regard trouvent alors leur pleine densité et il est dit plusieurs fois à Kameda : « Mais enfin, on ne regarde pas les gens ainsi ! »

Les yeux d'Otoyo, dans *Barberousse*, doivent renvoyer la lumière, ils doivent être semblables à un éclair, pareils aux lames des sabres sur les tombes dans *Les Sept Samouraïs*, qui réfractent l'éclat de la lumière. « Le masque Nô n'est ni un accessoire, ni une œuvre d'art, quand un acteur met un masque, il se met enfin à vivre et c'est une créature mystérieuse », dira Kurosawa ; c'est dans ce sens qu'il faut comprendre le travail d'éclairage pour faire d'Otoyo une « créature mystérieuse ». L'effet est obtenu cinématographiquement, ni par un accessoire, ni par une citation, ni par une évocation ; les yeux d'Otoyo aveuglés deviennent à leur tour deux projecteurs, deux petits soleils dans l'écran.

Dans *Les Corbeaux*, l'autoportrait de Van Gogh, pas plus que les autres tableaux exposés, n'est une citation, puisque le rêve bascule, chavire en un voyage à l'intérieur de la peinture. Que veut dire : « Le soleil m'oblige à peindre, je n'ai pas de temps à perdre avec vous. » ? Cela veut dire qu'il faut avoir été aveuglé, avoir vu ce qui ne peut pas se regarder, pour voir ; être passé par cette étape, cette initiation, avoir subi le supplice de Regulus et en être revenu aveugle voyant[1].

1. La formule est de Husserl dans une lettre adressée à Hofmannsthal, où, pour caractériser le poète, il écrit qu'il doit suivre purement et uniquement son *daimon* comme du dedans ; celui-ci l'entraîne à une activité d'aveugle voyant. Je me permet de renvoyer à mon commentaire : Alain Bonfand, *Histoire de l'art et phénoménologie. Recueil de textes 1984-2008*, Paris, Vrin, p. 101 *sq*.

L'aspirant peintre va circuler dans la peinture ; il y entre par cette porte-soleil, s'engouffre dans ce soleil, véritable « trompe-l'œil » puisque, élément du décor, il crée l'illusion d'être le vortex d'un écran dans l'écran. Déjà présent dans *Dodes'kaden*, sa fonction s'amplifie et éclate, il ouvre à la peinture.

Ce qui aveugle est la condition paradoxale, dangereuse et douloureuse de la possibilité de voir, et est la phénoménalité même de l'angoisse. L'angoisse, lestée de son privilège ontologique, ne peut apparaître que sous la forme de ce qui aveugle. Réduction suprême, autorisation et obligation de se détourner de la facticité des étants. Voir au sens où Kurosawa le veut, voir au sens de Van Gogh, c'est avoir subi cette épreuve. L'œuvre de Van Gogh est donc davantage qu'une référence, elle est l'emblème d'une expérience intérieure surplombée par l'angoisse, découvrant sa forme, c'est-à-dire sa phénoménalité, c'est-à-dire son apparaître, au détriment de toute subordination à quelque étant que ce soit. Le soleil oblige à peindre et, en même temps, aveugle. L'aveuglement est au cœur de l'œuvre de Kurosawa, il a une dimension historiale et une occurrence historique déterminante dont l'avant-dernière scène de *Vivre dans la peur* témoigne de façon définitive. L'angoisse et « ce qui aveugle » sont liés à l'explosion, à l'éblouissement provoqué par l'explosion nucléaire. Kiichi fixe à travers la fenêtre, qui construit un cadre dans le cadre, un soleil aveuglant et profère : « La terre brûle, la terre brûle ! ».

« Dans ce village vivait aussi un vieil homme qui avait une grande crainte du tonnerre. Quand un orage éclatait, il rampait sous une grande planche qu'il avait suspendue au plafond pour intercepter la foudre, et il se pelotonnait là jusqu'à la fin de l'orage. »[1] J'ai décrit l'image de la grand-mère dans *Rhapsodie en août*, terrorisée par l'orage, essayant de couvrir de draps blancs les enfants qu'elle veut protéger ; dans *Vivre dans la peur* figure déjà une scène analogue, d'un effet sidérant. Trois avions passent, on ne les voit pas, leur bruit strie

1. A. Kurosawa, *op. cit.*, p. 113.

l'espace. Le bruit nous les fait voir. Bruit redoublé par la détonation d'un avion supersonique. L'attitude naturelle en phénoménologie déduit intentionnellement du bruit le « ce » dont il est le bruit[1]. La situation va se révéler plus complexe. Il va y avoir une confusion des bruits, puisque celui du chasseur supersonique coïncide avec un éclair libérant le terrible orage qui, dans une seconde, va éclater. L'autorité de l'image est tellement grande qu'elle mêle les bruits, celui du tonnerre et celui de l'avion, elle les confond. Elle les confond et nous ne pouvons plus les discerner. Dans cette coalescence des bruits surgit de façon plausible et légitime ce qui fonde la peur de Kiichi Nakajima. De son corps, il couvre, pour le protéger, le corps de son enfant, dernier-né dans sa tribu insolite. Et, comme il y a deux bruits en un, deux alertes en un seul éclair, il y a deux gestes en ce geste. Il se recroqueville de peur, semblable à l'homme qui avait suspendu la planche pour se protéger de la foudre, et ce geste de peur est à la même seconde le geste qui protège son fils (ce geste est la métonymie de tout le film). On conçoit alors ce qui enracine la compassion du médiateur Harada (joué par Takashi Shimura). Lorsque le protagoniste sera interné, le médecin à son bureau – les fous derrière lui, derrière une grille, rôdent dans un espace à l'intérieur de l'espace, comme dans une cage – écrasé par la perplexité, dira : « Cet homme, quand je l'observe, je ressens, moi, le soi-disant normal, une étrange inquiétude : est-ce bien lui qui est fou, ou bien nous qui restons indifférents en ces temps de folie ? »

Troisième temps de coalescence après les bruits, après le geste, le « ce » qui provoque l'angoisse. « Ce » qui aveugle est l'angoisse, l'éclair qui vient d'avoir lieu, l'œil de l'éclair qui fusille Kiichi de telle manière que son geste de terreur ressemble à celui d'un homme qui se prosterne. Kiichi, devant ses employés, pour leur demander pardon après avoir incendié son usine, se prosterne ainsi. Kiichi dans

1. De telles situations peuplent le récit de *Dodes'kaden*, mais surtout de *Dersou Ouzala*, et Kurosawa trouve dans son autobiographie une belle façon de les résumer : « Il y a un passage de Tourgueniev que j'ai relu mille fois, dans le début du *Rendez*-vous, où est décrit le paysage : "Rien que par le son des feuilles sur les arbres dans la forêt, vous pouvez dire quelle est la saison." », A. Kurosawa, *op. cit.*, p. 88.

la scène finale se prosterne devant un chaos sans appel. L'usine a brûlée, la terre brûle. « Ce » qui aveugle travaille, dès lors que l'éclat de la lumière qui éteint tout étant a eu lieu, pour son propre compte. C'est-à-dire pour le compte de la folie ou, si l'on en revient, pour le crédit d'un privilège ontologique, impossible à tenir. Pour l'heure, c'est ce que dit le psychiatre et pense le médiateur : la phobie que l'angoisse s'est donnée pour objet et la peur objectivable sont lacées, et le nœud serré de telle manière qu'elles sont indénouables[1].

Dans le film, l'aveuglement s'impose comme phénoménalité de l'angoisse en deux temps : le premier fait vaciller la détermination de l'angoisse, l'objet qu'elle s'est donnée. Elle ne l'efface pas ; l'aveuglement est momentané, trop soudain et trop bref pour l'effacer véritablement, au contraire il le renforce mais laisse entrevoir sous son motif – la peur de la bombe – l'angoisse nue, celle qui œuvrait déjà dans *Vivre*. *Vivre* n'est pas *Vivre dans la peur* ; dans *Vivre*, le protagoniste cherche un étant, un ultime étant qui va donner sens à son sursis, un étant qui ne soit pas marqué du sceau de la facticité (ce qui est *uneigentlich* dans la langue de Heidegger). Dans *Vivre dans la peur*, l'étant, celui de la peur objectivable et celui de la phobie, explose dans la dernière scène : « La terre brûle, la terre vient de brûler ». Le soleil derrière la vitre aveugle le protagoniste. Il ne se prosterne plus, il ne protège plus rien, il avance et recule, égaré comme un animal, pris en étau entre cet écran dans l'écran – la vitre et le soleil qui la traverse – et le corps droit, médusé et impavide de Harada, le dentiste devenu médiateur. En décomposant le mot de la peur pour les Japonais, mot à la fois descriptif et apotropaïque pour désigner la catastrophe – le *pikadon* –, la mise en scène libère la possibilité de filmer ce qui aveugle, c'est-à-dire l'angoisse nue. L'angoisse consume la maladie de la terre, puisqu'elle annonce sa mort. Le plan de l'avant-dernière scène est un plan en excès, Kurosawa n'en était pas

1. L'angoisse qui œuvre à partir de l'absence d'objet, forte ainsi d'un privilège ontologique, et travaillée par l'invisible, trouve, en se fixant sur tel ou tel étant, la détermination ontique qui va, en la traduisant, la reconduire vers telle ou telle peur. Dans cette interprétation héritée de Heidegger, l'horizon philosophique et celui de la psychiatrie coïncident.

pleinement satisfait. Il avait également conscience que ce film avait dix ans d'avance sur son époque et que les Japonais n'étaient pas prêts à le voir[1]. Kurosawa n'a cessé de filmer ce qui aveugle. Dans son autobiographie, il donne à cette mission une force inaugurale. Il lui affecte un horizon technique pour s'en assurer, pour la rendre libre de devenir le motif, la mise en mouvement d'une phénoménalité de l'angoisse pactisant avec cette préoccupation de la mort qui est au centre de son œuvre :

> Il fallait que je fusse certain que cette porte géante eût l'air immense à l'écran. Et je devais prévoir en détail comment utiliser le soleil lui-même. C'était un de mes soucis majeurs, à cause de ma résolution d'utiliser la lumière et les ombres comme thème visuel – clé pour tout le film. Je trouvai la solution en filmant réellement le soleil. Aujourd'hui, il n'est pas rare de pointer la caméra directement sur le soleil, mais au moment où *Rashômon* fut réalisé, c'était encore un des tabous de la prise de vue. On pensait même que ces rayons frappant directement dans notre objectif allaient brûler la pellicule dans la caméra [l'équivalent technique de "la terre brûle", c'est moi qui souligne]. Mais mon opérateur, Kazuo Miyagawa, défia hardiment cette convention et réalisa de superbes images. L'introduction du film, en particulier, qui conduit le spectateur à travers les ombres et les lumières d'une forêt dans un monde où le cœur humain perd son chemin, était un travail de caméra vraiment splendide. À mon avis cette scène, saluée plus tard au Festival de Venise comme le premier exemple d'une caméra pénétrant au cœur d'une forêt, n'était pas seulement un des chefs-d'œuvre de Miyagawa, mais aussi un chef-d'œuvre mondial de la cinématographie en noir et blanc[2].

Dans la scène de la déambulation en plein soleil dans les souks de *Chien enragé*, une tentative analogue avait eu lieu. Le tamis des canisses assumait le même office que les branches des arbres dans la

1. Et pas seulement le public japonais. Dans le numéro 22 de *Positif* en mars 1957, F. Gaffari, dans son commentaire, manque totalement la puissance formelle du film, et le psychologise : « Le personnage est trop équivoque, le plaidoyer malgré sa bonne foi n'émeut personne. Le jeu délibérément expressionniste de Mifune, sexagénaire voûté, la lenteur de certaines scènes et la trop brève apparition de Akemi Negishi (l'héroïne d'*Anahatan* de Sternberg) en deuxième concubine, ne sauvent rien. »

2. Akira Kurosawa, *op. cit.*, p. 301.

forêt. Kurosawa expérimente comment filmer le soleil en direct ; dans *Rashômon* ou *Chien enragé*, si la tension de l'angoisse y est déjà implicitement présente, c'est dans *Vivre dans la peur* qu'elle conquiert sa phénoménalité et trouve sa formule. *Vivre dans la peur* n'est jamais un film à thèse, même s'il est dicté par une réplique de Hiroshima et de Nagasaki : en 1954, les Américains font exploser la bombe H « Castel Bravo » dans les Iles Bikini. Lors de cet essai nucléaire, un thonier japonais reçoit la pluie radioactive, la pluie noire, les vingt trois marins seront contaminés. L'un meurt dans les six mois qui suivent, et tous les autres tomberont malades. C'est cet épisode du « Fukuryu Maru » qui sera à l'origine de *Vivre dans la peur* et Kurosawa s'inspirera du traumatisme psychologique d'un de ses proches. À l'instar de *Entre le ciel et l'enfer* pour les rapts d'enfants, un fait de société préside au film. Dans *Vivre dans la peur*, il est le plus lourd que l'on puisse concevoir au Japon. Kurosawa laisse alors monter à la surface de son œuvre et formule véritablement ce qui était à l'état latent dans les films précédents. Une tumeur monstrueuse résiste, présente, insidieuse, sourde, toujours là, prête à éclater. L'après-guerre apparaissait telle une tonalité affective, une atmosphère dans des films comme *Chien enragé* ; cette sensation dans l'image, douloureuse à l'écran, est présente dans *Vivre dans la peur*, et l'image implicitement plus efficace que le dialogue. Le bonhomme qui fait office de mari à la mère du dernier enfant de Kiichi, attise l'anxiété de ce dernier en évoquant la possibilité d'une explosion nucléaire. Il dit : « Le Japon deviendrait une vallée où s'écouleraient les nuages radioactifs. » Plus loin, dans la même conversation : « L'autre jour, j'ai vu une exposition sur Hiroshima. Je n'ai pas pu garder les yeux ouverts. » C'est dit : cette formule, le « je n'ai pas pu garder les yeux ouverts », doit pour Kurosawa trouver sa forme cinématographique, une forme pour celui qui doit garder les yeux ouverts.

Ce qui aveugle, la forme de l'angoisse dans son apparaître, a son épicentre dans les traumatismes de Hiroshima et Nagasaki. L'angoisse trouve sa forme adventive, sa réplique, dans l'actualité de 1954. Dans son autobiographie, lorsque Kurosawa se souvient, dans le chapitre intitulé *Les ténèbres de l'humanité*, du grand séisme de Kanto, il le raconte à l'exemple des témoins décrivant le lendemain de Nagasaki :

> Tout le district de la rivière Edogawa était enveloppé dans un tourbillon dansant de poussière, dont la grisaille donnait au soleil une pâleur semblable à celle d'une éclipse. Les gens qui étaient autour de moi pendant cette scène étaient pour tout le monde comme des rescapés de l'enfer, et tout le paysage prenait un aspect bizarre et féerique. Je m'appuyais sur l'un des jeunes cerisiers plantés au bord de la rivière, et je continuais à trembler en regardant la scène, pensant : "Ce doit être la fin du monde". À partir de ce moment-là, je ne me souviens pas très bien du cours de cette journée, mais je me rappelle que le sol continua à trembler sans répit. Et je me souviens que, par la suite, nous vîmes un nuage qui ressemblait à un champignon se former dans le ciel à l'est, s'élevant et s'étendant progressivement jusqu'à remplir la moitié du ciel. C'était la fumée de l'incendie qui dévorait le centre de Tokyo[1].

L'évocation se conclut par ce conseil qui est le leitmotiv de l'œuvre, la phrase du grand frère : « Si tu fermes les yeux devant un spectacle effrayant, la terreur va finir par te gagner. Si tu le regardes en face, il n'y a plus rien qui puisse te faire peur. »[2]

Voir, soutenir du regard ce qui aveugle, cœur de l'œuvre de Kurosawa, fait de *Vivre dans la peur* un de ses films les plus importants : l'histoire d'un homme qui subit le supplice de l'angoisse, et à qui il n'est pas donné en dernière instance de supporter ce qu'il voit. En amont, il y a cette scène primitive, ce tremblement de terre reconstitué dans un plan bouleversant de *Barberousse* où la jeune femme du charpentier Sahachi arpente les ruines. C'est un flash-back, son visage équilibre dans l'écran, sur fond de ce paysage d'apocalypse, un soleil « d'une pâleur semblable à celle d'une éclipse », mais néanmoins aveuglant. L'aveuglement dans cette scène est contrebalancé, sans être contredit, par le visage de la jeune femme, et l'on a la sensation qu'il y a deux soleils dans l'écran[3].

1. A. Kurosawa, *op. cit.*, p. 93-94.

2. A. Kurosawa, *op. cit.*, p. 99.

3. *Vivre dans la peur* est probablement le film de Kurosawa qui économise le plus la référence à la peinture, mais pourtant touche de près aux racines des obsessions de Van Gogh, à ce soleil, forme et

Les images sont plus fortes que le texte, spécialement dans l'usage complexe de la photographie. Après que le méchant imbécile ait évoqué l'exposition sur Hiroshima, Kiichi ouvre un journal sur une photographie sous-titrée : *La terrible réalité des essais nucléaires*[1]. Quand feuilletant l'album de famille, les photographies envahissent l'écran, flashs de mémoire, instants d'une « journée inoubliable », la mère, l'épouse légitime de Kiichi, raconte qu'ils avaient invité tous leurs ouvriers à la plage et elle conclut : « Tant de bonheur devait cacher un malheur ». Cet arrêt sur l'image qui anticipe le malheur s'apparente au ralenti comme motion cinématographique et idiosyncrasique pour signifier la mort. La photographie en deux occurrences a valeur de présage, cela explique peut-être pourquoi Kurosawa projette un film dans le film, celui de la plantation au Brésil : film muet, film documentaire, cinéma primitif, séquence brève là où quelques photographies auraient suffi. Il fallait que ce fût le cinéma qui témoignât de ce rêve d'exil et de sa possible réalité, il fallait qu'il y eût ces quelques secondes de cinéma muet pour que cela ressemblât à de l'espoir. La photographie appartient, dans le cinéma de Kurosawa, au présage, à la tristesse souterraine, à la nostalgie, elle ouvre au malheur ; le cinéma appartient à l'ordre du possible. Voilà pourquoi le Japonais du Brésil se transforme en projectionniste. Le malheur à venir, mais aussi le malheur passé, traverse allusivement un plan dans *Vivre dans la peur* : plan qui est un dispositif hanté dans le cinéma de Kurosawa pour sceller le pacte entre le sommeil et la mort. Il y a dans ce plan un ressouvenir (au contraire des descriptions d'Imamura dans *Pluie Noire*) des plans documentaires du lendemain d'Hiroshima et de Nagasaki. La forme en est tellement lointaine,

métaphore de l'angoisse. « Et voilà ce qui a été cause première et dernière de mon égarement. Connais-tu cette expression d'un poète hollandais : "Je suis attaché à la terre par des liens plus que terrestres." Voilà ce que j'ai éprouvé dans bien d'angoisses – avant tout – dans ma maladie dite mentale. », Vincent Van Gogh, lettre à Théo du 24 mars 1889 [581 f].

1. La coïncidence avec la fin de *l'Éclipse* d'Antonioni est frappante, l'homme qui descend du bus ouvre un journal quasiment sur une page identique dont le titre est : *La pace è debole.* Le dernier plan de *l'Éclipse* répond d'ailleurs à celui évoqué de *Vivre dans la peur.* Je me permets de renvoyer à mon commentaire de ce plan : *Le cinéma de Michelangelo Antonioni*, Paris, Images Modernes, 2003, p. 65 *sq.*

tellement souterraine, tellement implicite, qu'elle en devient presque invisible, et pourtant j'éprouve que ce que je vois est là, sous l'image. Ce plan est le suivant : après avoir eu un malaise, Kiichi, allongé, est « veillé » pendant son demi-sommeil par une caméra posée au sol, en plan rapproché mais derrière un voile de tulle qui le dévoile en le voilant, et fait voir une part de lui insaisissable en tamisant son visage. Un regard comparable, dans *Les Sept Samouraïs*, pèse sur la femme-otage prostituée, quand, au sortir du sommeil, elle est observée sans savoir qu'elle l'est[1]. Un plan qui anticipe la mort, un plan funeste. Dans le bloc opératoire de *Duel silencieux*, quelques plans de blessés opérés s'apparentent à celui de Kiichi à cet instant entre le sommeil et la veille, entre la vie et la mort, où il surprend la conversation de ses enfants. Instant fatidique, puisqu'à cette seconde, nous le comprendrons, il prend la décision de mettre le feu à son usine. Ce plan recouvre la mémoire d'images filmées au lendemain d'Hiroshima ou de Nagasaki. L'ossature de l'usine incendiée y fera aussi référence de façon explicite mais paradoxalement moins éloquente. Désastre, chaos, déluge ; Toshiro Mifune, qui a trente-cinq ans quand il joue ce rôle, est ce vieillard qui se roule dans la boue pour demander pardon, avant de basculer dans la folie, pour avoir scruté ce qui ne peut se soutenir du regard. Apocalypse en micro-cosme, dans cette débâcle l'usine détruite avoue sa structure, son architectonique, déploie ses poutres de métal tordues par le feu et l'explosion. Cage ouverte, cage détruite. Il est impossible de ne pas penser à la « cage à écureuil » devenue mémorial dans *Rhapsodie en août*. Cet instant amplifie et fait comprendre que, pendant tout le film, le jeu de Mifune a été celui d'un homme en cage : anticipation progressive et diégétique de son internement. Lors de son incarcé-ration, deux voyous aussi cruels que l'époux de la mère de son dernier enfant, se

1. « Quand l'acteur sait où se trouve la caméra, automatiquement, sans en être conscient, il va se tourner d'un tiers ou de moitié dans sa direction. Lorsqu'un mouvement du corps est fait consciemment, ce sera la conscience du mouvement plutôt que le mouvement lui-même qui va accaparer l'attention sur l'écran. Avec le système consistant à faire tourner plusieurs caméras en même temps, l'acteur n'a pas le temps de prendre conscience de la caméra qui le filme. », A. Kurosawa, cité par C. Tesson, dans *Akira Kurosawa*, *op. cit.*, p. 43.

moquent de sa peur et se moquent de lui. Kiichi devient une figure christique, encombrée de deux larrons, minables droits communs, qui en dernière instance ne seront pas inquiétés. Dans une conversation avec Hayasaka, son compositeur, Kurosawa avait dit : « Il faut que nous fassions une œuvre dont nous pourrions être fiers en nous présentant devant saint Pierre. » L'enfermement dans la cellule de l'asile est le dernier ; tout y est sec, tout y est clinique et prépare à l'aveuglement qui va avoir lieu. C'est un enfer blanc ouvert par l'angoisse, il succède au chaos, à la boue et à la destruction. Il est le lieu cloué du plein midi, l'heure de l'ombre la plus courte, un endroit aveuglé où la lumière est celle des scialytiques à laquelle on ne peut plus échapper. Mais dans cette prison mentale et réelle, la lumière est frontale. Kurosawa disait ne pas avoir su filmer cette lumière perçant dans le cadre qu'est cette fenêtre à l'intérieur de l'écran, créée à la mesure de l'écran. La lumière ici se doit de contredire le paradigme intentionnel, celui d'un trop explicite cadre dans le cadre. La lumière du soleil n'est arrêtée par rien de cette fenêtre, elle la traverse, elle la brûle. Elle reste cependant centrée, cadrée, alors que sa phénoménalité en appelle à une saturation, à un débordement. Est-ce cette prison du cadre, stabilisant ce qui aveugle, qu'aurait voulu faire exploser Kurosawa, que l'écran soit incendié, que l'écran brûle ? Cette fenêtre ne sert plus de rempart à rien, elle laisse entrer sous la forme de l'aveuglement le rien de l'angoisse, son *ne-ens* qui a tout anéanti, même la peur qui lui servait de bouclier. C'est dit, « la terre brûle », la terre a brûlé. Toshiro Mifune est pris dans un étau, il avance tel un animal vers cette lumière qui l'aveugle, puis recule. Le dos de Takashi Shimura est là pour barrer l'écran, césure verticale, gnomon dans le plan, il en est la mesure et le témoin. Harada, que la première scène du film montre en train d'accomplir mécaniquement, avec patience et science son métier – justement sous des scialytiques mais en mode mineur – passe alors de ce qu'il connaît, les rages de dents de ses patients, aux tourments sans issue de la rage et du désespoir, auxquels l'angoisse condamne. Heidegger confère un privilège ontologique à l'angoisse et, dans cette destitution de tous les étants, y voit une phénoménalité où l'être comme tel apparaît. Tout cela est assurément vrai mais, comme dans le *Lenz* de Büchner, à condition d'en revenir.

Une remarque encore concernant la dernière scène du film, une scène de procession sans suite, un des moments les plus saisissants du cinéma de Kurosawa. L'escalier de l'asile est cadré en plan fixe, la jeune femme, la mère du dernier enfant, vient visiter Kiichi. Elle porte son fils sur le dos, la tête de l'enfant a basculé, il dort et c'est comme s'il était mort, comme si la prophétie s'était accomplie. Dans une synchronisation magistrale, magistrale au point de sembler évidente, Harada descend l'escalier. Ils ne se connaissent pas, ils se croisent. Lui, va s'arrêter un instant, juste le temps qui va permettre à Kurosawa de les faire sortir à la même seconde du cadre, laissant l'escalier vide. Dans cette scène Kurosawa fait entendre le silence. J'entends le silence non pas comme une simple absence de bruit, mais à la place de ce qui a été anéanti pour laisser s'installer le silence. Un silence équivalent à un cri, mais plus assourdissant qu'un cri. À la seconde où, dans l'écran, ont disparu la femme, son enfant et le médiateur, Kurosawa écrit le mot *Fin* sur un fondu au noir. Alors, coupant le silence, nous entendons la musique qui ouvrait le début du film. Cette musique se continue dans l'obscurité. L'obscurité, ce trou d'angoisse pour Kurosawa, oblige à écouter la musique en même temps qu'elle interdit tout mouvement. Hayasaka, qui avait été le compositeur des musiques de tous les films de Kurosawa depuis *L'Ange ivre*, meurt de tuberculose pendant le tournage de *Vivre dans la peur.* Il avait quarante-et-un ans. Il avait dit à Kurosawa de ne pas le ménager, de ne pas s'inquiéter de son état, et Kurosawa lui avait répondu : « Dis-moi comment l'on peut travailler en se sachant menacé par la mort ? ». On retrouva sur le piano de Fumio Hayasaka une mélodie qui se serait intitulée *La musique d'une étoile*. Seules quatre mesures en étaient écrites. Kurosawa ne les utilisa pas. Je ne peux m'empêcher d'entendre le silence définitif de la scène que je viens de décrire comme le silence qui se substitue à cette musique inachevée, non pas le silence qui se met à la place de cette musique, mais celui qui l'interdit, qui lui fait obstacle. Ce silence puis l'obscurité à laquelle est condamné le spectateur sont du même ordre. Et la musique que l'on entend dans l'obscurité, la musique que l'on entend devant l'écran noir après le mot *Fin* est l'hommage de Kurosawa à son ami, mais aussi la suite et la fin de ce qui aveugle.

Que le titre de la partition inachevée ait été crédité au générique sans que nous entendions sa musique, répond à l'idée d'assister à la naissance d'une étoile. C'est la phrase de conclusion de *Scandale*, quand, aux yeux du peintre trahi, aux yeux de Masako morte de tuberculose, l'avocat se rachète dans un ultime aveu ; alors, de la flaque de boue où peut se refléter une étoile, cette étoile apparaît. Dans *Vivre*, Watanabe donne un sens aux dernières semaines de sa vie, et ainsi devient une étoile. « C'est merveilleux », dit-il en fixant les étoiles qu'il n'a pas observées depuis trente ans. Sur un mode mineur, lors d'une conversation dans *Chien enragé* entre la tenancière d'un café qui lui apporte une bière et le jeune inspecteur, celle-ci a cette phrase : « Cela fait bien vingt ans que je n'ai pas regardé les étoiles. »

Dans les tableaux peints par Van Gogh devant lesquels passe, dans *Les Corbeaux*, le jeune peintre un peu niais, il est un paysage où les étoiles, comme des soleils, éblouissent[1]. Les étoiles du tableau de Van Gogh aveuglent, la peinture de Van Gogh aveugle, et je veux croire que c'est pour cette raison qu'elle est au centre de l'œuvre de Kurosawa. Les étoiles de *La Nuit étoilée* sont autant de soleils qui se métastasent dans le ciel, les cratères adventifs d'un volcan devenu frontal et dont le cratère principal, au centre du tableau, est en éruption, laissant des traces jaunes dans le bleu. Le motif se vide, la couleur est semblable à de la lave. Chaque étoile est un cratère. Dans le centre du tableau, une supernova annonce qu'elle va éclater. Ce sera dans le tableau un flash d'une incroyable intensité.

La bombe A, au moment de son explosion, fonctionne comme un flash d'une extraordinaire intensité destructrice. À Hiroshima, la boule de feu créée par l'explosion, atteignant en son centre plusieurs millions de degrés, propagea des rayons dans toutes les directions, à commencer par le sol, où l'on estime que, à proximité de l'hypo-

1. *Nuit étoilée (Cyprès et village)*, huile sur toile, 73,7 × 92,1 cm, Saint-Rémy, juin 1889, New York, The Museum of Modern Art.

centre, la température s'éleva à plus de 3000°C. Traverses de chemin de fer, arbres, barrières, s'embrasèrent à l'intérieur d'un rayon de plusieurs centaines de mètres. Oui, la terre se mit à brûler. Il y a, dans *La Nuit étoilée*, un chaos pictural, une éruption frontale qui, en plusieurs endroits, met le feu dans la nuit. Chaque étoile fixée séparément aveugle. Ce ciel, dont la phénoménalité est frontale, je l'ai dit, est un champ de cratères dont on aurait rabattu le plan, écrasant le village de Saint-Rémy et la campagne, eux représentés selon une logique perspectiviste. C'est une guerre, une guerre entre le ciel et le village, chaque étoile est un bouclier[1].

L'empreinte de l'art japonais dans la peinture de Van Gogh, on le sait, est déterminante : « Mais pour moi je prévois que d'autres artistes voudront voir la couleur sous un soleil plus fort et dans une limpidité plus japonaise. »[2]

Il existe une lettre de Hofmannsthal datée du 26 mai 1901 ; l'auteur entre dans une galerie sans savoir quel peintre il va découvrir. On

1. Kurosawa connaissait-il le *Regulus* de Turner? Dans le tableau de Van Gogh, chaque étoile est un bouclier qui avance et recule dans l'espace; un bouclier, ou un œil, ou un cratère, tout cela en même temps. Sir John Gilbert se penche sur le *Regulus* de Turner et écrit : « Il avait passé toute la matinée ici [à la British Institution] et il est probable à en juger par le tableau qu'il y resterait toute la journée. Il était absorbé par son travail, ne regardait pas autour de lui, mais continuait à passer une grande quantité de blanc sur son tableau – sur presque toute la surface. Le sujet en était une composition à la Claude Lorrain, une baie ou un port avec des édifices classiques de chaque côté et, au centre, le soleil. Le soleil était un amas de rouge et de jaune de toutes sortes. Chaque élément avait une couleur de feu. Il [Turner] avait une grande palette sur laquelle était posé un énorme bâton de blanc d'argent. Il avait deux ou trois instruments de travail rudimentaires assez grands avec lesquels il mettait du blanc dans tous les coins. [...] Le tableau devint petit à petit extraordinairement saisissant, le soleil brillant, absorbant tout et déposant sur chaque chose un voile brumeux. En regardant la toile de côté, je vis que le soleil était un bloc de blanc faisant saillie comme l'ombon d'un bouclier. », (L. Cust, « The Portraits of J. M.W. Turner », *Magazine of Art*, 1895, p. 248-249). *Regulus* (1837, huile sur toile, 91 × 124 cm, Tate Gallery, Londres) est probablement le tableau qui offre la métaphore la plus parfaite de l'obsession de Kurosawa. Dans le port de Carthage, les formes s'effacent dans la violence de la lumière, Regulus n'est pas identifiable parmi les silhouettes que l'on arrive à peine à discerner. Ce que nous voyons, ou plus exactement ce qui nous aveugle, est ce qui aveugle Regulus : ce soleil moins reconnaissable par sa forme que par son effet de dissolution des formes, et qui se durcit au centre symbolique de la toile. Artiste, spectateur et protagoniste se fondent en un seul point de vue. Une telle hypothèse anticipe, à travers cette phénoménalité que j'ai dit être celle de l'angoisse, une dimension qui revient sans cesse dans le cinéma de Kurosawa, autant que dans la peinture de Van Gogh. On se reportera, concernant *Regulus*, au livre récent de Pierre Wat : *Turner, menteur magnifique*, Paris, Hazan, 2010.

2. Sans date, 538 F, Vincent Van Gogh, *Lettres à son frère Théo*.

apprendra, à la fin de la lettre, que les œuvres sont de Van Gogh[1]. Hofmannsthal écrit ce qu'il voit :

> Je dus me ressaisir pour voir déjà dans les premières d'entre elles une image, une unité. Mais, par la suite, j'ai vu, je les ai ensuite toutes vues. Chacune en particulier, et toutes ensemble, et aussi la nature en elles, et la force de l'âme humaine qui avait donné force à cette nature. Tout cela je le vis au point d'en perdre en face de ces tableaux, le sentiment de moi-même et de le recouvrer plus puissant et de le perdre à nouveau [...] mais comment mettre en mot quelque chose d'aussi insaisissable, d'aussi soudain, d'aussi fort, d'aussi inanalysable ![2]

Cette défaite intentionnelle, cette violence de l'intuition qui ne va trouver aucun mot pour se dire, sont évidemment ce qui unit le plus l'œuvre de Kurosawa et l'œuvre de Van Gogh. « Ce qui aveugle » est, sous les formes que j'ai observées, l'acmé de cette donne intuitive en excès. C'est, je l'ai dit, dans une lettre adressée à Hofmannsthal que Husserl désignera le poète à l'égal d'un « aveugle voyant ». Un aveugle voyant, c'est-à-dire celui qui, sous l'effet d'une réduction, d'une *épochè* imprévisible, voit le visible se dérober, s'anéantir, au profit d'une dimension invue qui, à lui, s'impose. Il faut être aveugle à toute présupposition intentionnelle, à l'image acquise, disponible dans son cadre, pour que cette voyance s'exerce. Le cinéma de Kurosawa est taraudé par ce besoin et cette ambition de filmer la mort, le soleil, phénomènes en excès et qui aveuglent. Pour désigner l'homme qui hante *Dodes'kaden*, l'homme qui habite la maison de tôle marquée de l'arbre mort, Serge Daney dit « l'homme au regard mort », il ajoute : « fantôme serait plus juste »[3]. Rien ne nous dit que cet homme est aveugle, physiquement aveugle. En revanche, il est certain qu'il a cessé de voir selon ce que Husserl appelle l'attitude naturelle, qu'il a

1. « PS : L'homme s'appelle Vincent Van Gogh. D'après les dates du catalogue qui ne sont pas anciennes, il devrait vivre encore. Il y a en moi quelque chose qui me force à croire qu'il serait de ma génération, un peu plus âgé que moi. Je ne sais si je me trouverai une autre fois devant ces tableaux mais j'en achèterai probablement un que je n'emporterai pas : je le confierai à la garde du marchand. », Hugo Von Hofmannsthal, *Lettre de Lord Chandos et autres essais*, Paris, Gallimard, 1980, p. 198-199.

2. Hugo Von Hofmannsthal, *op. cit.*, p. 196.

3. Serge Daney, « Un ours en plus (Dersou Ouzala) », *Cahiers du cinéma*, n° 274, mars 1977.

cessé de voir selon la loi du paradigme intentionnel, sous l'égide du visible acquis. Aveugle en ce sens, il l'est assurément. Mais peut-on le désigner tel un aveugle voyant ? Il conviendrait plutôt de dire qu'il est deux fois aveugle. Aveugle au visible acquis, puis devenu aveugle pour avoir vu quelque chose – disons un phénomène se transformant en supplice – qu'il ne pouvait supporter du regard. Oui, tout en lui suppose que ce don de voyance, il l'a possédé, mais qu'il a été châtié pour avoir vu ce qu'il ne devait pas voir. Ce sont les mots pour punir le petit garçon qui a vu la procession des renards. La mort, le soleil, le sacré, la trahison, l'amour, le désamour, que sais-je encore, tout cela, à un certain degré d'intensité, aveugle celui à qui il a été donné de le voir. Cet homme dans *Dodes'kaden*, pour moi est deux fois aveugle et ce qu'il voit est le *ne-ens*, le néant, l'absence d'étants. C'est, au sens le plus phénoménologique, le regard même de la mélancolie, de l'ennui des profondeurs, un regard à la fois aveugle aux étants ordinaires du monde, et aveugle pour avoir été aveuglé par excès de lumière.

« Ce qui aveugle » a son point d'origine, ce que Husserl justement désigne par *Urimpression*, son creux dans le premier souvenir qu'évoque Kurosawa dans son autobiographie. Ce sont les premiers mots de son livre :

> J'étais dans un baquet, nu. L'endroit où je me trouvais était faiblement éclairé. Plongé dans l'eau chaude, je me balançais en me tenant aux rebords et le baquet oscillait sur sa base entre deux planches inclinées – l'eau faisant, dans le balancement, de petits bruits d'éclaboussure. Tout cela devait me sembler fort intéressant, car je balançai le baquet de toutes mes forces quand soudain, il se renversa. J'ai gardé, très présent, le souvenir de l'étrange sentiment de choc et d'incertitude que j'ai éprouvé à ce moment-là, de la sensation humide et glissante de l'espace entre les planches contre ma peau nue, et aussi d'avoir regardé au-dessus de moi quelque chose qui brillait, et dont l'éclat me faisait mal[1].

1. A. Kurosawa, *op. cit.*, p. 23.

6. la montagne rouge

Le titre du sixième rêve est *La Montagne rouge*, c'est d'abord le titre du tableau qui ouvre *Scandale*. Et, dans *Scandale*, ce n'est pas le mont Fuji mais le mont Kumotori dont un des bûcherons, penché sur l'épaule du peintre dit : « On dirait que le mont Kumotori danse. » Il sera aussi désigné tel le mont attrape-nuages. Kurosawa utilise une formule qui appartient à son cinéma antérieur, mais dans la *Montagne rouge*, la référence picturale initiale bascule. La montagne rouge est devenue le mont Fuji, symbole du Japon, et est victime d'un déchaînement tellurique dû à la folie des hommes. Il était impossible dans *Scandale* que la montagne rouge fût le mont Fuji pour des raisons qui se chevauchent. Le peintre excentrique en moto ne peut pas s'affronter au même motif qu'Hiroshige, ce que Aoe veut peindre n'est pas un symbole et le mont Fuji dans le cinéma de Kurosawa a une puissance d'emblème, qu'il soit dessiné par un enfant pour être un indice, ou qu'il figure sur une carte tel l'indice suprême du Japon.

Le principe de création cher à Kurosawa, ce « pouvoir de la mémoire qui donne son envol à l'imagination », est formulé dans un dialogue à la fois naïf et émouvant par le peintre avec les bûcherons quand il peint la montage rouge, le mont attrape-nuages, le Kumotori. Un bûcheron s'étonne que la montagne soit rouge et le peintre lui répond : « J'ai dans le cœur une montagne en feu, je m'en suis souvenu en peignant celle-ci. » Le mont attrape-nuages bouge mais à la manière d'un motif en peinture ; le mont Fuji dans *Rêves* tremble dans un chaos définitif, une apocalypse, un désastre.

« La montagne bouge » devient un principe du cinéma de Kurosawa, il oscille entre le motif pictural et le présage d'une fin du monde. Pour le tableau de *Scandale*, la puissance phénoménologique et expressionniste est scellée par une allusion à Vlaminck : « On dit que je copie Vlaminck », confie, agacé, le peintre à la cantatrice. « La montagne bouge » est aussi au cœur du récit de *Kagemusha* ; cette métaphore décide du destin du film. La montagne bouge comme la forêt avance à la fin du *Château de l'Araignée*, et l'armée qui va au désastre dans *Kagemusha* donne la sensation d'un flux et d'un glissement inéluctables.

La Montagne rouge amplifie l'angoisse présente dans *Vivre dans la peur*, réalise, met en scène et en abîme son objet : la catastrophe nucléaire a eu lieu. Le volcan se déchaîne, mais ce chaos qui ressemble à une fin du monde, n'est pas un désastre naturel. Les centrales nucléaires ont explosé. Le chaos et la catastrophe sont l'épicentre du rêve, ils empêchent de voir à quel point la peinture est le levier de ce qui est filmé là[1]. Le mont Fuji, ausculté, examiné, cent fois peint par Hiroshige, est maintenant victime de la folie des hommes. La montagne rouge est dans *Scandale* initialement expressionniste ; l'ouverture de ce rêve est un triomphe de la peinture d'histoire qui emporte, dans un chaos sans issue, le paysage tel que le pérennisait une forme emblématique et définitive pour un Japonais : le mont Fuji. Dans *Vivre dans la peur*, quand il s'agit de négocier des hectares de terre, le mont Fuji veille sur la tractation. Dans *Entre le ciel et l'enfer*, il a un pouvoir supplémentaire : le mont Fuji s'adapte au récit ; dans le dessin du petit garçon qui va être le fil conducteur menant au kidnappeur, les

1. Le lien entre Van Gogh et le mont Fuji est non seulement fondé mais trouve ses racines dans l'œuvre du peintre : « Je me souviens encore très bien comme le voyage de Paris à Arles m'a excité cet hiver, comme je guettais sans arrêt pour savoir si c'était déjà le Japon. » (lettre B22). La référence au Japon est plus qu'une référence à la peinture, elle devient une abstraction pour dire une terre promise. « Je n'ai pas besoin d'estampes japonaises car je dis toujours qu'ici je suis au Japon. Que j'ai par conséquent seulement besoin d'ouvrir les yeux et de peindre ce que j'ai sous le nez et ce qui m'impressionne. » (lettre W7). Notons enfin cette constatation en analogie avec le cinéma de Kurosawa : « Le Japonais dessine vite, très vite, comme l'éclair, car ses nerfs sont plus fins, ses sensations plus sobres. » (lettre 500).

deux éléments décisifs – les deux indices – sont le mont Fuji et un soleil couchant. Dans *La Montagne rouge*, l'explosion du mont Fuji est synonyme de la fin du Japon, métamorphose monstrueuse où l'emblème se retourne contre les siens. Le mont Fuji est la première victime de l'explosion des centrales nucléaires, puis l'image pérenne de la montagne devient monstrueuse et le volcan l'allié du désastre. La montagne explose, tumeur, puissance chthonienne rendue folle et dont la déraison ne doit rien à la volonté des dieux mais tout à la stupidité des hommes. Plan par plan, on pourrait superposer l'ouverture de ce rêve et la bataille finale de *Kagemusha*. La bataille dans *Kagemusha* est perdue « parce que la montagne a bougé » – la montagne est le surnom de Shingen ; poliorcète paradoxal puisque sa force dans la guerre est de ne pas bouger. L'analogie avec le mont Fuji est flagrante. À la fin de la bataille, l'avant-champ jonché des corps de combattants répond, dans un effet de calque, au lendemain de l'éruption lorsque le sol est encombré des bagages abandonnés, témoins d'un exode dans l'urgence. On comprend ensuite que cette fuite a conduit toute une foule frappée par une panique de mort à se jeter dans la mer. Cette apocalypse est la réalisation en un cauchemar – d'un augure que relate Kurosawa :

> Le 15 août, je fus convoqué avec tous les autres au studio, pour entendre une déclaration capitale à la radio. L'Empereur en personne devait parler sur les ondes. Je n'oublierai jamais les scènes que je vis ce jour-là en marchant dans la rue. Sur le trajet, de chez moi à Soshigaya jusqu'aux studios à Kinuta, la rue commerçante semblait fin prête pour l'Honorable Mort des Cent Millions. L'atmosphère était tendue et affolée. Il y avait même des commerçants qui avaient tiré leurs sabres japonais de leurs fourreaux, et qui restaient assis, l'œil fixé sur la lame nue [...]. Si l'Empereur n'avait pas prononcé son discours pour adjurer le peuple japonais de déposer les armes, et si, au lieu de cela, il avait appelé à l'Honorable Mort des Cent Millions, ces gens dans la rue de

> Soshigaya auraient probablement fait ce qu'on leur disait et ils seraient morts, et moi j'aurais probablement fait la même chose[1].

Ce pressentiment, contredit par la déclaration de l'Empereur, trouve une répercussion dans *La Montagne rouge.* De la confusion, du désordre et du malheur que charrie ce sixième rêve, je sauve un plan énigmatique avant qu'il ne s'efface : dans une dispute entre la femme rescapée et l'ingénieur qui s'avoue responsable et coupable, et après que ce dernier ait choisi de rejoindre les victimes et de se jeter dans la mer, la caméra suit la chute en vrille d'une étoffe blanche, mesure du vide et symbole ouvert qui remémore la disparition de la Femme des neiges dans le ciel et, en même temps, selon un effet contraire, fait penser à un parachute qui ne se serait pas ouvert.

J'ai décrit, dans les premiers rêves, comment l'image se constituait dans la retombée de pigments, pétales, flocons, poussières en apesanteur ; dans *La Montagne rouge*, au contraire, nous assistons au délitement de l'image, de l'image éternelle du mont Fuji. Ce ne sont pas des flocons en suspens qui vont constituer une image en se déposant, mais à l'inverse une image souveraine qui soudain explose. Et les pigments, les pigments de couleur s'éparpillent, s'envolent, s'engouffrent selon l'abominable prédiction relevée dans *Vivre dans la peur*, s'enfonçant dans un couloir qui transforme le Japon en une vallée de mort. Le Japon s'effrite, s'écaille comme un tableau, les pigments par bourrasques sèment la mort pour se déposer enfin, en rendant à jamais la terre malade. Les poussières de couleur sont dans *La montagne rouge* aussi précisément nommés qu'ils le seraient par un peintre. L'ingénieur coupable explique qu'on a affecté une couleur à chaque effluve toxique selon son caractère pathogène. Le rouge pour le plutonium 239, cancérigène ; le jaune pour le Strontium 90, qui provoque la leucémie ; le violet pour le Césium 137, qui « cumulé dans les gonades provoque des mutations génétiques ».

1. A. Kurosawa, *op. cit.*, p. 239. (Nous rétablissons l'orthographe *Shoshigaya*, écrit par erreur *Shoshugaya* dans la traduction française.)

Au tout début de son œuvre, l'idée de contamination était déjà présente pour Kurosawa selon l'occurrence essentielle du sang, mais alors le sang mettait le rouge hors-jeu. Dans *Duel silencieux*, Kyoji explique comment il a contracté la syphilis, par l'entaille d'une plaie ouverte, en opérant un blessé : « Les tréponèmes ont, par le sang, pénétré dans mon corps. » Il y a là une métaphore de l'invasion. Les tréponèmes passent dans le sang du médecin comme les pigments coulent par flots en un fluide de mort qui contamine tout. Kurosawa touche à cette seconde une vérité historique qu'il ne formule pas. Les équipes médicales à Hiroshima et Nagasaki furent toutes contaminées. L'idée de contamination par le sang renvoie assurément à celle mise en scène dans *La Montagne rouge*. À propos du violet du Césium 137, il est sous-entendu que les mutations génétiques auront pour conséquence que les enfants naîtront difformes. Comment ne pas se souvenir, toujours dans *Duel silencieux*, de cette scène filmée quarante-et-un ans auparavant, où la jeune épouse du syphilitique veut voir son enfant mort-né. Le chirurgien et l'infirmière le lui interdisent. Cette scène contredit l'ordre du grand frère, mais surtout renvoie aux enfants mort-nés d'Hiroshima et Nagasaki. Quand le père – n'oublions pas que c'est l'homme qu'a opéré Kyoji, le jeune chirurgien, et qui l'a contaminé – veut voir de force son enfant, il ne supporte pas ce qu'il a vu et s'effondre en brisant une vitre, dans ma mémoire une vitre opaque.

J'ai fait en commentant *La Montagne rouge* comme s'il allait de soi que la théorie des genres, telle qu'elle avait été pensée et quelle avait pensé la peinture, pouvait s'appliquer au cinéma et au cinéma de Kurosawa en particulier. Le cinéma s'est conformé sans le savoir, ni le vouloir, ni le formuler, à cette théorie des genres. On décèle dans un épisode de son autobiographie à quel point Kurosawa est conscient qu'une hiérarchie doit être dépassée. C'est à propos de *Ceux qui ont marché sur la queue du tigre*, qui est une adaptation libre d'une pièce de Kabuki intitulée *Kanjincho*. Un procès d'intention est fait à Kurosawa d'avoir parodié un grand classique du Kabuki. Kurosawa se défend :

"[...] Mais il me semble que cette pièce de Kabuki elle-même est déjà une distorsion de la pièce de Nô *Ataka* (c'est en effet sur cette pièce Nô qu'est basé le Kabuki). Dites, si ça vous amuse, que mon film est une parodie du classique Kabuki, mais ce n'était vraiment pas mon propos et je ne comprends pas en quoi on se permet de me dire que mon film ridiculise la pièce. J'aimerais que vous m'en donniez des exemples concrets et précis." Ces messieurs les censeurs sombrèrent alors dans un mutisme prolongé. Finalement, l'un d'eux répondit : "Le simple fait que vous ayiez fait jouer Enoken dans *Kanjincho*, c'est de la dérision". Je répondis ceci : "C'est vraiment bizarre, Enoken est un grand acteur. Si vous prétendez que le simple fait de l'utiliser dans ce film est un affront au Kabuki, vous répandez la calomnie sur son talent. Insinuez-vous que le genre comique est inférieur au genre tragique ? Que les acteurs comiques sont inférieurs, comme acteurs, aux acteurs tragiques ? Don Quichotte a un compagnon comique qui s'appelle Sancho Pança ; quel est le problème si le maître Yoshitsune et ses serviteurs ont un porteur qui est un personnage comique ?"[1].

Il y a dans cette brève réponse irritée et définitive de Kurosawa, une piste. Kurosawa se comporte en peintre, en peintre qui adopte sans le savoir la théorie des genres afin d'en fausser la hiérarchie au profit d'un impératif qu'il érige en maxime : « La vérité et son objet ne font qu'un. » L'objet et la vérité de l'objet confèrent une dignité, un privilège, à l'exécutant. À partir du même objet, il peut y avoir une variation, et la notion de vérité de l'objet va coïncider avec cette variation. Kurosawa déstabilise une théorie des genres, informulée, implicite mais tyrannique, telle qu'elle règne sur le cinéma. Théorie des genres au cinéma ? Le réalisateur, kidnappé par la production, doit affirmer une singularité, que je dois nommer par un terme dont je me défie, son style[2]. Les réalisateurs, en principe, retournent la

1. Akira Kurosawa, *op. cit.*, p. 235 et 236.

2. Défiance à laquelle souscrivait pour lui Kurosawa : « Rien n'est plus difficile pour moi que de définir mon propre style. Je fais seulement un film comme je veux qu'il soit, ou du moins en me rapprochant le plus possible de cet idéal. Je n'ai jamais songé à définir mon propre style personnel. Et si j'avais fait cela, je me serai rendu un très mauvais service. », cité par C. Tesson, *op. cit.*, p. 48.

contrainte en une force qui devient un signe de reconnaissance. Le spectateur et la critique s'y retrouvent. La critique a toujours préféré, hier et aujourd'hui, Ozu ou Mizoguchi à Kurosawa. Kurosawa se moque de cette contrainte, non seulement il s'en joue mais il en joue, et trouve dans la peinture une alliée. J'ignore ce que Kurosawa savait de la théorie des genres en peinture, j'observe comment la peinture infiltre son cinéma. Kurosawa emprunte à tel ou tel genre de la peinture et se libère ainsi du cloisonnement des genres au cinéma. Dépassement qui s'accomplit par une adéquation de la peinture, dans son cinéma, à son objet : *Kagemusha* en appelle à la peinture d'histoire ; *Dodes'kaden* d'une certaine manière à l'art brut ; *Dersou Ouzala* est un hymne à la peinture de paysage[1]. Le constat d'une maladie de la terre le hante et interdit que le peintre de paysage qui vit en Kurosawa puisse s'abandonner au paysage. Il est aussi compliqué pour lui de filmer un paysage comme Hiroshige aurait pu le peindre, que de filmer directement le traumatisme atomique subi par le Japon. Son cinéma est taraudé par deux constatations. La première est celle d'une maladie de la terre. La seconde est que l'étiologie de cette maladie est simple et monstrueuse. Elle est ce qui aveugle, paradigme de l'explosion et mémoire de celle-ci. Le cinéma de Kurosawa est travaillé par ces deux obsessions, de telle manière qu'elles finissent toujours par s'imposer dans le scénario, d'une façon ou d'une autre, massives (*Vivre dans la peur*), infimes et métonymiques (la scène finale du duel dans *Yojimbo*).

Si Kurosawa bouscule l'ordre, c'est justement parce qu'il a conscience qu'il y a une hiérarchie. Il met *Barberousse* au-dessus de *Scandale*, cela ne fait aucun doute. Mais lui importe avant tout cette question de la vérité de l'objet ; c'est parce qu'il connaît, maîtrise et domine chaque genre qu'il peut, car ce principe supérieur les surplombe, en accomplir le dépassement. « Le peintre historien est le

1. On me répondra qu'il fallait pour cela que la couleur libérât cette puissance de la peinture. C'est plus complexe. Et Kurosawa peint assurément sans la couleur. L'usage de la couleur est moins l'avènement ou l'événement de la peinture dans son cinéma, que l'événement qui le libère.

seul peintre de l'âme, les autres ne peignent que pour les yeux. »[1] Kurosawa est toujours, parfois malgré lui, un peintre ou un réalisateur « historien ». L'histoire s'insinue dans chaque genre qu'il aborde. La maladie de la terre ou l'aveuglement sont d'abord cette empreinte de l'histoire.

Dans la théorie des genres telle que le néo-classicisme la reprend, la distinction entre les différents modes imitatifs, ainsi que la hiérarchie qui ordonne l'ensemble de ces modes, sont présentés comme les conséquences sur le plan artistique d'une hiérarchisation à l'œuvre au sein de la nature. Ainsi, peinture d'histoire, de portrait, de genre, de paysage et de nature morte, se suivent-elles dans un ordre décroissant allant du plus noble au moins noble. La théorie des genres repose sur un principe d'analogie naturelle entre l'imitant et l'imité, en d'autres termes, l'effet de l'imitant sur le spectateur est à proportion de l'imité : plus l'imité est noble, plus celui qui le choisit – le peintre – et celui qui regarde la peinture – le spectateur – sont eux-mêmes anoblis. (En réalisant *Vivre dans la peur* – son film où l'histoire du Japon et l'histoire tout simplement dominent –, Kurosawa, je le redis, avait déclaré à son ami et compositeur Hayasaka : « Nous faisons un film dont nous devrons être fiers en nous présentant devant saint Pierre. ») Le principe de convenance est au centre de cette théorie : au sujet noble convient un traitement noble, au sujet simple convient un traitement simple, l'idée de la coprésence de la vérité à son objet, chère à Kurosawa, se retrouve dans ce principe. À l'anoblissement graduel, le romantisme oppose un anoblissement généralisé de la nature. Dans sa diversité, la nature est le déploiement d'un seul et même principe divin. Le cinéma de Kurosawa est, dans *La Légende du grand judo*, exemplairement le

1. La Font de Saint-Yenne dans son ouvrage *L'Ombre du Grand Colbert, Réflexions sur quelques causes de l'état de la peinture en France*, paru en 1752. L'académicien avouait par cette sentence la hiérarchisation des sujets à laquelle la peinture était soumise au XVIIIe siècle, appréciation opérée par le truchement d'un système de catégories établies, et en même temps enjoignait l'œil du spectateur à un classement par genres – peinture d'histoire, de portrait, nature morte, paysage – qui de fait, attribuait sa valeur et sa considération au peintre et à son travail.

déploiement d'un seul et même principe que j'hésite à dire divin, mais qui est assurément d'essence spirituelle, et une forme de panthéisme règne sans partage dans *Dersou Ouzala.*

Entre ces deux films s'impose ce qui est venu contredire, dénaturer, anéantir ce principe. Ce principe demeure cependant, soit sous une forme négative, soit sous une forme contrariée. J'opposerai plus loin la notion romantique forgée par Carus d'*Erdlebenbildkunst*, à ce que je vais désigner chez Kurosawa telle une description de la maladie de la terre. Tous les films sont à différent titre, entre *La Légende du grand judo* et *Dersou Ouzala*, hantés par une description de la maladie de la terre. Kurosawa invente un genre qui traverse les genres et qui est cette description de la maladie de la terre ; pour mieux comprendre, il faut peut-être faire le chemin à rebours et commencer par *Dersou Ouzala*. Commencer par ce film qui est lui véritablement marqué par une *Erdlebenbilkunst*, où justement la théorie des genres est ébréchée par une « vision » qui va aboutir, dans le domaine de la théorie de l'art, à une fusion de toutes les parties du beau. Il ne saurait dès lors être question ni de sujet élevé, ni de sujet bas. Le principe divin, pour Carus ou Friedrich, se retrouve dans toutes les parties de la nature par l'intermédiaire de la peinture où sont abolies les distinctions de genres[1]. C'est d'une certaine manière ce que fait Kurosawa. *Dersou Ouzala* est non seulement un hommage, démarqué de toutes citations, à la peinture de paysage, mais surtout à la peinture de paysage des romantiques.

J'ai insisté sur la puissance évocatrice du rouge dans le cinéma de Kurosawa. Cette couleur est particulièrement absente de *Dersou Ouzala*, à l'exception d'un plan. Retenu longtemps, le rouge sature et sidère ce plan, lui confère une tonalité affective hors diégèse, et

1. « Le coin de forêt le plus paisible avec toute la diversité de sa végétation, le tertre vert le plus simple avec ses plantes gracieuses, vus dans le bleu de l'horizon et sous l'azur du ciel, fourniront l'image la plus belle de la vie de la terre. / Exécutée en petit ou en grand format, cette image ne laissera rien à désirer pour peu qu'elle soit saisie avec l'âme. », Caspar David Friedrich, Carl Gustav Carus, *op. cit.*, p. 109.

l'oblige à entrer dans une esthétique d'un autre ordre que celle qui règle tout le film. Enclave de la peinture symboliste dans un déroulement marqué par l'héritage du romantisme, ce plan est le suivant : la couleur rouge vient « faire opposition » à l'écran, le principe réaliste du film s'en trouve lézardé, cassé, froissé. Le rouge brouille l'écran pour mieux faire apparaître, non pas le tigre, mais Amba comme tigre. Le principe de convenance souligné plus haut est parfaitement illustré par ce plan. Il s'agit d'accorder un effet pictural à une volonté qui vient troubler et trouer la diégèse : cet effet renvoie à une force symbolique, une présence qui cesse d'appartenir au réalisme qui jusqu'alors régnait dans le film et induisait l'essence romantique des paysages et gouvernait la conception de la nature. Le symbole, pour être exprimé, en appelle à une forme inédite et qui est davantage qu'un effet : le tigre apparaît derrière deux écrans qui relèguent, repoussent, font reculer dans l'espace l'écran réel et retiennent ainsi l'animal prisonnier. Amba rôde derrière une barrière de branches auxquelles se superpose, telle la rémanence d'une flamme raidie par un effet de peinture, une grille rouge mais flottante. Amba est en cage et n'est plus seulement un tigre, il devient une force qui appartient à la légende. Un symbole vivant. Le rouge lui confère cette puissance de symbole. Ce rouge n'est pas le feu, il vient du feu ; par un effet de fascination, celui-ci ourle et envahit l'écran pour donner la sensation d'un fondu enchaîné. Mais d'un fondu enchaîné qui n'en appellerait pas seulement à une mémoire individuelle ou à une temporalité liée à la diégèse, mais à un temps et une mémoire qui sont ceux d'Amba, temps et mémoire des forces auxquelles Dersou croit.

Comme souvent chez Kurosawa, cette scène avait son amorce quelques plans auparavant. Dersou se sait vaincu par un début de cécité, il erre dans le campement. Il est alors filmé de dos, engoncé dans sa pelisse de fourrure. Là, il ressemble véritablement à un ours. Quelques secondes auparavant, un plan s'était attardé sur Arseniev dans sa tente et, sur la bâche de cette tente tendue comme un écran – oui, véritablement comme un écran – le spectateur alors a vu bondir une ombre, l'ombre du tigre : Amba (je dis l'ombre du tigre au sens fort, chez Kurosawa, du mot ombre ; « kagemusha » est traduit par « l'ombre du guerrier »). Il a vu ce qu'Arseniev ne voit pas et que Dersou éprouve et ressent sans le voir. Oui, Dersou dans cette scène ressemble à un ours. Souvenons-nous, c'est ainsi que s'ouvre le film : entendant un bruit, un soldat suspecte que ce soit un ours. Dersou proteste : « Moi homme. Pas tirer, moi homme. » Quand, dans la seconde partie, Dersou est « sauvé des eaux », un soldat lui dit affectueusement : « Tu ressembles vraiment à un ours. » À la fin du film, quand Dersou est vaincu, quand il va devoir accepter d'aller vivre à la ville, rien n'est dit ni commenté. Mais le spectateur se doit de voir, lorsque Dersou accepte la proposition du capitaine et qu'il tombe à genoux et avance littéralement « à quatre pattes », animal traqué, blessé, hagard, que son « être ours » le retient et l'accroche là où il est. La vulnérabilité, la terreur, la panique, le confirment comme ours. Il est montré, dans ces deux plans, celui où il se prosterne à quatre pattes et celui dans cette nuit terrible de premier janvier où, de dos, il erre car il a peur de Amba, que son « être ours » est le plus fort, et que Dersou ne pourra pas être apprivoisé, que Dersou ne pourra pas vivre en ville.

La peinture de paysage libère ce qui était contrarié (par la maladie de la terre), contraint, et contracté dans certains films antérieurs. La nature, même absente, finissait par allusion, évocation ou litote, par y être présente. Dans *Les Bas-fonds*, par exemple, la seule suggestion de la nature est au centre, je devrais dire au creux du décor : un amoncellement de feuilles jonchent une cour. Il suffit d'une risée de quelques secondes pour que celles-ci s'animent et frémissent. Dans *Barberousse*, où le dispensaire forme une enceinte, la nature est à ses frontières mais n'y entre pas, sinon par cet appendice qu'est le jardin des herbes médicinales, où est logé le pavillon qui abrite la nymphomane et où personne ne doit s'aventurer. Toujours dans *Barberousse*, de façon métaphorique, il y a ce plan magnifique où Otoyo et Chobo se retrouvent. Ils se rencontrent dans un labyrinthe construit par l'étendage des couvertures qui, dans une plongée, donne la sensation que les motifs floraux, ainsi redressés, sont devenus des murs de végétation. Dans *Dodes'kaden* enfin, est planté cet arbre mort qui est un arbre qui n'a plus de nom. Ces trois films, *Les Bas-fonds*, *Barberousse*, *Dodes'kaden*, sont, parmi d'autres, ancrés dans une « terre malade » et hantée par la maladie, à l'instar de *L'Ange ivre* et de *Scandale*.

Dersou Ouzala entrebâille puis ouvre grand, avec un effet de contraste saisissant, ce qui était, à l'état de vestige désolé, enclos par une enceinte visible ou invisible dans les films précédents. Peinture de paysage qui en appelle en permanence au hors champ, comme si elle ne se satisfaisait pas du cadre, peinture qui en appelle à l'immensité, à la découverte et à l'observation de toutes les formes de la nature et de la vie. La référence au romantisme de Friedrich ou Carus est imprimée dans l'image ; Dersou, l'homme-ours, nous fait voir ce que nous voyons. Pour cela, il faut, ainsi que le constate Arseniev du golds qu'il vient de rencontrer, que celui-ci possède une belle âme[1]. Cette référence à l'âme, au fait qu'il faut pour voir ainsi ce paysage que l'âme s'y accorde, est déterminante. Ce n'est pas seulement avec les yeux que nous voyons ; Friedrich ne cesse de l'écrire, et le film de nous le prouver. Dersou voit avec ses yeux, avec tous ses sens, mais avant tout, parce qu'il a une belle âme. Oui, Dersou voit avec tous ses sens. Ne dira-t-il pas, à la fin du film, lorsqu'il tire et manque le sanglier : « Mon nez voit mieux que mes yeux. » ? Et d'ailleurs pourquoi Dersou veut-il tant de preuves que soudain il voit mal, qu'il ne peut plus être chasseur ? Un autre se rendrait plus vite à l'évidence. Dersou a besoin d'autant de preuves parce que ses sens sont moins dissociés que chez un autre. Qu'ils sont unis pour n'en faire qu'un. L'âme de Dersou procède peut-être de cette unité. Kurosawa emploiera à trois reprises cette expression dans son cinéma. Dans *Scandale*, le peintre dira de Masako qu'elle a une « bien belle âme », et Barberousse dira de la petite Otoyo qu'il faut en prendre particulièrement soin, parce que son âme est en lambeaux.

1. Dersou fait partie du peuple des Golds, tribu de Sibérie orientale qui vit sur les rives du fleuve Amour.

Pour les romantiques : « L'artiste est *comme* la nature, qui oppose de nouveaux voiles à tout dévoilement excessif. Cet aller-retour entre éclaircissement et éblouissement est ce qui sépare Friedrich de Goethe : le romantisme est ce moment de passage de l'artiste-observateur (goethéen) à l'artiste-visionnaire (friedrichien). »[1] *Dersou Ouzala* est un film qui suggère et traduit que ce que nous voyons doit nous apparaître. Au début du film, un plan le fait comprendre, un plan où il va être question de soleil dans la pluie et d'arc-en-ciel, une fois encore. Il pleut, Dersou dit qu'il faut cependant sortir ; Arseniev préfèrerait attendre la fin de la pluie. Dersou alors annonce, avant que le soleil n'apparaisse, que le soleil va apparaître. Et il explique, puisqu'il faut expliquer ce qui pourtant est évident, que c'est tout simplement le chant des oiseaux qui prédit la fin de la pluie et la percée du soleil. Tous ses sens, son attention, son ouïe également, voient. Le dialogue entre un soldat et Dersou est alors le suivant : « Soleil sortir », dit Dersou. « Tu sais ce que c'est le soleil ? », répond le soldat. Et Dersou qui, lui, sait que le soleil n'est pas une notion, ni un concept, ni un objet, répond : « Tout le monde sait ce qu'est le soleil, si toi jamais avoir vu soleil, regarde ! ». La démonstration est élémentaire : c'est quand ce qui m'apparaît apparaît qu'il est visible, qu'il devient visible. Quand il est là, stable, installé, reposant tel un visible acquis et disponible, il cesse d'être vu. L'essence du visible tient à son apparaître et c'est dans ce splendide paradoxe qu'il faut, pour que sa contemplation ait lieu, être à l'abri, n'être inquiet de rien, et ne sentir peser aucune menace. Dans une scène un peu rhétorique, le soleil et la lune sont en équilibre, selon le principe d'un balancier, et le trépied fait office de barre de mesure ; de toute évidence le soleil pèse lourd au couchant et la lune qui se lève est diaphane, en haut à gauche de l'écran. Le trépied est ici surmonté non pas d'un instrument de mesure – l'outil du géomètre et du géographe – mais d'un trop évident appareil photographique. Oui,

1. Pierre Wat, *Naissance de l'art romantique*, Paris, Flammarion, 1998, p. 54.

contempler, c'est être à l'abri, mais cela donne une image en deçà de l'apparaître, une image intentionnelle. Alors comment faire puisque, Kurosawa ne cesse de nous le dire, lorsque l'on se sait en sursis, il est trop tard pour même simplement regarder ? C'est la phrase déjà commentée de Watanabe quand, sur le pont, il découvre le ciel, déplore de ne pas l'avoir regardé pendant trente ans, et constate que maintenant il est trop tard.

Au bout du visible, il ne reste que cette fissure dans l'opacité du visible acquis, ou des images toutes faites, cette fissure de l'apparaître, mais même cela est menacé. L'intensité de l'apparaître menace l'apparaître, puisque la lumière peut surgir, tel ce qui aveugle, et sa violence devient le témoin de notre condition. Le soleil ni la mort ne se peuvent regarder fixement. Combien de plans de Kurosawa nous le disent ? Il y a dans *Dersou Ouzala* une sorte de recours, comme on dit un recours en grâce, où il est donné de voir le soleil sans qu'il aveugle. Cette idée que ce que je vois, je ne le vois que parce qu'il m'apparaît, est aussi tout simplement une définition du cinéma. Mais ce recours n'est pas sans conséquences funestes, comme toujours chez Kurosawa. Dersou va perdre progressivement la vue, et il sera assassiné parce qu'il possède le fusil que lui a donné Arseniev, un fusil muni d'un viseur d'une haute précision.

Je reviens et m'attarde un instant sur la symbolique de ce trépied dont j'ai dit qu'il pouvait avoir deux fonctions[1]. Le trépied qui sert à stabiliser l'instrument du géographe devient la charpente qui sauve la vie d'Arseniev et de Dersou quand ce qui est autour d'eux est devenu menaçant et dangereux, s'est déchaîné, et qu'ils ne sont plus à l'abri. Quand ce qui apparaît apparaît pour mettre en mouvement l'action, être l'accélérateur du film et le moteur du danger, à cette seconde, il ne s'agit plus de voir mais de sauver sa vie. Je ne sais pourquoi j'ai la conviction que ce trépied vient du magnifique film de John Ford, *The Iron Horse*, où le petit Davy, au début du film, joue dans la neige à

1. Serge Daney le note également. Serge Daney, « Un ours en plus (Dersou Ouzala) », *Cahiers du cinéma*, n° 274, mars 1977.

mesurer les distances avec un attirail identique, et que la petite Miriam l'observe amoureusement. Ce trépied, en fait, dans *Dersou Ouzala* a trois fonctions. La première, immobiliser l'instrument de mesure du géographe : la scène d'ouverture de la seconde partie est explicite, ce n'est pas un plan comme dans les autres films de Kurosawa qu'Arseniev dessine, mais un relevé des courbes de niveaux. Nous le voyons utiliser son instrument. Et effectivement, nous ne découvrons que l'épaisseur de la forêt qui adoucit et dissimule les reliefs. Ce trépied devient ensuite la base de l'appareil photographique quand il s'agit de « fabriquer » une image ou de sceller la mémoire. Il est l'outil de la scène des photographies, à la pliure du film où se succèdent les « derniers instants de bonheur ». Chez Kurosawa, un bonheur trop grand présage d'une menace[1]. Dans *Dersou Ouzala*, les photographies, la suite, la théorie des photographies, cristallisent ces instants de bonheur. Ensuite le film bascule. Il y a dans cette projection de photographies un faux raccord, qui, lorsqu'on sait le talent de Kurosawa au montage, ne peut être qu'un « fait exprès », délibéré, une façon de clin d'œil : une photographie représente Dersou, l'œil dans l'instrument du géographe calé sur le trépied. Il faut donc soit qu'il y ait deux trépieds, soit qu'il ait fallu subvertir un autre objet pour qu'il prenne la fonction du trépied.

Quand à la fin de la première partie, Arseniev et Dersou vont se séparer, Dersou colle son oreille contre la voie ferrée pour savoir si un train s'annonce – nouvel hommage à John Ford. Pour se faire, Dersou a planté dans le sol ses deux bâtons et son fusil. Ceux-ci se dessinent dans l'espace à l'identique du trépied. À la veille de cette séparation, Kurosawa livre un des plus beaux plans du film : il cadre le soleil plein écran à la fin du jour, à l'instant où la nuit tombe. L'aveuglement et la

1. Je l'ai déjà observé dans *Vivre dans la peur*, cela est dit en feuilletant l'album photographique. « C'était une joie trop grande pour qu'elle n'annonce pas un malheur. » Dans *Barberousse*, Onaka, la femme du charpentier Sahachi, exprime le même constat : « J'étais si heureuse avec toi que j'ai fini par avoir peur. » Je n'invente rien, cette idée qu'il faut payer le bonheur d'un malheur définitif est un des gages du cinéma de Kurosawa.

nuit coïncident, comme si une peur annulait l'autre, plan superbe mais également conjuratoire, il filme la seconde où le jour est en sursis. Les deux volets du film s'ouvrent sur d'explicites références à la peinture romantique; la première partie, par les plans fantomatiques sur les branches d'arbres, qu'Arseniev associe à la Nuit de Walpurgis. L'ouverture de la seconde partie, elle, offre un magnifique plan de dégel qui fait penser à *La Mer de glace* de Friedrich[1]. Dans *La Mer de glace*, tous les éléments du tragique sont réunis. L'histoire semble absorbée par le paysage. À l'ambiguïté du genre fait écho l'ambiguïté du titre: la toile est en effet appelée parfois *Le Naufrage*, parfois *La Mer de glace*. Ce naufrage, un des rares désastres représentés par Friedrich, prouve que l'Histoire n'occupe plus le centre de la composition, elle est déportée sur le côté de la toile. Les blocs de glace du premier plan et de l'arrière-plan tiennent l'Histoire en otage. La peinture de paysage relègue l'Histoire dans un coin du tableau. C'est d'une certaine manière ce que l'on pourrait écrire du pouvoir de la peinture de paysage dans *Dersou Ouzala*.

Mais la peinture d'histoire va reprendre ses droits dans *Kagemusha* et *Ran*, non pas parce qu'elle dispose d'une autorité supplémentaire, mais parce qu'elle seule va permettre à Kurosawa de filmer l'infilmable, et d'en découdre une fois pour toutes avec la « formule de l'intolérable »[2]. Deleuze consacre, grâce à cette expression difficile à égaler, ce qui est le cœur de l'œuvre de Kurosawa: affronter la

1. Caspar David Friedrich, *La Mer de glace (Le Naufrage)*, 1824, huile sur toile, 96,7×126,9 cm, Kunsthalle, Hambourg.

2. Dans *L'Image-temps*, Deleuze écrit: « Quand Kurosawa reprend la méthode de Dostoïevski, il nous montre des personnages qui ne cessent de chercher quelles sont les données d'un "problème" encore plus profond que la situation où ils se trouvent pris : il dépasse ainsi les limites du savoir, mais aussi bien les conditions de l'action. Il atteint un monde optique pur où il s'agit d'être voyant, un parfait "idiot". [...] Dans un texte qui ne vaut pas seulement pour l'image plane de Dreyer, mais pour la profondeur de Welles, Daney écrit: "La question de cette scénographie n'est plus: qu'y a-t-il à voir derrière? Mais plutôt: est-ce que je peux soutenir du regard ce que, de toute façon, je vois? Et qui se déroule sur un seul plan?" Ce que de toute façon je vois, c'est la formule de l'intolérable. Elle exprime un nouveau rapport de la pensée avec le voir, ou avec la source lumineuse, qui ne cesse de mettre la pensée hors d'elle-même, hors du savoir, hors de l'action. », G. Deleuze, *L'Image-temps*, Paris, Éditions de Minuit, 1985, p. 229 et 230.

formule de l'intolérable en associant la pensée, le voir et l'intuition avec une source lumineuse « qui ne cesse de mettre la pensée hors d'elle-même, hors du savoir, hors de l'action ». C'est dire d'une autre manière ce que j'ai compris telle une phénoménalité propre à l'angoisse : la puissance de ce qui aveugle dans le cinéma de Kurosawa. Il faut entendre « source lumineuse qui ne cesse de mettre la pensée hors d'elle-même » au sens strictement descriptif. C'est ce qui a lieu dans les scènes d'aveuglement que j'ai résumées. La source lumineuse, ce qui aveugle, renvoie à ce que j'ai pu interpréter selon une logique des « phénomènes saturés »[1]. Je cite pour référence Jean-Luc Marion : « Car l'intuition, supposée "aveugle" en régime de phénomènes pauvres, s'avère, dans une phénoménologie vraiment radicale, bien plutôt aveuglante. La grandeur intensive de l'intuition qui donne le phénomène saturé ne peut se supporter du regard, de même que ce regard ne pouvait en prévoir la grandeur extensive. »[2]

Ici, l'expression « formule de l'intolérable » englobe, en l'énonçant d'une façon plus littéraire, plus accordée au cinéma de Kurosawa, la plupart des phénomènes où une telle saturation est en jeu. Ce paradoxe est propre au phénomène saturé, lorsque celui qui voit reçoit par la vue une donation pure, précisément parce qu'il ne discerne plus aucun donné objectivable. Cette extrémité phénoménologique est un paradoxe. Et ce paradoxe ne se contente pas de suspendre la relation d'assujettissement du phénomène au *je*, mais il l'inverse. Il faudrait, en souscrivant à cette formule de l'intolérable, pour qu'elle recueille pleinement le cinéma de Kurosawa, y ajouter cette clausule phénoménologique : que le *je* s'éprouve alors constitué par ce qu'il ne peut pas constituer. Constitué et non pas constituant car il n'est plus en position de surplomb, puisque l'intuition le submerge. En d'autres termes, ce cinéma me fait comprendre que l'idée esthétique, quand elle procède des phénomènes que j'ai étudiés,

1. A. Bonfand, *Le cinéma saturé*, *op. cit.*

2. J.-L. Marion, « Le phénomène saturé », dans *Phénoménologie et Théologie*, « Idée », Paris, Critérion, 1992, p. 79.

donne en excès, et donne intuitivement plus qu'un concept ne peut exposer[1]. Le cinéma de Kurosawa est le cinéma de l'excès, et la formule de l'intolérable s'applique, même si Deleuze n'y fait pas référence, à *Comme une autobiographie*[2] dans les descriptions rassemblées aux chapitres *Une horrifiante excursion*[3] et *1er septembre 1923*[4], mais aussi lorsque le cinéaste évoque, avec des accents dostoïevskiens, des scènes d'enfants martyrs :

> Un jour, alors que j'étais chez mon frère, la voisine de palier vint me voir, tout en larmes. C'était insoutenable de la voir sangloter ainsi, les deux mains serrées contre sa poitrine, avec des tremblements convulsifs. Quand je lui demandai la raison de son affliction, elle me dit que sa voisine recommençait à torturer sa belle-fille. Elle avait entendu les pleurs effroyables de la petite et ne pouvait plus les supporter. En regardant par la fenêtre de la cuisine de sa voisine elle avait vu l'enfant attachée à un pilier, pendant que sa belle-mère était en train de faire brûler une grosse quantité de moxa sur son ventre nu. Elle allait continuer sa description de la scène, quand, avisant quelque chose dehors, elle s'interrompit subitement. C'était une femme, légèrement maquillée, qui passait dehors, et elle nous adressa un aimable sourire, avant de se diriger vers la rue principale. Ma voisine, qui avait pleuré tout son saoul, regardait maintenant cette silhouette s'éloigner, et proféra : "Il y a deux minutes, on aurait dit une démone en furie et maintenant, regardez-là, douce comme un agneau. La sorcière !"[5]

Plus loin, Kurosawa consigne ce qu'il y a de plus terrible dans son souvenir, quand il décide d'aller porter aide à l'enfant torturée :

> La fenêtre était ouverte, et je pus donc m'introduire, comme un voleur dans une maison étrangère. Je me précipitai pour défaire ses liens,

1. J'ai la conviction que la défiance de Kurosawa envers la théorie vient de là. Je mesure ce paradoxe : faire voir et décrire les termes de cette saturation, décrire comment Kurosawa affronte et résout cette formule de l'intolérable, et en même temps, prendre acte qu'un tel cinéma se suffit à lui-même.

2. *Comme une autobiographie* (première édition française Seuil-Cahiers du cinéma. 1985) est publié en français la même année que *L'Image-temps*.

3. A. Kurosawa, *op. cit.*, p. 96.

4. *Ibid.*, p. 89.

5. *Ibid.*, p. 142 et 143.

> mais l'enfant me lança un regard furieux : "Qu'est-ce que vous faites ? Personne ne vous a demandé de l'aide." Je la regardai stupéfait : "Si je ne suis pas attachée quand elle reviendra, elle va me torturer encore."[1]

Barberousse est un film dont le montage avoue qu'il s'agit quasiment, plan par plan, d'un inventaire de situations qui répondent à ce qui ne peut être soutenu du regard : litanie d'une formule de l'intolérable ou variation eidétique de phénomènes saturés, il s'agit toujours de situations où le *je* constituant se retrouve constitué par ce qu'il voit, précisément parce que ce qu'il voit le jette ou le plonge dans une déroute intentionnelle. Mis à l'accusatif, ce *je* devient véritablement un moi accusé et donc responsable. Responsable est exactement le mot qui répond à l'apprentissage, au sens fort du terme, du jeune médecin qui progressivement va bifurquer puis changer de voie, et enfin basculer du côté de Barberousse, celui de la médecine des pauvres. D'événement en événement, de phénomène saturé en phénomène saturé, aussi intolérables, aussi difficiles à supporter les uns que les autres, il se construit et s'engage à devoir répondre à ces événements, de ces événements. Le *je* qui se croyait puissant, intentionnellement déterminé, et capable d'orchestrer des événements qu'il n'imaginait pas, se retrouve laminé et broyé, accusé de toutes parts. L'apprentissage ou l'initiation du jeune Noburu s'accomplit au fil d'une suite d'événements, qui tous procèdent de cette formule de l'intolérable. Chaque événement est un phénomène saturé, et l'un après l'autre, Noburu les reçoit comme tels. Le *je* constituant en est d'abord ébranlé, puis retourné, jusqu'à ce que Noburu se retrouve en position de coupable. Là, il se fustige, avoue son égoïsme, demande pardon à Barberousse. Barberousse pourtant ne l'accuse pas, personne ne l'accuse. Simplement, plan par plan, scène par scène, événement par événement, le *je*, arrogant, ambitieux, puissant de la constitution intentionnelle, s'est trouvé démis de son pouvoir et de son assurance. J'insiste sur cette notion de

1. *Ibid.*

constitution intentionnelle pour rendre usuelle son acception phénoménologique, pour qu'elle ouvre à tout ce qui l'illustre et va de l'assurance du diagnostique, à partir du savoir normatif et taxinomique, au projet d'avenir lié à une médecine de pouvoirs, d'artifices et de privilèges, aussi éloignée de la mort et de la misère que possible. Il n'est pas un plan dès l'ouverture du film où le *je* de Noburu ne soit mis en péril par ce qu'il doit voir. Voir pour Kurosawa, je le répète, répond à cette injonction fondatrice : « Le plus affreux, ce fut quand nous nous arrêtâmes sur les bords de la rivière Sumidagawa, pour regarder les foules de cadavres pressés contre les rives. Je sentais mes genoux se dérober sous moi, et je commençais à défaillir, mais mon frère m'attrapait par le col et me remettait debout, en répétant : "Regarde bien, Akira." »[1]. Noburu, après s'être trompé de diagnostic (Barberousse lui dit : « Tu as appris tes notes de médecine hollandaise mais tu ne sais pas en tirer profit. »), est obligé d'assister à l'agonie de Rokusuke. Convoqué par Barberousse, il le rejoint en kimono, armé à la ceinture de son wakisashi, attribut dont il ne veut se défaire et qui signe sa condition. Barberousse lui signifie trois vérités : la première, c'est qu'il s'est trompé de diagnostic et que le cancer de Rokusuke – cancer du pancréas – est incurable ; la seconde, que derrière les maladies humaines se dissimulent des drames humains ; enfin, il l'enjoint et le condamne à regarder sans ciller la mort de Rokusuke : « Il n'est pas de plus bel instant que celui de la mort, regarde bien. » Après cet apophtegme, Barberousse abandonne l'interne et le laisse seul avec Rokusuke et son agonie. On voit alors Noburu incapable de regarder, en d'autres termes, décomposé par ce qu'il voit, cet événement qui le submerge et qui n'était pas dans ses livres. Le *je* constituant du savoir ne sait plus rien devant ce phénomène qui le dépasse. La formule de l'intolérable est à l'œuvre. Noburu va, à partir de là, en accuser chaque coup. Sa pensée est hors d'elle-même, hors du savoir, hors de l'action. Chaque

1. A. Kurosawa, *op. cit.*, p. 97.

événement va réduire, au sens bien sûr d'une réduction phénoménologique mais aussi au sens d'une reddition, le *je* constituant. La défaite du *je* intentionnel est l'avènement qui permet à Noburu d'endosser enfin l'uniforme du médecin, cet uniforme par lequel son identité factice de jeune homme de haute condition va s'effacer afin que celui qu'il devient puisse être identifié par les patients tel un médecin du dispensaire, un médecin des pauvres, un médecin qui ne va rien coûter. Pour se faire, il fallait que Noburu comprenne que ce *je* ne valait rien; que le savoir et son prétendu pouvoir n'étaient rien devant l'agonie de Rokusuke; rien devant la césarienne à laquelle il doit assister ensuite (il perd connaissance quand Barberousse lui dit : « Observe bien la suture. »); rien enfin quand le même jour, il doit veiller l'agonie de Sahachi, le charpentier.

L'agonie de Sahachi donne lieu à un flash-back qui est un film au cœur du film. Les plans où il se remémore son amour mort, Onaka, et les conditions de cette mort, sont l'amplification de ce que je viens de relater. Kurosawa, par l'effet du retour en arrière et de la mémoire, augmente en puissance un tel déferlement de situations insoutenables, il dramatise encore « la grandeur intensive de l'intuition ». Ce qui se déroule là, et qui est la tragédie d'une vie et son mystère, ébranle définitivement Noburu. La pluie diluvienne invente, au sens archéologique du mot, un squelette (il va sans dire que Kurosawa ne montre rien), celui d'Onaka. Le charpentier explique ensuite le suicide d'Onaka et comment il a voulu la garder près de lui, ensevelissant son corps et construisant son atelier à cet endroit. La remembrance du tremblement de terre donne probablement à Kurosawa la possibilité de dramatiser sa mise en scène d'une façon définitivement incantatoire, jusqu'à conférer à ce plan une véritable charge tragique. Ce plan est le suivant : Onaka marche dans les ruines, un vent de désastre soulève la poussière et fait apparaître, mais en le voilant plein écran, le soleil, un soleil d'apocalypse. Pendant quelques secondes qui semblent interminables, le visage d'Onaka et le soleil s'équilibrent dans le cadre. L'un double l'autre, le spectateur doit voir les deux en même temps alors qu'il ne peut soutenir du regard ni le visage d'Onaka, ni ce soleil de fin du monde. Kurosawa nous permet de voir en contrariant « la grandeur extensive » de l'intuition qui donne un tel phénomène – le visage d'Onaka – par « la grandeur extensive » d'un autre phénomène équivalent, et qui ne peut davantage se supporter du regard – ce soleil aussi intense que voilé. Le cadre est véritablement le témoin et le garant d'une possibilité de l'impossible. Kurosawa cadre et apparente deux phénomènes, et en les cadrant, sans les neutraliser, les interrompt à la façon d'une éclipse. Il rend possible de voir ce que le regard ne peut soutenir. Là tient le pouvoir dramatique du cinéma de Kurosawa : faire tenir dans le cadre ce qui a priori le déborde.

Barberousse, film auquel Kurosawa tenait particulièrement, en est l'aveu. Je m'explique : il y a dans *Barberousse* un affrontement permanent entre les phénomènes qui destituent l'intentionnalité de son pouvoir et le cadre, paradigme s'il en est de l'intentionnalité. Kurosawa immobilise dans le cadre ce qui en tant que tel le submerge, ce qui en appellerait à un hors champ, réel, métaphorique et métaphysique, celui du débordement intuitif. Quand Noburu au moment de la mort de Sahachi le charpentier, par un autre flash-back, un plan bref, se remémore le visage de Rokusuke à l'instant de son agonie, on éprouve à quel point le cadre est présent. Ce film a un pouvoir parfois démonstratif qui tient formellement au conflit entre ce qui est donné à voir et le cadre. Kurosawa le ressent et essaie de le déjouer en utilisant le cinémascope d'une façon paradoxale et géniale pour faire entrer dans ce cadre particulier, des corps, corps des mourants, corps abandonnés, corps convalescents. Le corps dans *Barberousse* est un corps allongé afin d'épouser ce cadre, afin que l'écran devienne un cercueil, ou l'espace d'une maladie et d'une convalescence, qui est pour Noburu l'ultime étape de son initiation[1].

1. Ce cadre horizontal accueille d'autres phénomènes saturés qui y sont nécessairement à l'étroit. Kurosawa s'oblige à filmer ce qu'il ne veut pas et ne sait pas filmer : au début du film, le long baiser à pleine bouche entre la nymphomane et l'interne, un baiser de vampire, puisqu'en même temps, de son

La seconde partie de *Barberousse* est dominée par la présence d'Otoyo qui est, dans le cinéma de Kurosawa, le souvenir des enfants martyrs. Barberousse l'a confiée à Noburu en disant : « Son âme est en lambeaux. » Nous découvrons Otoyo martyrisée, venant de mettre en lambeaux le kimono dont veut la revêtir la maquerelle. Il ne s'agit plus alors pour Kurosawa de filmer plan par plan une succession de phénomènes saturés, mais que la mise en scène d'Otoyo (j'ai évoqué l'importance de la lumière obtenue par l'utilisation des mizards) devienne à elle seule une formule de l'intolérable, qui nous serre le cœur comme celui du jeune interne est serré jusqu'à être pris en étau, jusqu'à étouffer de tendresse de pitié et de culpabilité, jusqu'à tomber malade. Tomber malade pour que la situation se retourne, qu'Otoyo qu'il a soignée si longtemps devienne humaine enfin, en prenant soin de lui. Otoyo le veille en regardant des planches d'anatomie et lutte désespérément contre le sommeil. Le jeune médecin lui s'est réveillé et l'observe, si bien qu'on ne sait plus qui veille sur qui. Et ils se réveillent au matin, blottis l'un contre l'autre en se tenant la main. Cette tendresse de pitié qui a un autre nom et qui est l'amour, n'est pas moins un phénomène saturé que ceux que je décrivais auparavant et qui tracent l'étiage de la première partie du film.

Barberousse est le lieu de ce conflit entre les événements – les phénomènes qui hantent et obsèdent Kurosawa – et le cadre. L'acmé du film est la scène du puits dans lequel les femmes crient le nom de Chobo ; c'est littéralement l'instant prégnant, le moment où le film se désengorge, où enfin il va pouvoir respirer. Ensuite le cadre va redevenir normal, de déréglé et hanté qu'il était par la puissance des phénomènes incadrables. Cette scène du puits en appelle au principe du miroir noir, c'est-à-dire à l'expérience d'une vision qui amplifie le cadre en lui conférant, ici également, une dimension d'*archè*, qui

épingle, elle le poignarde. Kurosawa se souviendra de ce plan quand, dans *Ran*, il filmera Dame Kaede dans une scène où subrepticement elle écrase une sauterelle, avant de violer son beau-frère.

influence la constitution et l'interprétation de l'objet[1]. Ce plan se conclut par un effet de tondo à l'intérieur de l'écran. Tondo d'autant plus avoué que les visages des femmes, en se reflétant dans le puits, ourlent la forme ronde d'une guirlande. Cette scène a donc produit, par une plongée, un trou dans le cadre. Puis par rebond et par l'effet du miroir noir, cette trouée en contre-plongée est devenue solide à l'égal d'un tondo accroché un instant dans l'écran. La peinture collabore une nouvelle fois dans le cinéma de Kurosawa, en proposant des solutions implicites et évidemment non concertées, non théoriques, ici quasiment subliminales, pour dépasser un conflit qui est un conflit formel.

Le cinéma de Kurosawa en dernière instance doit faire appel à l'écran, au sens presque juridique du mot appel, puisque ce qu'il s'impose de filmer est à l'étroit dans le cadre. C'est alors vers la peinture d'histoire que la référence picturale le guide. *Ran* et *Kagemusha* vont à leur manière retrouver cette formule de l'intolérable pour la résoudre par une solution où la référence à la peinture d'histoire est incontestable. Le hors champ y est sollicité dans chaque scène de bataille. Et chaque mort, chaque instant insoutenable parce qu'individuel, parce que cadré individuellement, trouve une solution ou une résolution dans cet espace qui est proprement celui de la peinture d'histoire. Kurosawa peut filmer en continu la mort, chaque

1. On trouve d'ailleurs, dans la généalogie du miroir noir, une dimension qui confirme cette puissance souterraine et qui s'accorde au commentaire de ce plan. Je cite la description qu'en fait Carl Havelange : « En 1842, la collection des curiosités formée à Strawberry Hill par Horace Walpole fut dispersée au vent des enchères. Parmi les objets qui y figuraient, se trouvait le célèbre miroir noir du Dr. John Dee, médecin, chirurgien et astrologue de la reine Élisabeth d'Angleterre. C'était un morceau de charbon de terre du plus beau noir, parfaitement poli et taillé en ovale, avec un manche d'ivoire brun. Il avait figuré, jadis dans la collection des comtes de Peterborough avec la mention : "Pierre noire au moyen de laquelle le Dr. Dee évoquait les esprits." [...] Elias Ashmole, l'auteur du bizarre et effrayant *Theatrum Chemcu*, parle du miroir noir en ces termes : "À l'aide de cette pierre magique, on peut voir toutes les personnes que l'on veut, dans quelque partie du monde qu'elles puissent être, et fussent-elles cachées au fond des appartements les plus reculés, ou même dans les cavernes qui sont dans les entrailles de la terre." Il faut admettre que les derniers propriétaires, effrayés d'un tel pouvoir, ont reculé devant l'expérience ... », Carl Havelange, *De l'œil et du monde. Une histoire du regard au seuil de la modernité*, Paris, Fayard, 1998, p. 18.

mort, l'une après l'autre et ensemble en même temps, retrouvant ainsi au plus près dans son cinéma la vision imprimée en lui à l'âge de douze ans le jour du grand séisme.

Assurément la couleur, dans cette trame de référence à la peinture, est l'élément décisif; Kurosawa fera son premier film en couleur tardivement et à cet égard, *Dodes'kaden* est un film qui expérimente, qui expérimente le pouvoir de la couleur avec une jubilation visible. J'ai remarqué combien la couleur pouvait être présente dans certains plans en noir et blanc, au même titre que le cinéma muet respire dans certaines scènes. Quand le plan amplifie l'image, la sensation de couleur surgit, souvent renforcée par la volonté de métaphore, ainsi en va-t-il du plan de la tomate écrasée dans *Chien enragé*.

À ma première vision de *L'Idiot*, je suis frappé par l'analogie entre la scène de la patinoire et la scène anthologique du banquet dans *Ivan le Terrible* : même coupure, même rythme, même effet de contraste, et s'y ajoute ce que je sais, l'admiration de Kurosawa pour Eisenstein. Mais surtout, j'éprouve que, dans ce film modelé en noir et blanc où la neige donne au blanc du cinématographe une puissance de couleur, cette scène de la patinoire résonne, tinte en moi à l'égal de la scène du banquet dans *Ivan*, c'est-à-dire paradoxalement comme une scène en couleur. Spontanément j'y décèle une influence d'Eisenstein sur Kurosawa. Je vérifie les dates et là me heurte à la complexité de cet insert en couleur dans *Ivan*. Je retrace une généalogie des projections d'*Ivan le Terrible*, rien, absolument rien ne prouve que Kurosawa l'a vu[1]. L'idée d'influence est donc reléguée. Il n'en reste pas moins l'identité, l'analogie puissante entre ces deux scènes. C'est bien plus tard que je découvre – Kurosawa l'explique dans un entretien – que la projection d'*Ivan* est pour lui tardive, et a lieu dans un contexte spécifique. Je cite en substance Kurosawa : « C'est Langlois qui m'incita à passer à la couleur en suggérant qu'il la trouvait mal utilisée

1. J'exprime ma gratitude à Jacques Aumont, et renvoie à son livre : *Montage Eisenstein*, Paris, Images Modernes, seconde édition, 2005.

au cinéma. Il me projeta *Ivan le Terrible* en me disant : "C'est cela que tu dois faire". »[1] La puissance dramatique de la couleur est, dans l'insert d'*Ivan le Terrible*, une sorte de modèle qui, si on regarde attentivement, se retrouve en leitmotiv dans *Kagemusha*. C'est d'ailleurs en hommage à Langlois, afin de rejoindre une dernière fois « l'esprit de Langlois », que Kurosawa se rendit à Cannes pour *Kagemusha*. Je persiste donc à penser que la scène de la patinoire dans *L'Idiot* appelait et respirait jusqu'à l'essoufflement ce besoin de couleur.

Oui, la peinture d'histoire, grâce à la couleur, offre à Kurosawa cette possibilité d'échapper au cadre, et échappant au cadre, de reformuler la formule de l'intolérable. Dans l'autorité de l'écran que lui offre la référence à la peinture d'histoire, c'est à la fois la séparation et le déroulement dans le même plan d'événements autonomes, qui est déterminante. Je reviens à Eisenstein. On sait à quel point il était fasciné par la peinture japonaise (et chinoise) et qu'il y voyait clairement une préfiguration du cinéma. C'est à la forme du « tableau-rouleau » qu'Eisenstein s'intéresse, l'assimilant à un panoramique. L'image s'enroule sur la surface afin de constituer un tout. C'est à une telle phénoménalité qu'aspire chez Kurosawa la référence à la peinture d'histoire. La scène de la dernière bataille dans *Kagemusha* réclame – aidée par le ralenti – cette séparation d'événements autonomes tous décisifs puisque inéluctables, insoutenables, intolérables. Pour Kurosawa, le déroulé du tableau dans la peinture d'histoire fait de chaque événement autonome un instant prégnant. C'est ainsi qu'il peut montrer la mort au travail, au ralenti, les dernières secondes, les soubresauts d'une agonie, tout ce qu'il avait vu avec son frère au lendemain du tremblement de terre. On

1. Kurosawa rencontra Henri Langlois, directeur de la Cinémathèque Française, alors qu'il tournait encore en noir et blanc. Langlois lui avait dit : « Vous devez tourner en couleur ! Les couleurs que je vois dans les films actuellement ne me plaisent pas assez. » Kurosawa rapporte ces propos en ajoutant que, lorsqu'il tourna *Kagemusha*, Langlois était déjà mort, alors que le cinéaste considérait ce film comme « l'aboutissement de [sa] recherche sur la couleur. » Le film est présenté à Cannes en 1980 ; il obtiendra la Palme d'or. On se reportera aux compléments de l'édition Dvd de Wild Side Vidéo de *Dodes'kaden*, « Kurosawa en couleurs ».

sait qu'une autre admiration déterminante portait Kurosawa vers le cinéma de John Ford. Ford raconte un épisode de sa vie qui va dans le sens de cette analyse, je le cite. Il se souvient de la seconde fois où il est venu en France :

> C'est là que j'ai fait un saut jusqu'à Bayeux pour déposer des fleurs sur les tombes de mes gars. – Vous connaissez Bayeux ? – Non, sinon par la réputation de sa tapisserie. – Je suis un des rares types à l'avoir eu en main. [...] Je suis allé à Bayeux pour la première fois, quinze jours après le débarquement. Je pouvais faire des excursions, des escapades comme ça, en voiture amphibie. Je voulais voir la tapisserie de Bayeux et quelques FFI ont réussi à trouver la maison où elle était cachée. On venait de prendre un lunch énorme, on avait beaucoup bu et on arrive chez ce type, les FFI et moi. Les FFI l'auraient descendu s'il n'avait consenti à aller dans sa cave. Et là, dans un coffre-fort, il y avait la tapisserie. Il la sortit et je l'ai tenue dans ma main. Après, il nous a montré ce qu'il jurait avoir été l'épée de Guillaume le Conquérant, mais là il se foutait de nous je crois[1].

On imagine Ford déroulant la tapisserie de Bayeux et les images s'écoulant comme dans un *moving panorama*. C'est la même phénoménalité qui est requise et qui en appelle à la puissance de l'écran et du déroulement contre les limites intentionnelles du cadre. Le chaos – *ran* veut dire chaos – est à l'étroit dans le cadre. C'est pour cela aussi que *Kagemusha* et *Ran* s'apparentent à la peinture d'histoire, et que *La Montagne rouge* ajoute à l'idée d'un emprunt à la peinture d'histoire l'idée décisive que l'histoire est ici l'histoire contemporaine, l'histoire au présent. L'ambition de *La Montage rouge* est plus grande qu'on pourrait le croire, elle emprunte à la peinture d'histoire, mais déporte celle-ci de l'époque des guerres féodales à la tragédie contemporaine. Le chaos dont témoigne *La Montagne rouge* non seulement évoque l'inmontrable, mais, en une forme d'apocalypse, dépasse la description de la maladie de la terre pour en faire voir directement l'événement. *La Montagne rouge* invente à son tour une

1. Cité par Peter Cowie, *John Ford and the American West*, Harry N. Abrams, 2004.

forme où la peinture d'histoire n'en appelle pas au passé mais au présent, ou à l'événement d'un passé omniprésent dans le présent. *Dersou Ouzala* était le seul film qui ne renvoyait pas à une terre malade, le seul que Kurosawa n'ait pas tourné en terre japonaise (il n'est pas inutile de souligner que Kurosawa voulait adapter le roman d'Arseniev dès 1939, c'est-à-dire avant-guerre). *La Montagne rouge* ajoute à une peinture d'histoire au présent sa géographie et son enracinement dans un Japon qui semble ne pas pouvoir s'éveiller et se libérer de son cauchemar.

7. les démons gémissants

Dans un cratère adventif stagnent des flaques qui ont un pouvoir infernal ; les ombres s'y reflètent en rouge. Il est une référence à l'enfer. Une double référence : à l'enfer bouddhique, mais aussi à l'enfer de Dante et plus exactement, à la représentation de *L'Enfer de Dante* par Botticelli[1]. Kurosawa raconte :

> Naturellement, aspirant à devenir peintre, j'allais voir toutes les peintures que je pouvais, qu'elles fussent japonaises ou occidentales. Les livres d'art et les monographies sur les peintres n'étaient pas très courants à l'époque, mais j'achetais tout ce que je pouvais me procurer, ou qui était disponible. Et ce que je ne pouvais pas me procurer, je le "photographiai" mentalement en le regardant tant que je pouvais, dans les librairies [...]. La tête farcie de connaissances sur l'art, la littérature, le théâtre, la musique, le cinéma, je continuai à errer, cherchant vainement un lieu où je pourrais en faire usage[2].

Cette soif de littérature et de peinture autorise à penser que Kurosawa s'est intéressé à l'œuvre de Botticelli[3]. Le dessin de Botticelli que je propose comme possible support pictural de la scène

1. J'emprunte cette intuition à Lucille Pouillard : mémoire de Master 1 de l'École du Louvre, *La théorie des genres en peinture à l'épreuve du cinéma : l'œuvre d'Akira Kurosawa*, sous la direction de François-René Martin et Alain Bonfand.

2. A. Kurosawa, *op. cit.*, p. 127 et 130.

3. L'œuvre du peintre rencontre celle de l'érudit au XVe siècle à Florence, vers 1480, et notamment à travers quatre-vingt-douze dessins de Botticelli, dessins sur parchemin à la pointe de métal, repris à l'encre et mis partiellement en couleurs – ouvrage conservé aujourd'hui à la Bibliothèque Vaticane, destiné à illustrer la très célèbre *Divine Comédie*, rédigée entre 1308 et 1321.

du volcan des *Démons gémissants* est celui du chant XVIII, qui inaugure la description du huitième cercle de l'enfer. Si précisément au chant XVIII sont suppliciés dans deux fosses les trompeurs, ceux dont les mensonges ne les ont jamais lassés, il faut surtout retenir que ce huitième cercle – dont la description s'achève avec le chant XXX – est le tourment sans fin des trompeurs en tous genres, déclinés selon qu'ils furent sur terre séducteurs, flatteurs, adulateurs, hypocrites, voleurs, menteurs[1]. L'hypothèse que j'avance ici ne trouve-t-elle pas sa raison dans les troublantes correspondances entre les trompeurs de Dante, les démons à cornes suppliciés de *Rêves*, et les assassins du père de Nichi dans *Entre le ciel et l'enfer* ?

Entre le ciel et l'enfer est un film dont l'appui est une question d'actualité. Kurosawa s'en explique par le fait qu'il était indigné que les rapts d'enfants fussent au Japon si peu punis ; c'est aussi un film sur une fracture dans la société japonaise. Comme le yakuza de *Chien enragé*, l'interne kidnappeur et assassin d'*Entre le ciel et l'enfer* est le fruit pourri d'une société viciée. Mais la tentation du document, à la manière du néo-réalisme, est totalement emportée par la dramatisation, le mal s'incarne dans cette figure, dans ce visage sans visage du jeune interne. La réalisation du film tend à chaque instant à faire le constat sur le mode de l'enquête policière d'un état de fait ; rien ne va chercher à expliquer, à justifier le pourquoi du geste du kidnappeur. Certes, « cette maison est arrogante, elle nous toise », remarque l'un des policiers, sans pour autant défendre le coupable, qui vit dans un taudis dont il dira à la fin du film qu'on

1. Un passage de l'autobiographie va dans le sens de cette intuition : « Un soir, Uegusa se tenait seul en haut du Kuseyama, il attendait une fille et il regardait le temple dédié au roi des Enfers, l'Emma-do, en guettant si elle n'apparaissait pas dans la rue en pente. [...] Se retournant, il vit une silhouette dans l'obscurité. "Elle est venue", se dit-il le cœur battant, mais la silhouette qu'il vit le fit sursauter, car elle portait la barbe ! [...] "C'est vous qui avez écrit cela", lui demanda [l'homme], en lui mettant son billet doux sous les yeux, et sans lui laisser le temps de répondre, l'homme poursuivit : "Je suis le père de cette jeune fille." [...] Uegusa prétendait alors qu'il avait été courageux et qu'il avait fait face à l'homme, entreprenant de lui décrire les sentiments qu'il éprouvait pour sa fille et de lui expliquer la pureté de ses intentions, en recourant, pour cela, à un parallèle osé avec l'amour de Dante pour Béatrice ; tout cela exposé patiemment au père, avec force détails. », A. Kurosawa, *op. cit.*, p. 66.

y étouffe en été et qu'on y gèle en hiver. Constat laconique dont le codicille est qu'il y a une forme de « jouissance à faire perdre sa fortune à un riche »[1]. L'influence du cinéma américain sur le film est avérée, c'est de toute évidence un film à suspense et qui, puisque j'évoquais plus haut la théorie des genres, constitue indéniablement un sommet du genre. Dans une des premières scènes, le petit garçon, au centre de l'écran du cinémascope, tombe sous les coups de feu du fusil, jouet dont les détonations sont bizarrement réelles. Sa chute est celle d'un apprenti acteur. Dès l'*incipit* du film, ce jeu d'acteur et cette dramatisation renvoient au cinéma américain, c'est-à-dire au western et au film noir. Cette scène insiste également sur le costume, la panoplie, qui sera l'élément de la confusion lors du rapt. C'est le shérif qu'il faut enlever ; il faut s'en prendre aux samouraïs, pas aux paysans, aux enfants de riches, pas aux pauvres. Il existe une expression : « donner au change » – le change est dans le langage de la chasse à courre, la poursuite d'une bête à la place d'une autre. Il y a là substitution, par l'échange de la panoplie, du fils de l'industriel par le fils du chauffeur. L'idée du change ou du double, de *Chien enragé* à *Kagemusha*, hante le cinéma de Kurosawa. Mais cette scène amorce de façon plus complexe autre chose : le jeu d'acteur du petit garçon est l'ébauche, l'esquisse de la violence avec laquelle l'interne se jette contre la grille du parloir dans la dernière scène. Il s'agit aussi d'un extraordinaire travail sur le poids des corps, sur leur gestuelle, sur leurs mouvements et leurs déplacements dans la cage induite par l'écran ; indiscutablement, le cinémascope libère pour mieux enfermer. Mais ce que Kurosawa veut faire sentir en prenant le film en otage entre ces deux scènes, c'est une évidence passée sous silence, à savoir que cette figure du mal, ce jeune interne en médecine, kidnappeur, assassin, cynique, sans remords ni regrets, dont la seule phrase humaine est peut-être : « Tant mieux que ma mère ne vive

1. C'est la seule réponse que fait l'interne dans l'anti-chambre de la mort lors de son face à face avec Gondo. Jean Douchet dans son commentaire émet l'hypothèse que l'interne veut cette richesse. C'est absurde. Ça n'est pas la possession qu'il veut mais la dépossession de l'autre. Voir les compléments de l'édition de Wild Side Vidéo de *Entre le ciel et l'enfer*, « Entretien avec Jean Douchet ».

plus, comme ça personne n'aura de peine de ma mort », cet homme au corps de félin maigre, enragé, aux yeux fous ou vitrés par des lunettes noires, aussi impensable que cela soit, a lui aussi été un enfant. Oui, définitivement, il y a quelque chose de dostoïevskien dans le regard que Kurosawa porte sur le monde.

Le premier plan où apparaît physiquement le kidnappeur montre le reflet de son corps marchant le long d'un canal, dans une eau encombrée de détritus. Ensuite la caméra le filme de dos avant de l'identifier. Il y a dans *Entre le ciel et l'enfer* une netteté de l'image particulière, comme si Kurosawa avait justement voulu qu'il y eût dans certains plans une dimension clinique. Le cinémascope et la qualité tactile du noir et blanc dans ce film en sont les outils. Les dépôts qui jonchent l'eau du canal ne l'envahissent pas ; ils doivent devenir l'imperceptible ponctuation qui dessine dans l'image un rappel du centre géographique de *L'Ange ivre* ou de *Scandale*. Mais l'eau du canal ne doit en aucune manière être un cloaque, sa fonction cinématographique est d'être un miroir, miroir tacheté de quelques déchets pour ponctuer et souligner, mais à peine, la nature de la silhouette qui s'y reflète. Pour obtenir que le « tain » du canal soit ébréché par des déchets, Kurosawa, qui trouvait que l'eau était encombrée au point de ne plus pouvoir devenir un miroir, fit construire une digue naturelle en bambou, ayant obtenu les autorisations préfectorales nécessaires, afin de filtrer les détritus qui en jonchaient la surface. La réalisation de ce seul plan prit un mois. Il est également intéressant de souligner que l'interne kidnappeur, dont le regard a cette fonction de miroir noir, apparaît pour la première fois justement dans un effet de miroir[1]. Nous voyons sa silhouette. Nous voyons ce qui restera de sa présence à l'écran, mais plus subtilement, dans cet effet de reflet, nous le découvrons exactement comme s'il

1. Les lunettes noires appartiennent au physique de l'interne, elles sont à proprement parler son regard ; dans *Yojimbo*, le revolver de Unosuke a une fonction analogue. On sait que les lunettes noires, accessoire dont l'importance va terriblement compter dans la mise en scène, est une intuition de dernier moment de Kurosawa qui n'apparaissait pas dans le scénario, intuition qui – est-il même nécessaire de le souligner – n'a rien de théorique.

était vu à travers l'objectif d'un Rolleiflex pour être photographié, c'est-à-dire saisi par un regard témoin qui le cadre et le photographie, pour déposer ensuite cette silhouette, cette première image, au dossier de l'enquête. Image photographique, indice photographique, sans que l'image-objet – la photographie – n'existe réellement pour en témoigner. La photographie comme indice est au cœur d'*Entre le ciel et l'enfer* mais selon le principe d'une mise en abîme. Un film noir d'Henry Hathaway, par exemple, s'en tiendrait à la photographie comme pivot de l'enquête, Kurosawa emboîte à l'intérieur du film toutes les formes possibles de l'image pour installer le suspense, ou mieux, pour fabriquer une co-naturalité entre l'enquête et le film en train de se faire. Et ce jusque dans la mécanique financière de la production : l'enquête comporte un film dans le film ; dans le train qui file à grande vitesse, deux caméras sont installées pour filmer le, les kidnappeurs récupérant les sacoches de la rançon jetées par la fenêtre des toilettes, la seule susceptible de s'ouvrir dans ce train (la rançon est évaluée à trente millions de yens). Cette séquence du train est essentielle dans le film, elle libère le cinémascope du huis clos par un effet prodigieux. Le huis clos, rideaux fermés, théâtralisé à l'extrême – céder ou ne pas céder au kidnappeur –, dure soixante-dix minutes. La mise en scène agit contre la logique du cinémascope en s'en servant cependant. Le fait d'être obligé de tirer les rideaux afin que le kidnappeur ne puisse pas observer ce qui se passe – que les inspecteurs sont là – produit une impression d'étau où ce qui se trame, se trame entre deux écrans. La mise en scène y est étudiée comme entre les deux lames d'un microscope. Le jeu doit y être serré et clinique. La scène du train libère, avec une violence de contraste, toute l'énergie du cinémascope. Mais cette scène n'autorise, en termes de budget, qu'une seule prise. Les huit caméras installées dans le train doivent en répondre. Avoir à retourner cette scène anthologique coûterait vingt millions de yens. Ironie des budgets qui suggèrent que le cinéaste, pas plus que l'inspecteur, n'a droit à l'erreur.

Oui, toutes sortes d'images vont porter un film entièrement consacré au cinéma comme tel. Cinéma dans le cinéma donc, photographies, cartes et plans, mais aussi la peinture sous une forme mineure et essentielle, le dessin d'enfant. Plus l'image est rudimentaire, élémentaire, plus sa qualité d'indice est déterminante. Le dessin d'enfant aura plus d'importance que la photographie et la photographie davantage que le film dans le film. Le premier dessin exécuté par le fils du chauffeur représente le mont Fuji et un soleil couchant mais aveuglant. Ce dessin est repris par une scène de pur cinéma – quand le cinéma touche à son essence, à sa quintessence –, un panoramique qui avoue son origine, sa généalogie : que ce panoramique est aussi un panorama. Un panoramique qui en appelle à la préhistoire picturale du cinéma. De dos, les deux inspecteurs apparaissent dans le dispositif tels des *Rückenfiguren*, mais ils n'ont pas de temps pour la contemplation. L'enquête change de décor, même si cela ne change rien à l'enquête, et ce qu'ils voient là – ce panorama – est sublime. Les deux inspecteurs sont devant un paysage qui leste l'enquête de sa dimension de tragédie. Le soleil couchant rend l'image grise, littéralement, il grise l'image, la rend infinie, cet infini dont procède la logique interne des panoramas. Le soleil couchant est aveuglant et nous aveugle. Cet infini à partir duquel les deux inspecteurs cherchent néanmoins un point identifiable, un lieu, une localisation, va avoir son écho, sa transposition, dans le fini, une page de papier toute simple, dessin-indice que donne le petit garçon. Le panorama dont témoignait le plan évoqué en appelle autant à l'infini que le dessin de l'enfant au fini. Le mont Fuji y apparaît à la seconde où le soleil se couche. Immédiatement ce dessin devient l'indice essentiel de l'enquête. Dans la salle de réunion des inspecteurs, il est punaisé en haut à gauche du plan. L'inspecteur accroche le dessin au mur comme l'avait fait l'instituteur bienveillant pour les dessins du jeune Akira[1]. Là où le film pris du train, même dans un arrêt sur l'image et cette image agrandie, n'avait pas servi à grand

1. A. Kurosawa, *op. cit.*, p. 38.

chose, là où la photographie s'était révélée plus utile que le film mais pas suffisamment cependant, le dessin colorié de l'enfant prend le relais et oriente l'enquête. Ce qui est figuré sur ce dessin, le mont Fuji et le soleil couchant en une seule et même image, a dans le film une importance d'emblème ; Kurosawa en appelle à l'enfant qu'il fut et qui dessinait. Splendide paradoxe qu'un film au budget exorbitant réclamant des effets techniques d'une virtuosité insensée trouve son épicentre dans ce dessin. Il ne suffit plus d'écrire que le film a, comme si souvent chez Kurosawa, son soutien dans la peinture ; l'appui et l'aide liés à ce dessin viennent du goût et du besoin de dessiner et de peindre dès l'enfance. Ce dessin est un appui pour l'enquête, mais il est aussi un indice du cinéma de Kurosawa. D'ailleurs Kurosawa insiste, puisqu'il ajoute à ce premier dessin un second qui vient confirmer le premier. Indice supplémentaire, le portrait robot, également exécuté par le petit otage libéré, est un dessin de commande dont le commanditaire n'est pas l'inspecteur, mais le père de l'enfant, le chauffeur qui essaie de mener son enquête parallèle. Un paysage et un portrait. La théorie des genres évoquée plus haut est dépassée par le dessin d'enfant. Je l'ai noté, le portrait robot ne peut en rien évoquer une ressemblance puisque tous les éléments, lunettes noires, masque, mouchoir blanc entourant le poignet, sont des signes qui dissimulent. Ce portrait est donc, au sens propre, un portrait qui représente le kidnappeur et cette représentation économise la ressemblance[1]. Non seulement elle l'économise mais elle s'en dispense. Modeste et indispensable leçon de peinture que donne Kurosawa en faisant comprendre aux inspecteurs d'abord, au spectateur ensuite, qu'en matière de portrait, représentation et ressemblance ne coïncident pas. Le portrait robot est un indice décomposé en trois termes qui sont des indices eux-mêmes. Ce qui cache est ce qui désigne. Lorsque les inspecteurs ont retrouvé l'interne, remontant le cours des trois indices, et qu'ils

1. Se référer au film d'Hitchcock *Le Faux coupable (The Wrong Man)*, 1956, où Manny Balestrero (Henry Fonda) est jugé coupable à partir d'un portrait robot, à partir d'une ressemblance.

cherchent à vérifier que c'est bien lui le coupable, ils sont assis dans la salle d'attente de l'hôpital. Le mouchoir qui dissimule en fait une cicatrice est l'ultime preuve : élément troublant, détail de mise en scène insolite, pour cette vérification l'inspecteur sort en cachette le dessin de l'enfant qu'il a avec lui exactement comme si ce dessin était une photographie. L'inspecteur n'a de toute évidence pas besoin de l'avoir avec lui pour vérifier ce qu'il a à vérifier. De cette cicatrice qui permet d'identifier définitivement le kidnappeur, nous ne saurons rien. Elle couvre un endroit de la main que les pharmaciens nommaient entre eux « la goutte du pharmacien », creux que forment le pouce et l'index sur le dos de la main, lorsque celle-ci est ouverte et tendue, et qui servait à goûter les préparations pharmaceutiques. À quand remonte cette cicatrice ? Elle est le signe qui le dénonce. Elle est comme une marque, la marque du mal. Dans *Yojimbo*, les pires bandits et assassins, la lie de la terre, exhibent leurs cicatrices, leurs tatouages et leurs mutilations, autant de preuves qu'ils sont les instruments du mal. La cicatrice de l'interne, parce qu'elle reste une énigme, occupe dans la hiérarchie des signes et des indices une place mystérieuse. C'est une cicatrice muette. Elle fait de l'interne l'antonyme du jeune chirurgien de *Duel silencieux*, la coupure par laquelle il est contaminé laisse une cicatrice invisible et silencieuse, qui est la clé du film, c'est autour d'elle que s'installe tout ce qui fait signe à différents degrés dans le film.

Dans *Entre le ciel et l'enfer*, les signes entretiennent la complicité de Kurosawa avec son propre cinéma : le troisième inspecteur entre dans l'hôpital afin que la souricière se referme sur l'interne ; il est embarrassé d'un énorme bouquet de fleurs et d'une corbeille également fleurie, surcroît de précaution et de dissimulation aussi inutile que d'avoir le dessin roulé pour reconnaître le coupable. Mais en revanche, ces signes apparemment redondants sont une amorce cinématographique essentielle pour le plan qui suivra, celui de l'interne embusqué derrière les massifs de fleurs qui bordent la villa du crime. Ce plan est aussi un rappel de la découverte des corps des deux complices, dont la chambre est entourée d'un massif de fleurs exubérantes, d'une luxuriance exagérée, des tubéreuses dont on dit que lorsqu'elles se décomposent, elles ont une odeur humaine. Dans les bouquets qui encombrent l'inspecteur, il y a aussi des œillets, les mêmes que celui que l'interne, l'instant d'après, ira acheter et mettra en évidence à la poche de sa chemise à défaut de boutonnière. Indice pour entrer et être reconnu dans le dancing qui n'est autre qu'un sas vers l'enfer.

Souvenons-nous, lorsque les inspecteurs découvrent les corps, corps que nous ne voyons pas puisque le plan insiste justement sur les massifs de fleurs, parce que ces corps ont commencé à se décomposer, l'inspecteur prend son mouchoir pour ne pas respirer l'odeur fétide. Dans *Kagemusha*, devant un paravent, où au paysage traditionnel s'est substituée une carte du Japon, Nobunoga Oda, l'ennemi de Shingen, chante *a cappella* pour commémorer la mort de Shingen : « Une vie d'un homme qui dure cinquante ans semble courte devant l'âge de ce monde. La vie n'est qu'un songe, une vision, une illusion. Une vie, une fois donnée, ne peut durer éternellement. » Ce chant reprend la litanie du fantôme dans *Le Château de l'Araignée* : « Qu'on soit homme ou insecte / la vie est éphémère / mais stupides sont les hommes / car ils se font souffrir pour rien / la vie des fleurs ne dure qu'un instant / elles finissent par se faner et pourrissent sur terre [...]. Ils brûlent leur vie dans les cinq désirs et se vautrent sans vergogne dans l'eau des cinq souillures. Quand ils atteignent le plus profond des doutes ils meurent et c'est ainsi que l'odeur de pourriture se transforme en une délicate fragrance. » La pourriture des corps associe fleurs et décomposition. Le mal, la mort et la putréfaction font un terreau à une maladie de la terre, et règnent dans *Entre le ciel et l'enfer*.

Il n'y a pas d'arme comme symbole, au sens du colt de *Chien enragé*, ou de celui de *Yojimbo* dans *Entre le ciel et l'enfer*, sinon le fusil-jouet du petit shérif. Le mal dans *Entre le ciel et l'enfer* a besoin d'un signe et d'un symbole plus puissants et plus complexes. La seringue est ce signe. La seringue évidemment est le motif de l'inversion de la figure du médecin : Barberousse, le médiateur de *Vivre dans la peur*, le chirurgien de *Duel silencieux*, sont des médecins au service de ce qui est juste. Dans *Entre le ciel et l'enfer*, l'interne est le mal incarné, la figure de la gratuité du mal. La mort va être donnée trois fois par injection. Après être entré dans le dancing, dissimulé par ses lunettes noires et dénoncé par l'œillet qu'il porte en boutonnière, l'interne va s'engager dans un couloir de la mort. En 1963, à Yokohama, de tels endroits existent et Kurosawa fut même tenté d'y tourner subrepticement. Le danger le fit renoncer. L'interne, comme un vampire, longe ce couloir. Il est droit et raide, sa chemise empesée est blanche et immaculée. Rien ne peut l'atteindre, il traverse une haie de corps meurtris, dépossédés, impassibles ou suppliants, blessés, contusionnés, tourmentés. Il circule dans les enfers. Il n'y est pas perdu puisqu'il sait où il va et ce qu'il cherche. Sommes-nous sous terre, comme dans un film de Fritz Lang ? Non, je ne crois pas, c'est seulement la vision d'une terre malade, d'un monde malade, de corps malades, contaminés par la dépendance, l'asservissement, l'emprise de l'héroïne. Ce couloir des enfers est le couloir de la mort. Kurosawa accorde l'image à ce qu'elle montre, on éprouve la sensation d'une touffeur toxique, les plans sont saturés et sans échappatoires. Ce couloir a dans le film sa réponse et son symétrique invisible, le couloir nu que nous ne verrons pas et qui conduira le coupable à une peine capitale. En 1961 au Japon, comment donne-t-on la mort aux condamnés ? À un moment donné, quand l'inspecteur cherche à ce que la culpabilité soit distinctement celle d'un assassin, le sous-titrage dit : « Je veux l'envoyer à l'échafaud. » Le texte réel est : « Je veux l'envoyer à la mort. » Que la mort soit ou non donnée par injection, la symétrie invisible des deux couloirs est incontestable. Dans ce couloir de l'enfer, l'apprenti médecin, l'apprenti sorcier, cherche, tel un vampire, une victime. Il est armé pour cela d'une seringue et d'héroïne pure. Ce qu'il cherche, le mot est terrible et sera prononcé par l'un des inspecteurs, ce qu'il cherche c'est un « cobaye », un « cobaye humain ». La seringue et le mot cobaye, l'image incroyablement aseptisée et nette de l'interne – là il apparaît véritablement tel un robot, c'est-à-dire une mécanique sans conscience –, me forcent à me poser une seconde question : en 1963, que sait-on au Japon des camps où furent menées, comme cela le fut dans les camps de la mort, des expérimentations sur des cobayes, des êtres humains, en Corée et en Chine ? Le mot cobaye et la seringue ont une puissance d'évocation telle qu'il est impossible de ne pas y penser. En 1963, la société japonaise est encore malade d'avoir été contaminée par les désastres d'Hiroshima et de Nagasaki. Malade de ce qu'elle pourrait découvrir de son passé militariste, de ses alliances, de ce qu'elle veut et ne veut pas savoir[1]. Les expériences comparables à celles menées dans les camps d'extermination nazis ne sont en 1963 certainement pas encore – et elles ne le sont toujours pas – mises au grand jour. Pourtant, ce médecin, ou en devenir de l'être, n'est pas qu'une figure individuelle du mal ; il représente, comme son portrait robot le représente, une figure du mal qui appartient à l'Histoire. La seringue et le mot cobaye sont des indices de quelque chose qui est non seulement caché dans le film, mais qui surtout reste caché dans la société japonaise : le cinéma recueille ces indices, sans forcément savoir vers quel crime ils nous guident.

La maladie de la terre est associée d'abord, dans *L'Ange ivre* ou *Scandale*, à la forme du cloaque, cratère du film, cratère d'eau stagnante et pestilentielle, foyer de la tuberculose. Le paysage de ruines à la fin des *Salauds dorment en paix* en est une seconde occurrence. La maladie de la terre est liée à un corps social malade. Dans *Entre le ciel et l'enfer*, le corps de la femme devenue cobaye est un corps parmi d'autres. L'interne a choisi le lieu le plus reculé, la proie la plus facile. Cette proie se cogne aux murs, la femme ne tient plus debout, elle titube, elle vacille. Ce plan a une étrange généalogie dans le cinéma de Kurosawa : on en retrouve le balbutiement insolite dans *Un merveilleux dimanche*, quand une femme ivre ou droguée fait irruption au sous-sol du dancing où le jeune homme s'est aventuré ;

1. C'est par exemple très tard que l'on saura ce que furent et que l'on avait appelé par un atroce euphémisme les « femmes de réconfort ». La plupart des femmes de Corée en âge de l'être furent enfermées dans des bordels pour soldats. Elles mettront des années à l'avouer et à le dire, puis à le proclamer enfin, à vouloir que cela soit dénoncé et reconnu.

elle titube, se cogne contre une vitre qu'elle brise, titube encore. C'est une image naturaliste forte d'un destin individuel, même si l'on sent quelque chose de plus ample et d'énigmatique. Dans *Entre le ciel et l'enfer*, la caméra de Kurosawa insiste sur la femme-cobaye morte. C'est à ce moment-là qu'on découvre la seringue plantée comme une arme blanche dans son bras. Nous retrouvons l'assassin dans la nuit. Et dans cette même nuit erre Gondo. Parmi toutes les lumières de la ville, il a choisi la vitrine d'un magasin de chaussures[1]. Il n'y a aucune raison qu'il soit là. La seule raison de sa présence est d'ajouter un élément au dossier du mal : l'interne l'avise, le reconnaît, se dirige vers lui pour lui demander du feu. Le codicille du mal est dans ce cynisme. Dans la voiture, où les trois inspecteurs l'ont pris en filature, l'un d'eux dit : « Quel salaud ! »

L'interne a été arrêté, il est en prison, il a demandé à voir Gondo. Il est dit une première fois par le directeur de la prison à l'industriel qui se soumet à la requête, que Yamazaki a refusé l'aide d'un prêtre mais qu'il a demandé à le voir. Dans leur face-à-face, le jeune homme dit : « Pourquoi me regardez-vous ainsi ? », puis il ajoute : « J'ai déjà refusé l'aide d'un prêtre, à quoi servent le repentir et le pardon ? » Ultime hésitation du spectateur pour savoir si c'est la phrase définitive du mal ou une forme de blasphème (le blasphème supposant de

1. Il y a dans *Entre le ciel et l'enfer* des recoins de scénario, aussi modestes qu'essentiels. Je n'en garde que trois à titre d'exemple : ce plan qui anticipe la fin du film et le destin de Gondo justement. Il s'agit d'intégrer aux cartables de la rançon une pastille, puisqu'on suppose que le kidnappeur les brûlera. À la combustion, cette pastille doit dégager une fumée rose. Gondo alors va chercher sa trousse d'apprenti et coud lui-même la pastille. Plus loin dans le film, la même attention à un savoir-faire se dégage, comme s'il s'agissait à l'intérieur du scénario de rendre hommage à ceux qui, sur le tournage, font consciencieusement leur métier. Le conducteur de tram reconnaît, à l'enregistrement et au bruit, de quel tram il est question et quelle est la ligne sur laquelle il est encore en activité (cette scène offre un moment décalé où le conducteur mime et imite le bruit du tram ; comment alors ne pas penser à *Dodes'kaden ?*). Enfin, et selon un autre registre, celui d'une sorte d'indice offert en plus au spectateur : quand les inspecteurs, avertis précisément par la fumée rose, enquêtent auprès du ferrailleur qui vient de brûler le cartable. Celui-ci leur dit, un peu à contre-temps et à contre-cœur, d'évidence parce qu'il n'aime pas la police, que c'est un étudiant en médecine qui le lui a apporté. De façon insistante et persistante dans le plan, s'impose alors un étendage où sèchent de longues bandes blanches, référence à la proximité de l'hôpital que vient d'évoquer le ferrailleur. Il les aura lavées et fait sécher : l'intuition du spectateur est sollicitée, puisque ces bandes blanches évoquent le mouchoir blanc qui dissimule la cicatrice. Ce plan fait aussi penser à la fin de *Duel silencieux* et à la fin de *L'Ange ivre*, où du linge sèche dans le vent.

croire un tant soit peu à ce que l'on blasphème). Puis : « Je n'ai peur ni de la mort ni de l'enfer, ma vie a été un enfer ; je ne tremblerais que si je devais aller au ciel. » Ensuite il se jette comme un fauve sur la grille et crie. Puis le rideau de fer se baisse et paralyse Gondo dans sa solitude. Le miroir noir n'est plus celui des lunettes de soleil qui reflétaient le paysage tout entier à l'instar du miroir noir de Claude Gellée, il est un miroir noir marqué par une dimension funeste et mélancolique, celui qui figure dans la *Melancolia* de Böcklin du musée de Bâle[1]. Dans l'économie de la mise en scène, le miroir noir est l'équivalent lugubre du « ce qui aveugle » que j'ai commenté ; lors de l'arrestation, son contrepoint musical est *O Sole Mio*. Cet aveuglement doublé du cri du condamné, le rideau qui tombe où se reflète la mélancolie de Gondo, font écho à l'angoisse du protagoniste de *Vivre dans la peur*[2]. Cette scène de conclusion, Kurosawa mettra longtemps à l'élaborer, toute autre fin lui paraissant impossible.

L'analogie suggérée avec la théorie des genres trouve sa confirmation en comparant *Entre le ciel et l'enfer* avec *Yojimbo*, qui le précède de deux ans. On ne peut imaginer deux genres cinématographiques plus contrastés que ceux illustrés par *Yojimbo* et *Entre le ciel*

1. Arnold Böcklin, *Melancolia*, 1885-1900, huile sur toile, 142,5 × 100 cm, Kunstmuseum, Bâle. Œuvre citée par Arnaud Maillet : *Le miroir noir. Enquête sur le côté obscur du reflet*, Paris, Kargo-l'Éclat, 2005, p. 180.

2. Il est remarquable que nous retrouvions dans *Barberousse* ces deux termes, le miroir noir et le cri, affectés à un sens absolument opposé à celui qui conclut *Entre le ciel et l'enfer*. Cette scène, dont j'ai amorcé dans les chapitres précédents le commentaire, est une charnière dans le film : Chobo, le « petit rat », le petit garçon voleur, chapardeur, lutte contre la mort parce que toute sa famille s'est empoisonnée par lassitude de la misère. La médecine est là impuissante, il faut simplement attendre et voir si le corps va rejeter le poison. Alors, les femmes, toutes les femmes témoins, se penchent au-dessus du puits et crient dans le puits, d'un seul cri, le nom du petit rat : « Chobo ! » Elles crient jusqu'à ce que l'enfant vomisse. Noburu, l'assistant de Barberousse – l'antonyme de l'interne de *Entre le ciel et l'enfer* – sort à la fois perplexe, hébété, heureux, pour dire que l'enfant a vomis et qu'il est sauvé. Dans l'eau noire du puits alors se reflète, dans une plongée vertigineuse, la couronne composée du visage des femmes. Les mêmes outils de mise en scène se sont retournés. La puissance du cinéma empiriquement domine les symboles. Le miroir noir devient le témoin de la mélancolie de Gondo, ou reflète comme du fond de la terre le visage de celles qui viennent d'obtenir la grâce d'arracher la vie d'un enfant à la mort. Kurosawa, en peintre, invente le miroir noir exactement comme Le Lorrain l'avait fait. Il l'invente pour le cinéma, par le cinéma, dans le cinéma, l'affecte à deux dispositifs au moins dont l'effet fait frissonner. Cela en appelle au sentiment du numineux tel que l'a décrit Rudolf Otto et s'apparente au *mysterium tremendum* ; c'est bien cela que Kurosawa nous fait éprouver (Rudolf Otto, *Le sacré*, Paris, Payot, 1949).

et l'enfer. Et pourtant, ils traitent l'un et l'autre, selon des « modes » radicalement différents, de cette question du mal. Le plan du chien et de la main coupée qu'il tient entre ses crocs, par lequel débute *Yojimbo*, donne le ton (ce plan sera d'ailleurs repris parodiquement dans plusieurs films de ce qu'on appellera la Nouvelle Vague japonaise). Dans *Yojimbo*, le mal également s'incarne, sa figure va être Unosuke que joue Tatsuya Nakadaï : l'homme dont la main ne lâche jamais un colt, qui est l'égal d'une prothèse ; on pense à l'arme de *Chien enragé* mais dans *Yojimbo*, sa signification est plus complexe. Les trois yakuzas au début du film, avant d'être massacrés par Sanjuro, se vantent d'être marqués par le mal, d'en porter les cicatrices et les stigmates. Le colt tire plusieurs fois contre la cloche du village ; c'est un tocsin. Souvenons-nous de ce qu'écrit Kurosawa à propos de *Ceux qui ont marché sur la queue du tigre*, de la comédie et de la tragédie. *Yojimbo* énonce sous un mode comique exactement la même vérité que *Entre le ciel et l'enfer* sous la forme de la tragédie. Il y a même dans *Yojimbo* une volonté dont Sanjuro est le porte-parole : que toute forme d'affectation et d'apitoiement est interdite. Sanjuro prend le temps de massacrer six hommes en vingt secondes, puis il libère une femme. Alors, avec plus de méthode et en prenant plus de temps, il saccage la maison pour faire croire à une bataille rangée. Quand la femme libérée et son mari le remercient en se prosternant, exaspéré, il leur dit : « Je déteste ça, si vous pleurez je vous tue. » Et, pour solde de tout compte, il leur donne les trente ryos qu'il vient de recevoir. Quand démasqué, emprisonné et torturé Sanjuro essaie de trouver un moyen de s'enfuir, nous découvrons son visage hagard qui d'un seul œil – l'autre est tuméfié et clos –, d'un œil ébloui, avise le cadenas du coffre où il veut et va se réfugier. Kurosawa dans ce plan confère à la scène une dimension paradoxale qui l'apparente à *Rome ville ouverte* dans une version japonaise comique. C'est irrespectueux et génial. Tout spectateur familier du cinéma de Kurosawa est alors obligé de reconnaître ce visage pour le visage d'un fantôme tel que le codifie le théâtre Nô. Ce visage a au moins deux échos lointains dans l'œuvre du cinéaste : le premier dans *La nouvelle légende du grand judo* avec

Genzaburo, le plus jeune des deux frères de Gennosuke Higaki[1]. L'autre, figure plus tardive, est celle du père du petit garçon, le clochard architecte de *Dodes'kaden*. À partir de cet instant, la mise en scène va être réglée par un principe simple : le spectateur doit voir tout seul ce qui va lui être confirmé quelques plans plus loin par le protagoniste. Ainsi, Sanjuro dira, quand l'aubergiste le retrouve après qu'il ait pu s'échapper : « Je sais, je ressemble à un fantôme, mais tu me regarderas après. » Toshiro Mifune est véritablement devenu un fantôme et son jeu s'adapte à cette fonction de mort-vivant. Autre appel au spectateur : puisque Sanjuro est un revenant, puisqu'il se réfugie dans la malle, le spectateur est incité à confondre la malle avec un cercueil. Sur un mode comique, Kurosawa reprend et modifie les outils d'un cinéma qu'il connaît admirablement, celui de Murnau bien sûr. Selon la même logique, quelques plans plus loin, il demande à son complice de lui acheter un cercueil qui deviendra le palanquin improvisé de sa fuite pour mener à bien sa convalescence. Sortant alors de son cercueil, il déclare : « Je ne mourrai pas avant d'avoir tué quelques-unes de ces canailles. » On assiste au détournement d'un objet, un cercueil de pauvre en planches, qui nonobstant a la forme d'une urne ou d'un tonneau[2]. La mise en scène, ici, d'un objet lourd de sens permet de vérifier combien Kurosawa peut réussir à détourner ce qui est tragique et grave et lui conférer une portée

1. Dans son autobiographie, Kurosawa évoque cet épisode : « La seconde histoire drôle qui est arrivée dans cette station de Hoppo, concerne le plus jeune des deux frères de Gennosuke Higaki, Genzaburo. Comme il est censé être à moitié fou, je me donnai beaucoup de mal pour son costume et son maquillage. Nous lui mîmes une longue perruque noire ébouriffée, comme celles qu'on utilise dans le Nô, il avait tout le visage maquillé en blanc et les lèvres en rouge écarlate. On lui mit un costume blanc et on lui fit porter le « bambou de la folie », que les personnages de fous portent dans les pièces Nô. C'était Akitake Kono qui jouait Genzaburo. Un jour, il avait fini assez tôt et nous le laissâmes repartir seul. L'endroit où nous tournions était une pente recouverte d'une épaisse couche de neige. Je jetai un coup d'œil en bas et je vis sept skieurs, à peu près, qui remontaient cette pente par une piste. Soudain, je les vois se figer comme des statues, en regardant la piste devant eux et puis en un éclair rebrousser chemin et redescendre la colline à toute allure sur leurs skis. Rien d'étonnant : en pleine montagne, où il n'est pas fréquent de tomber sur d'autres êtres humains, si vous aviez vu sur votre route un personnage comme Genzaburo, vous auriez fait comme eux et décampé ! », A. Kurosawa, *op. cit.*, p. 225 et 226.

2. On repense à l'urne de *Kagemusha* : la version officielle donnée, après que le corps de Shingen a été offert aux dieux du lac, est qu'il s'agit de l'offrande d'une urne de saké.

comique. Il crée pour ce faire des écarts en principe infranchissables. Imaginons, montées comparativement, les ruines du village incendié dans *Yojimbo*, celles de l'usine dans *Vivre dans la peur* après l'incendie, et enfin dans le tout dernier plan de *Ran*, les ruines du château. Dans *Yojimbo*, l'incendie de la maison de Seibei est réglé par une mise en scène en tout point comparable à l'incendie de la maison des brigands dans *Les Sept Samouraïs*, et la mort y est tout autant présente. La même scène produit un effet tragique ou, au contraire, un effet de dérision, et la mort même finit par prendre une tournure comique. Dans *Les Sept Samouraïs*, elle est bouleversante et tragique. La mort de la femme qui s'immole par le feu en est l'acmé. Dans *Yojimbo*, rien de la situation, rien de l'objet n'a changé, mais pourtant, il est devenu dérisoire et comique. Et ce n'est pas seulement parce que dans *Yojimbo*, il n'y a pas d'un côté le bien et de l'autre le mal, et qu'il s'agit du mal contre le mal, des méchants contre les méchants, que Kurosawa s'autorise à traiter la mort avec dérision. L'un des soudards aide l'aubergiste à porter le cercueil, sans savoir que Sanjuro y est réfugié ; en arrivant au cimetière, il proclame qu'il n'a pas peur des fantômes puis s'en va. Sanjuro sort alors de son cercueil, et son complice constate : « Tu as l'air plus mort que vivant. »[1] Sanjuro a retrouvé figure humaine : le temps de sa convalescence se moque un peu de la diégèse. Il est assis et joue avec son couteau. Pendant tout le film nous avons observé les bourrasques agiter, faire frémir et emporter les feuilles mortes selon ce principe cher au cinéaste de faire entrer la nature, l'extérieur dans les décors. Dans la masure où se repose Sanjuro, quelques feuilles se sont égarées. Le samouraï mesure sa virtuosité retrouvée en jouant à épingler par un jet de couteau les feuilles qui volent dans l'espace. C'est une scène de répit, une *epochè*, une scène en suspens accordée à ce qu'elle évoque. Il est difficile de savoir à quoi cela tient, peut-être à cette teinte du *mono no aware*, sollicité ici pour augmenter l'effet de contraste. J'arrive enfin à

1. Il y a de la part de Kurosawa dans *Yojimbo*, non seulement une étrange ironie par rapport à son propre cinéma, mais aussi une allusion admirative à *Nosferatu*.

ce que j'ai supposé être un calque entre *Yojimbo* et *Entre le ciel et l'enfer*. On peut véritablement superposer les fins des deux films. Comme prévu, Sanjuro massacre ses ennemis, il épargne un homme et lui dit : « Va donc vivre dans ta ferme. » Alors, constat teinté de reproche, Unosuke, l'homme au bras-revolver et qui vient d'être blessé, lui dit : « Tu es bon. » C'est d'ailleurs d'un jet de poignard dans le poignet que Sanjuro l'a provisoirement éliminé. Unosuke lui mendie : « Donne-moi mon revolver, sans lui je me sens nu. » ; l'intuition du spectateur, qui au début du film, confondait le bras et le revolver, le comprenant telle une prothèse, se trouve enfin formulée. Pendant ce temps, le sang d'Unosuke continue à se répandre. Unosuke a menti, il retourne son arme contre Sanjuro mais avoue à ce même moment : « Tout devient noir », et tire dans la terre. L'homme au bras-revolver, à l'agonie, a alors cette tirade incroyable : « Qui prie ? Je ne veux pas de prière. » Effectivement, un homme psalmodie et tambourine autour de lui. C'est le même texte, la même fin, le même entêtement, la même persistance dans le mal que dans *Entre le ciel et l'enfer*. Unosuke dira à Sanjuro : « À l'entrée de l'enfer, là, je t'attendrai ! » Ce à quoi Sanjuro, laconique, répond : « Il est mort comme il a vécu. » Le colt d'Unosuke, quand il apparaît au début du film, étonne chacun, objet neuf et insolite. Objet qui est paradoxalement comme une avancée dans la civilisation : ce colt, le modèle de ce colt serait d'ailleurs l'unique façon de dater précisément à quelle époque se déroule l'action. Action qui témoigne d'une intemporalité du mal. *Yojimbo* est le brouillon génial sur le mode comique de ce que sera *Entre le ciel et l'enfer*, film au contraire non seulement localisé mais parfaitement daté. *Yojimbo* est d'abord un *jidai-geki* détourné et subverti par le western, *Entre le ciel et l'enfer* un film qui souhaite traiter d'un problème de société, mais à la façon des grands films à suspense et du film noir américain. Passant par ces deux détournements, ces films qui appartiennent aux genres cinématographiques les plus opposés, non seulement se superposent mais se complètent. La temporalité du mal dans *Yojimbo* trouve un implicite et une puissance d'évocation en constatant, sans thèse ni message, un état de la société. La dimension souterraine du mal que j'éprouve et surinterprète dans *Entre le ciel et l'enfer* poursuit et rend complexe à l'extrême ce constat.

J'ai dit que la seringue, le mot « cobaye », l'aspect lisse et résolument cynique, exempt de tout remords, de l'interne, en appelaient à une part maudite et enfouie qui appartient à l'histoire du Japon. En 1963, presque rien ne filtre de ce que fut l'Unité 731, du projet secret d'armement bactériologique, et des cobayes humains de Shiro Ishii. Les traumatismes d'Hiroshima et de Nagasaki sont trop présents pour que le Japon formule une quelconque culpabilité ; lorsque Kurosawa dramatise son film par le mot « cobaye » et par l'usage d'une seringue, il ne pense pas à ce que fut l'Unité 731. Sait-on d'ailleurs à cette date que cette unité créée en 1925, dirigée par Shiro Ishii et qui officiellement devait se consacrer à la prévention des épidémies et à la purification de l'eau, effectua en réalité des expérimentations sur des cobayes humains, telles que des vivisections sans anesthésie, ou des recherches sur des maladies comme la peste, le typhus ou le choléra, en vue de les utiliser comme armes bactériologiques ? Ce qui est aujourd'hui reconnu comme crime de guerre affleure à peine à la conscience collective dans le Japon de 1963, et reste dans l'ombre des crimes nazis que le Japon observe, pour ne pas avoir à ausculter ceux qu'il a commis.

Mon analyse se situe entre ce que peut demander au cinéma une lecture historique, se référant à ce qui est intentionnel dans le cinéma, et ce qui est pour moi l'essence du cinéma, c'est-à-dire la surinterprétation de sa puissance anticipatrice, ce qui sollicite l'intuition et le pouvoir des analogies. La seringue, le mot « cobaye », l'injection, le cynisme de l'interne, tout ce qui fait de ce jeune homme une figure du mal, m'autorise à risquer ce que je dis. Je dis ce que je vois, pas forcément ce que Kurosawa voulait me faire voir.

8. le village des moulins à eau

Le Village des moulins à eau conclut *Rêves.* C'est de tous les courts-métrages celui dont la dimension onirique et picturale est la plus en retrait. Il disserte mais est sauvé par le plan final où, en hommage à Jean Renoir, Kurosawa filme les longues herbes dans l'eau transparente de la rivière ; chaque touffe d'herbe est telle une chevelure. Pour Carl Gustav Carus, la peinture de paysage est davantage qu'un genre, elle est un moyen d'appréhender le monde. La critique de Carus est inaugurée dans les *Neuf lettres sur la peinture de paysage* par une réfutation de la notion du terme même de paysage (*Landschaft*). Je cite Carus :

> Considéré sous cet aspect, le nom banal de paysage ne peut plus suffire, il a un côté artisanal auquel je répugne de tout mon être. Il faudrait donc chercher et introduire un autre terme, et je propose celui de *représentation de la vie de la terre, art de la représentation de la vie de la terre (Erdlebenbild, Erdlebenbildkunst).* Ce terme évoque plus que celui de *paysage*, j'en suis sûr, l'idéal que j'ai voulu ériger ici.

Carus poursuit :

> [...] On pourrait, en effet, interpréter ce que j'ai dit des représentations de la vie de la terre au sens ou l'on ne devrait représenter que des scènes gigantesques et de grand format, au sens où ces représentations de la vie de la terre auraient pour seul propos de décrire le monde des Alpes, des tempêtes en mer, de grandes forêts en montagne, des volcans et des chutes d'eau. Ce n'est pas là ce que j'ai voulu dire, et bien que je n'hésite pas non plus à affirmer que ces scènes, bien conçues, seraient au nombre des plus sublimes dans l'art de la représentation de

> la vie de la terre, néanmoins tout aspect de la vie de la terre, même le plus paisible et le plus simple, est un digne et bel objet de l'art, à condition que l'on saisisse exactement son sens propre et l'idée divine qu'il cache en lui-même[1].

On l'a compris, je construis cette notion de « description de la maladie de la terre » en retournant l'expression de Carus, et la construis pour et selon le cinéma de Kurosawa ; je ne subsume pas cette notion, elle s'impose descriptivement, phénoménologiquement, dans son cinéma. Que cette description de la vie de la terre dans *Dersou Ouzala* soit si présente à l'aune de la notion de Carus, n'infirme en rien ma proposition : il fallait que Kurosawa tournât ailleurs qu'en terre japonaise pour reconquérir cette dimension qui habite tout son cinéma mais de façon contrariée. La description de la maladie de la terre procède de ce qu'il reste du Japon après la guerre. Je trouve dans trop de films, et à l'état de symptômes au sens clinique du terme, des plans qui en témoignent, pour ne pas suivre aussi loin que possible cette intuition. Intuition qui a son ciment dans l'inversion de cette clause par laquelle Carus conclut sa définition : « À condition que l'on saisisse exactement son sens propre et l'idée divine qu'il cache en lui-même ». Le caractère luciférien que j'ai traqué dans le chapitre précédent, cette clausule du mal qui conclut *Entre le ciel et l'enfer* ou *Yojimbo*, est l'horizon de la description de la maladie de la terre. Si l'idée divine pour Carus préside à la description de la vie de la terre (ce que l'on retrouve dans *Dersou*, une dimension animiste liée au sentiment de la nature, un sens du numineux présent dans les plans de paysage), la question du mal, sa répercussion luciférienne, va de pair avec cette description de la maladie de la terre. Présence du mal, description de la maladie de la terre, persistance de la maladie des corps, dessinent le contexte où, quel que soit le genre, le cinéma de Kurosawa s'impose. La peinture d'histoire lui permet de montrer l'inmontrable, parce qu'elle absorbe dans une *Aufhebung* cinématographique la peinture de

1. C. D. Friedrich, C. G. Carus, *op. cit.*, p. 108-109.

paysage ; et, dans *Kagemusha* ou *Ran*, l'époque que Kurosawa choisit répond spécialement à l'idée du chaos[1]. Il y a dès *L'Ange ivre* et *Duel silencieux*, sinon une description du chaos, du moins l'étiologie voire l'autopsie d'une terre ou d'une société contaminée par le mal. La maladie de la terre répond à la maladie des corps : la syphilis par contamination dans *Duel silencieux*, où il faut souligner que c'est le médecin qui est malade, qui est contaminé ; la tuberculose dans *L'Ange ivre* et dans *Scandale* ; le cancer dans *Vivre*.

Pour les romantiques, à la description de la vie de la terre répond l'art de soigner – *Heilkunst* – qui requiert l'œil du médecin. Regard comparable à celui de l'artiste, regard capable d'embrasser tout détail avec la conscience de son appartenance à une totalité. La maladie comme affectation de l'individu sera un signe distinctif de celui-ci ; le médecin, à l'instar de l'artiste, observera les symptômes à la lumière de sa connaissance des principes du monde. La figure du médecin, je l'ai déjà observé, est rémanente dans le cinéma de Kurosawa, et sa figure inversée, Ginjiro, l'interne de *Entre le ciel et l'enfer*, est maléfique et diabolique.

Dans *Kagemusha*, Nobunaga Oda, l'adversaire de Shingen, est une personnalité singulière marquée de toute évidence par un tropisme occidental revendiqué, saluant avec déférence les jésuites et amateur de vin. Nobunaga et son allié partagent une coupe de vin. Ce qui est dit alors est étonnant : « Ça a la couleur du sang mais c'est du vin européen. » Peu de temps auparavant, il avait répondu « Amen » aux jésuites qui le bénissaient. Ils partagent le vin dans un verre qui ressemble à un calice. De quel sang s'agit-il ? De celui du Christ versé pour les hommes ? De celui des soldats qui inonde les champs de bataille ? Dans une autre scène, Nobunaga chante devant la carte du Japon qui se déplie sur un paravent à trois pans, et se paysagise tellement qu'il faut deviner qu'il s'agit là d'une carte et déceler que sur celle-ci – qui, si le paravent se dépliait, prendrait tout l'écran –

1. L'époque Sengoku, (littéralement « Âge des provinces en guerre », en référence à celui des Royaumes combattants chinois), est une époque de turbulences sociales, d'intrigues politiques, et de conflits militaires quasi-constants qui dure du milieu du XVe siècle jusqu'au début du XVIIe siècle au Japon.

est figuré tel un pivot le mont Fuji. L'Histoire est l'horizon du paysage. Le mont Fuji enneigé leste tout l'espace (on se souvient à cette seconde, le dessin y fait singulièrement penser, du mont Fuji dessiné par le fils du chauffeur dans *Entre le ciel et l'enfer*). Dans *Kagemusha*, Kurosawa prend soin d'inscrire les dates. L'ultime est celle de la dernière bataille, avril 1575. Dans *Kagemusha* et dans *Ran*, la question du mal, de la tuerie, de la mort, de l'horreur du champ de bataille relaie la description de la maladie de la terre. De longs travellings balaient, à l'instar d'un regard qui ne se détourne pas, le champ d'une bataille qui libère, parce que sa forme en est historique et différée, les images que Kurosawa décrivait dans *Une horrifiante excursion* :

> Mon frère ignora mes hésitations et me traîna avec lui. Toute une journée, il me guida dans le vaste territoire que le feu avait ravagé, et tandis que je tremblais de terreur, il me montrait d'innombrables rangées de cadavres. Au début, nous apercevions un corps carbonisé de temps à autre, mais plus nous approchions de la ville basse, plus leur nombre grandissait. À perte de vue, le paysage brûlé avait pris une teinte d'un rouge brunâtre. Tout ce qui était en bois avait été réduit en cendres par la conflagration, et ces cendres dérivaient et se dispersaient dans le vent, ici et là. On aurait dit un désert rouge. Dans cette étendue d'un rouge à en avoir la nausée, gisaient toutes les sortes de cadavres imaginables[1].

Kagemusha est un film dominé par la couleur rouge, couleur qui donne à l'observation de la mort, du chaos et de l'horreur, un caractère uniforme qui permet de la filmer. La peinture d'histoire, moins par le décalage chronologique (une date très en amont du traumatisme nucléaire) que par une sorte de référence interne à la peinture, est le fil rouge qui permet à Kurosawa de filmer l'infilmable, tout comme dans *Yojimbo*, la comédie et le western parodiés lui en donnaient la possibilité. Le kagemusha, nous sommes à la pliure du film, rêve et son cauchemar envahit l'écran. La puissance onirique et

1. A. Kurosawa, *op. cit.*, p. 97.

picturale des images déborde du cadre, et aspire à un hors champ. Le kagemusha avance péniblement dans un paysage de montagne inondé par la couleur rouge. Le ralenti s'accorde ici à la fois à l'espace du rêve et à l'anticipation de la mort. Le kagemusha a dans le rêve les gestes et les postures qu'il aura dans la toute dernière scène du film. Évidemment prémonitoire, le rêve s'interrompt lorsque l'homme avance dans une eau coupée par le cadre. Par un raccord brusque, nous découvrons l'homme hagard, hébété, fiévreux et transpirant, épouvanté, à la seconde de son réveil. Le paravent auquel il s'adosse est orné de vagues dont l'écume blanche est l'évident rappel de la flaque du rêve.

Des deux batailles qui occupent toute la fin du film, la première a lieu de nuit. Parmi toutes les bannières, nous retrouvons celle marquée du mille-pattes qui battait au vent dans *Le Château de l'Araignée*. Elle est emblème et aussi métaphore parce que les hommes se déplacent par hordes comme des mille-pattes. Et leur armure dans la nuit réfracte la lumière comme s'ils étaient des scarabées. Le champ de bataille est un monde d'insectes et la vie d'un soldat n'a pas plus de prix que celle d'un insecte. (Comment ne pas se souvenir du plan des fourmis escaladant la tige de la rose rouge dans *Rhapsodie en août?)* Sur une colline, promontoire qui domine la bataille dans la nuit, le général des armées occupe la place du réalisateur. Il met en scène la bataille comme Kurosawa son film. Le kagemusha siège une dernière fois sur ce promontoire. Il tient à la main un objet qui est à la fois un sceptre, un bâton de commandement et un éventail, sur lequel est dessinée une constellation, comme si la surface de métal de cet éventail était le miroir où un fragment de nuit venait se refléter. Cet éventail de guerre, que l'on nomme *gunbai-uchiwa*, était tout cela à la fois; utilisé par les chefs d'armée pour diriger le mouvement des troupes, il pouvait servir occasionnellement d'arme (la légende veut que, sur le champ de bataille de Kawanakajima, Takeda Shingen n'ait sauvé sa vie qu'en parant ainsi un coup de sabre). Dans le film, Nobunaga Oda, l'ennemi du clan Takeda, a en main comme attribut le contraire du *gunbai*, c'est-à-dire un *tessen*, qui se rapproche de la forme européenne de l'éventail et qu'il ouvre et utilise non pas pour diriger un combat, mais pour ponctuer la danse et le chant que j'ai décrits. L'éventail de guerre de Shingen apparaissait déjà dans la main de Washizu à un moment clé du *Château de l'Araignée* quand, après la seconde prophétie, il harangue et galvanise ses troupes en évoquant les termes de l'oracle. Le *gundai*, l'éventail de guerre, est alors l'outil et l'indice d'une mise en scène à l'intérieur de la mise en scène, présence du cinéma muet par effet de contraste. Je devrais dire indice, présence et présage puisque le geste de Washizu, même s'il rythme la harangue, est emporté par une force parallèle et comme indépendante. Le *gundai* est marqué d'un rond blanc qui se phénoménalise progressivement tel le centre d'une cible, jusqu'au moment où Washizu couvre de l'éventail sa poitrine comme s'il se désignait aux futurs archers qui, à la même place et selon le même dispositif dans quelques plans à la fin du film, le cribleront de flèches. L'éventail de Washizu est donc un objet qui a plusieurs sens : son sens premier d'éventail de commandement, et celui, second, qui guide une mise en scène adventive, interne, subliminale à l'intérieur de la mise en scène. Nous y retrouvons l'ambiguïté soulignée dans l'avant-dernière bataille de *Kagemusha*. L'éventail marqué de la constellation reflète la nuit, comme l'éventail de Washizu est devenu par anticipation une cible. On se remémore la peur de l'obscurité que redit sans cesse Kurosawa. Il choisit pour l'avant-dernière bataille de « l'ombre du guerrier » ce décor de nuit, celui-ci combat à l'aveugle : Kurosawa filme le tumulus des corps morts pour abriter le kagemusha, un général dira : « Ils sont morts pour te protéger. » Amoncellement des corps où Kurosawa nous fait éprouver la vérité du sang, et qui est la forme au présent des tumuli qui encombraient la forêt du *Château de l'Araignée* où les crânes et les casques s'étaient fossilisés. Les sabres des soldats morts réfractent alors la lumière dans la nuit comme les sabres à la fin des *Sept Samouraïs* pouvaient le faire du soleil. Il y a dans cette bataille de nuit outre la lumière des feux, une autre lumière, abstraite, réfractée et aveuglante. Quand la bataille s'achève, le raccord sur la lumière du jour est violent, témoin de l'importance du montage dans les films de Kurosawa. Le kagemusha sera ensuite démasqué, désarçonné par le cheval que Shingen est seul à pouvoir monter. Les concubines le confondent quand, se précipitant vers lui, elles découvrent l'absence de cicatrice sur son épaule. C'est cette absence de cicatrice qui devient l'indice de son imposture, comme la cicatrice avait été le signe dénonçant Ginjiro dans *Entre le ciel et l'enfer*. On observe le kagemusha hébété, renvoyé dans l'ombre et rendu anonyme dans cette lumière de plein jour, pauvre hère en haillons, assister aux funérailles de Shingen, trois ans après que l'urne a été immergée dans le lac. À un moment clé du film, la question avait été posée : quel est le statut du double quand l'original a disparu ? La réponse est dans cette scène, à savoir que même sa mort lui est volée. On lit l'effarement de la dépossession dans les yeux du kagemusha, puisque c'est à ses propres obsèques qu'il assiste ; il voit le jeune prince en habit de deuil, petite silhouette blanche, s'avancer, et l'on ressent et l'on sait à cette seconde l'amour que le kagemusha déchu éprouve pour cet enfant. Chassé du palais, il n'avait émis qu'un seul vœu qui lui fut refusé : « Je voudrais voir Takemaru pour lui dire au revoir. » Wada, dans *Les Salauds dorment en paix*, assistait, on se souvient, à ses propres funérailles, mais sa vraie mort lui sera également volée. Je l'ai écrit, Wada est un fantôme, il est aussi son propre double.

La fin du film, la dernière bataille, le 21 mai 1575, sera pour le kagemusha le terme de son cauchemar. À nouveau, la peinture est aux commandes du cinéma ; le précipité pictural du rêve se dilue dans la diégèse et est inauguré par un arc-en-ciel. Il est dit à Katsuyori, le fils de Shingen : « Non, ce n'est pas un arc-en-ciel, c'est une mise en garde de votre père contre votre avancée. » Réalité ou présage, ces couleurs diluées qui barrent le ciel sont avant tout celles d'une palette. De ces couleurs coalescentes, de cet arc-en-ciel qui n'est pas un arc, ne subsistera, dans le dernier plan du film, qu'une seule couleur, le rouge, bordant à la façon d'un remous le fleuve. L'eau et le sang se sont mêlés. Dans le bleu de l'eau, les idéogrammes de la bannière se dissolvent, et le dernier plan au ralenti sur le kagemusha avançant dans cette eau, semble jaillir de son propre cauchemar. Cette dernière bataille est une leçon de cinéma. Un plan très court en témoigne : Kurosawa fait galoper deux cavaliers le long d'une interminable barrière et la vitesse de la prise transforme la barrière en une pellicule qui se déroule, allusion directe au montage à l'intérieur du plan. C'est un premier signe, Kurosawa va en semer d'autres, par lesquels il récapitule ce qu'il sait du cinéma et de son cinéma.

Le kagemusha rampe, semblable à un animal dans la terre sèche et la poussière. Il voit les trois généraux annoncer la fin du clan Takeda. Le vent, le feu et la forêt croisent leurs bannières et vont à la mort parce que la montagne a bougé. Cette bataille est un séisme, un tremblement de terre puisque la montagne bouge et que les éléments vont se déchaîner. La terre en sera malade. Quelques plans, interminables, scandés par la puissance d'un ralenti amplifié, dramatisé à l'échelle de l'écran tout entier, vont balayer cette terre jonchée de cadavres, devenue une éponge, un buvard, un filtre absorbant le sang des morts. Les chevaux et les hommes sont à égalité dans cette mort. L'ennemi avant la bataille a déclaré : « Il faut dire aux tireurs d'abattre d'abord les chevaux, le clan Takeda ne pourra pas combattre sans ses chevaux. » Dans le Japon où est filmé *Kagemusha*, on sait que les chevaux sont devenus rares, au point que pour *Ran*, tourné quatre ans plus tard, la production devra en faire venir cinquante des États-Unis. À nouveau se télescopent ce que le film me dit et ce que le film m'incite à interpréter, un sous-entendu subliminal, allusion au désarmement du Japon, à l'article 9 de sa constitution, la réalité d'un pays qui, après le 15 août 1945, ne peut plus combattre, un pays privé de chevaux et de samouraïs, un pays sans armée qui désormais n'a plus le droit de se défendre. J'ai dit la concordance entre la direction de la bataille et celle du film. Le kagemusha, épouvanté, s'avance au ralenti, une lance à la main, courant entre les morts; trois coups de feu tonnent dans le silence pour l'abattre, un plan très court insiste sur deux sièges vides. Épouvantail déraciné, il titube pour aller s'effondrer dans le fleuve. La caméra le suit, pareille à un œil perdu dans un panorama ou un immense tableau d'histoire, s'arrêtant sur telle ou telle mort que le ralenti détaille et accuse. Le kagemusha marche vers le fleuve entre les flaques de sang qui couvrent les galets et se noie dans l'eau bleue, cerclée à sa rive par l'orbe et le halo du rouge.

L'action se sera déroulée sur trois ans, et se réfère à des personnages réels, entre la victoire du clan Takeda – la marche de Shingen Takeda sur Kyoto en 1572 – et sa chute, cette ultime bataille que je viens d'évoquer quand le fils de Shingen, Katsuyori Takeda, livre la bataille de Nagashino, remportée par Nobunaga. Kurosawa écrit chaque date dans le film, mais l'utilisation des armes à feu permettrait à elle seule de dater l'action, ainsi que le colt de Unosuke le permettait dans *Yojimbo.* L'usage des armes à feu, l'arme moderne, signe dans *Kagemusha*, la fin d'un monde.

Kagemusha, comme *Le Château de l'Araignée*, sont des films de la défaite ou, plus justement, d'un monde qui se défait. Chaos et ruines sont les autres noms de la maladie de la terre. *Ran* va dans ce sens. Les armoiries du clan Ichimonji sont un soleil et un croissant de lune jaunes et aveuglants sur fond noir. *Ran* insiste sur l'aveuglement et l'associe à un destin funeste. L'image du soleil fait référence à la déesse Amaterasu, divinité qui illumine le ciel et qui est le principal esprit divin, le *kami* essentiel, celui qui fonde la généalogie du Japon, puisque son arrière-arrière-petit-fils, Jimmu TenNô, en serait devenu le premier empereur. Dans *Ran*, ce qui aveugle est ce soleil : un plan cours et décisif filme le soleil plein écran, les bords de l'astre sont tangents au cadre. Et puisque ce qui aveugle doit être différé, Kurosawa monte dans un raccord saisissant un plan dominé par la figure d'Hidetora, assis à côté de sa bannière marquée du soleil[1]. Hidetora dont le blason est le soleil, le soleil qui aveugle, s'entendra reprocher, quand abandonné de tous il trouve refuge chez Tsurumaru, le frère de Dame Sue : « Je me souviens de l'homme qui a épargné ma vie en me crevant les yeux. » Kurosawa dans *Ran* trouve une métaphore pour répondre au soleil qui aveugle : la cruauté d'Hidetora. Il fera apparaître une image du Bouddha, vibrant de lumière d'or telle

1. Serge Silberman, le producteur de *Ran*, souligne le caractère pragmatique de l'héraldique et des couleurs dans le film : « Nous avons veillés à ce qu'il n'y ait pas de confusion dans les batailles comme dans *Kaghemusha*. C'est pourquoi avant le tournage, j'ai parlé avec lui [Kurosawa] pour que les armées soient de couleurs différentes. », Entretien avec Michel Ciment, *Positif*, n°296, oct. 1985. Par ailleurs, le film de Chris Marker, *A.K.*, montre comment les réflecteurs, dont usait fréquemment Kurosawa, sont striés de couleurs, afin que la lumière témoigne d'une tonalité affective particulière.

une icône, dans le petit temple-autel de Dame Sue. Quand le roi vient la voir, il ouvre la porte de cet autel, et littéralement se cogne contre l'image du Bouddha qui s'éclaire, apparaît, surgit, et fait face une seconde à cet homme dont le *kamon* est le soleil et qui crève les yeux des enfants[1]. Dans le plan suivant, Hidetora retrouve Dame Sue, la sœur du jeune aveugle, elle est de dos et le plan fait penser irrésistiblement à certains plans de John Ford, plus encore que les scènes de bataille. La fin de *Ran* nous emporte par son lyrisme et sa retenue ; il s'agit de la description d'une terre malade, mais malade de la folie des hommes ; dans ces derniers plans tout est immense et sublime, mais il s'agit de ruines. On met un instant à comprendre que ce que l'on voit n'est pas ce que l'on voit : l'immensité de ce paysage, cette crête en contre-jour doit son dessin aux ruines. Le jeune prince marche pareil à un funambule sur un escarpement de ruines. Sa silhouette est un *wayang golek* ; sa canne accentue cet effet[2]. Le paysage sublime de la vallée se déploie pour un jeune homme aveugle au bord du gouffre. Nous ressentons alors physiquement la nuit qui le condamne. Kurosawa nous fait éprouver dans l'image quelque chose d'équivalent à l'obscurité qui succédait au mot « Fin » dans *Vivre dans la peur*. Les scènes de bataille irriguées de rouge ont autorisé Kurosawa à montrer l'inmontrable : la terre est malade et, par métaphore, bascule dans l'obscurité. La peinture de paysage, devenue cette description de la maladie de la terre, s'en trouve magnifiée, l'écran est à peine capable de contenir l'immensité qui le déborde. La peinture de paysage a alors repris ses droits sur la peinture d'histoire, à la manière du *Naufrage* (le château en ruines est absorbé par le paysage à l'égal du navire ; le bateau que peint Caspar David Friedrich disparaît entre les icebergs). Le jeune aveugle vient de perdre le seul signe qui

1. Le *kamon*, ou *mon*, est le terme générique utilisé pour faire référence à l'ensemble des symboles héraldiques japonais.

2. C'est au centre et à l'ouest de l'île de Java que l'on rencontre le *wayang golek*. Le *wayang golek* est un théâtre en trois dimensions, un théâtre de poupées. Les poupées du *wayang golek* ont la particularité d'être en ronde-bosse en bois, tête et bras amovibles, parées de riches étoffes. Elles sont disposées sur une table de bois percée de trous qui permettent au *Dalang* – homme orchestre du spectacle, manipulateur des poupées, conteur, chanteur et musicien – de les manipuler.

pouvait l'accompagner dans la nuit : la présence sous la forme d'un symbole de Sue, sa sœur disparue. Tsurumaru n'avait que sa flûte pour se consoler ; Sue, rebroussant chemin parce que son frère a oublié cette flûte, court la chercher et, sans le savoir, court vers sa mort. À cette seconde, elle donne à son frère le rouleau où est représenté Bouddha, et qui est pour elle un viatique. Ce Bouddha lumineux est un symbole au sens fort et étymologique du terme, et comment ne pas entendre en écho le texte de Carus : « [...] Tout aspect de la vie de la terre, même le plus paisible et le plus simple, est un digne et bel objet de l'art, à condition que l'on saisisse exactement son sens propre et l'idée divine qu'il cache en lui-même. » Cette image du Bouddha glisse des mains de l'aveugle, tombe dans une crevasse et s'y déroule, elle est la dernière image, une image définitive et davantage qu'une image, sa lumière est immanente et rayonne dans l'obscurité. Elle est désormais là, oubliée de tous, à l'égal de l'idée divine qu'elle recèle.

Rêves se situe entre *Ran* et *Rhapsodie en août*. Et *Rhapsodie en août* pourrait faire croire que cette maladie de la terre a été éradiquée. Ce film en est l'étiologie, la réminiscence de « l'œil de l'éclair » se substitue à l'observation des conséquences. Les premiers arbres qui repoussèrent après les bombardements furent des ginkgo biloba. Le jardin, ultime entreprise de Watanabe dans *Vivre* semble avoir poussé. Dans la forêt où s'aventurent les deux cousins, deux cèdres foudroyés sont les témoins d'une histoire d'amour qui, il y a longtemps, a eu lieu là, et la légende veut que les arbres foudroyés soient éternels. *Rhapsodie en août* est un film de la mémoire et de la reconstruction, comme *Madadayo* est un film de reconstruction économisant le traumatisme de la mémoire.

La lune dans *Madadayo* a une présence qui s'accorde à la tonalité générale du récit. Elle est la forme apaisée de ce qui aveugle. Elle a sa généalogie, son origine formelle, dans des plans venus de *L'Aurore* de Murnau, réelle, clouée dans le décor ou sous la forme d'une métaphore, et il sera dit dans une chanson : « un plateau rond comme la lune ». Elle insiste dans le film. Elle insiste avec douceur, « de façon gentille et naïve comme dans un tableau du Douanier Rousseau », ce sont les mots du professeur pour parler d'une époque révolue. Le cinéma continue à s'identifier à la peinture. Madadayo est la réponse cinématographique à un tableau du Douanier Rousseau. Un tableau que la lune dominerait et éclairerait de sa lumière de pleine lune. La lune d'*Un soir de carnaval*, tableau auquel pense probablement Kurosawa quand le professeur évoque l'univers du peintre[1]. Mais aussi, à la pleine lune de *La Bohémienne endormie*, l'un des tableaux les plus connus du Douanier, au format d'écran de cinéma, où le lion qui s'approche de la bohémienne est peut-être un double du chat Nora[2]. Dans l'esprit du peintre, *La Bohémienne endormie* est un tableau réaliste, et il le conçoit librement en s'inspirant d'un tableau de Gérôme, *Les Deux Majestés*[3]. Quand Kurosawa fait référence au Douanier Rousseau, il place une cale à l'intérieur de son film. Et *Madadayo* est, en regard d'un film tel que *Kagemusha*, ce que la peinture du Douanier Rousseau est à la peinture d'histoire. Quarante-sept ans s'écoulent entre *Je ne regrette pas ma jeunesse* et *Madadayo*, les deux films de Kurosawa où la lune est l'astre qui met en suspens le pouvoir du soleil et son aveuglement. Nous l'avons vu, Kurosawa savait en réalisant la seconde partie de *Je ne regrette pas ma jeunesse* ce qui se modifiait dans son cinéma : la lune est dans la fin du film l'instrument d'une sur-dramatisation du récit. Dans *Madadayo*, elle est l'élément qui vient l'apaiser, elle est un balancier qui immobilise l'Histoire, équilibre l'anxiété et suspend le temps. Dans *Je ne regrette pas ma jeunesse*, la nuit articule en trois temps la fin du récit. Elle l'introduit par les obsèques de Noge, où un plan à l'horizontalité impressionnante témoigne d'une nuit sans lune. Noge doit être enterré en cachette, et sa famille est stigmatisée pour être celle d'un espion. La scène est éclairée par une lanterne que tient Yukie. Ensuite, le travail des deux femmes, bêcher la rizière, labourer leur terre malgré l'interdit jeté par le village, se fera de nuit, et Kurosawa

1. *Un soir de carnaval*, Philadelphia, Museum of art, coll. Louis E. Stern, 116 × 89 cm, 1886.

2. *La Bohémienne endormie*, New York, Museum of Modern Art, 129,5 × 200,5 cm, 1897.

3. Jean-Léon Gérôme, *Les Deux Majestés*, 1883, huile sur toile, 70 × 128 cm, don de Louis Allis, Milwaukee Art Museum.

inscrit dans l'image la présence de la lune qui rend progressivement visible ce travail, jusqu'au moment où Yukie assumera aux yeux de tous de l'exécuter en plein jour. La pleine lune, représentée par la singularité douloureuse de sa lumière, confirme, dans ce film de 1946, une tonalité qui rappelle le cinéma russe. Dans *Madadayo*, la lune a une signification opposée, elle est un emblème qui entre dans le réel, et est représentée comme tel. Mais un emblème absorbé par le réel, même si c'est cet attribut qui l'orchestre, selon un principe qui préside justement à la peinture du Douanier Rousseau. *Madadayo* opère une anesthésie de l'Histoire, mais propose également un retournement formel : un emblème entre dans le réel, alors que dans la plupart des films auparavant, le réel se trouvait repris par une marque qui venait le sceller dans l'image. C'est ce principe qui règne dans *Ran*. Dans *Madadayo*, la lune est le balancier d'une horloge qui, quand le scénario le veut, s'immobilise. Ce mouvement de balancier revient souvent dans le cinéma de Kurosawa. Dans *Je ne regrette pas ma jeunesse*, un balancier est représenté en surimpression dans la scène où Yukie est emprisonnée ; le geôlier avant de l'enfermer lui a dit : « Nous avons le temps. » Le balancier scande cette réplique en réverbérant une lumière aveuglante : celle du soleil dont Yukie est privée. On pense paradoxalement à la balançoire des amoureux d'*Un merveilleux dimanche* qui a pour témoin une lune clouée en haut de l'écran, tel le pivot d'un balancier, et enfin et surtout, à la balançoire de Watanabe, qui symboliquement est aussi le balancier d'une horloge qui va dans un instant s'immobiliser quand la camera, de face, filmera la mort du vieux fonctionnaire. La balançoire s'immobilisera en un faux ralenti pour signer cette mort. *Madadayo*, en inventant cette forme, une phénoménalité du détachement, et en lui donnant en gage la pleine lune, suggère une vérité qui pour le cinéaste a valeur de testament et confère au film cette tonalité particulière de *mono no aware*. Dans *Madadayo*, les étudiants proposent que leur Senseï soit un soleil, ce qu'il refuse pour accepter d'être comparé à la lune, à condition que l'on s'accorde sur le fait qu'il y a des nuits sans lune. Pendant le tournage de *La Forteresse cachée*, une anecdote décrit Kurosawa – contrarié par les retards du tournage dus aux intempéries et au fait de tourner en plein air – trompant ainsi son impatience : il cherchait parmi les pierres de la rivière, pour chacune, le point d'équilibre qui lui permettrait de tenir droite. Un de ses proches rapporte ce propos : « On peut toujours faire tenir n'importe quelle pierre sur sa pointe ; on peut finir n'importe quel film. »[1] Assurément, le cinéma peut faire bouger la montagne, avancer la forêt, tourner sur une moto un sapin de Noël autour d'un cloaque, à condition probablement que celui qui réalise puisse faire tenir n'importe quelle pierre sur sa pointe ; il y a en coulisse de *Madadayo* cette vérité que les plans de pleine lune suggèrent. Dans *L'Idiot*, Kameda lors de son exécution avortée, a gardé dans sa main une preuve qu'il est en vie, une pierre, qu'il échange contre le talisman d'Akama. J'imagine ces pierres sur leur pointe, le long de la rivière pendant le tournage de *La Forteresse cachée*, pierres du désœuvrement contredit, exercice de patience. Il y a enfin cette pierre dans *Le Village des moulins à eau* : pierre-énigme où l'on se doit de poser des fleurs. Kurosawa la décrit :

> Près de la rue principale, il y avait un énorme rocher sur lequel on voyait toujours un bouquet de fleur. Tous les enfants qui passaient par-là cueillaient des fleurs sauvages, et les déposaient sur ce rocher. Je me demandais pourquoi, et je les questionnai sur le sens de ce rite : ils me dirent qu'ils l'ignoraient. La solution me fut donnée plus tard, quand je demandai à un vieil homme du village. Cent ans auparavant, dans la bataille de Boshin, quelqu'un était mort à cet endroit. Le prenant en pitié, les villageois l'inhumèrent, mirent le rocher sur la tombe, et déposèrent les fleurs dessus. Les fleurs devinrent une coutume du village, que les enfants continuaient d'observer sans même savoir pourquoi[2].

Le cinéaste, se souvenant de ce village, écrit une magnifique image qu'il essaie d'instiller dans *Le Village des moulins à eau*, sans y parvenir :

1. « Kurosawa et le cinémascope », compléments de *La Forteresse cachée*, édition Dvd Wild Side Film.
2. A. Kurosawa, *op. cit.*, p. 113.

> En tout cas, ce que j'avais vu et appris sur la façon dont vivaient ces gens il y a cinquante ans dans le village de Toyokawa, c'était qu'elle était d'une simplicité étonnante et d'une tranquillité presque mélancolique. Quand j'y repense aujourd'hui, je vois les souvenirs de cet endroit s'effacer dans le lointain, comme un village aperçu par les fenêtres d'un train, dont l'image devient de plus en plus petite et embrumée[1].

Le dernier rêve est pris en otage par un surcroît de texte. Cette image, en revanche, est cinématographique. Je pense au dernier plan de *The man who shot Liberty Valance*, et surtout, au dernier plan du premier film de Kurosawa, *La Légende du grand judo*, quand le jeune Sugata Shanshiro et sa fiancée, par la fenêtre du train, voient s'éloigner le paysage. Les deux jeunes gens, pas plus que Kurosawa, ne savent que ce monde va disparaître. On ressent pourtant dans ce dernier plan une émotion qui s'apparente à un pressentiment. Cette seconde retient le temps, et en même temps on se doute que cet instant est trop beau « pour qu'il n'annonce pas un malheur ». Kurosawa aurait évoqué la censure pour expliquer que les deux jeunes gens ne s'embrassent pas. Il substitue au baiser ce geste : en se penchant par la fenêtre, une escarbille a aveuglé la jeune femme, Sugata s'emploie à extraire l'escarbille. Ce geste de tendresse, de délicatesse et en même temps de maîtrise, est celui du plus grand des judokas, celui d'un homme qui a peur de sa propre force. Dans une seconde, la jeune femme va voir de nouveau. Par ce geste, Sugata ne lui apprend pas à voir, il fait plus, il lui rend la vue, un instant perdue. Le cinéma de Kurosawa a substitué au baiser ce geste, non pas parce que la censure l'aurait voulu, mais parce que ce geste s'accorde à ce que veut le cinéaste, et qu'entre ce plan d'un monde qui s'efface et ce sentiment, retenu et contredit pour être plus vrai, plus visible, plus intense, c'est tout le cinéma d'un réalisateur de trente-trois ans qui se décide.

Rêves récapitule une fois pour toutes ce qui de la maladie de la terre hantait les films antérieurs ; dans *Le Château de l'Araignée*, l'un des

1. *Ibid.*, p. 114.

gardes, lorsqu'il entre dans la chambre maudite, a cette réplique : « J'ai supporté des fleuves de sang à la guerre, mais cette chambre me fait peur. » Cette chambre est celle où Fujimaki s'est suicidé. Il sera dit qu'elle est celle d'un félon qui a trahi son maître. Washizu s'installe dans cette chambre, puisqu'il cède la sienne à son suzerain, que dans un instant il va assassiner. Le meurtre est marqué par un premier augure, le cri d'un oiseau. Ce cri reviendra quatre fois, rythmant la narration, comme si Kurosawa voulait la baliser par un signe. Chaque étape est scandée par ce cri-leitmotiv, jusqu'au moment où il procède au lâcher des corbeaux dans la salle du conseil[1]. L'effet dramatique est immense par rapport au peu d'oiseaux qui s'envolent. On retrouve souvent dans le cinéma de Kurosawa cette façon de suspendre le récit par un signe, un motif récurrent. Ainsi en est-il de l'œillet dans *L'Ange ivre*, que le yakuza dérobe quatre fois à l'étal du fleuriste, quatre stations marquées par les fleurs, qui accentuent la déchéance du héros. Dans *L'Ange ivre* encore, il y a une anticipation du présage des corbeaux sous la forme d'un parapluie noir, grand ouvert au milieu de la mare, quand le yakuza comprend qu'il est perdu.

Dans la chambre maudite, les murs et le sol avaient été éclaboussés d'un sang qui n'a jamais voulu s'effacer. Et en éclaboussant ces murs, ce sang s'est métamorphosé en paysage, en devenant une moisissure, il s'est creusé en paysage. Oui, dans un effet d'anamorphose, c'est un paysage que le spectateur voit, un paysage comparable à ceux peints sur les paravents. On se souvient de celui de Nobunaga Oda dans *Kagemusha*, où l'on découvrait dans un second temps seulement qu'il s'agissait d'une carte du Japon. Dans *Le Château de l'Araignée*

1. « Mais ce qui m'intéressait davantage était l'intervention des oiseaux qui envahissent le château de Macbeth [Washizu] après que les arbres de la forêt de Birman ont été abattus. [...] Je dis que je trouvai l'idée géniale. [Kurosawa répond à Satyajit Ray :] "Et bien de nombreux oiseaux avaient évidemment leurs nids dans les arbres et, une fois ceux-ci coupés, il fallait qu'ils aillent ailleurs, alors j'ai pensé à leur faire envahir le château. Mais – et ici il me fit un nouveau clin d'œil – nous avons eu du mal à les filmer. L'idée primitive avait été de leur faire battre follement des ailes juste au-dessus de la tête des acteurs. Mais il ne s'agissait pas d'oiseaux entraînés et, aussitôt lâchés, ils s'obstinaient à se laisser tomber sur le sol, et à ne plus en décoller. Il y en avait aussi qui se mettaient à glisser parce que nous avions ciré le plateau. Il nous fallut une semaine entière pour tourner convenablement la séquence." », Satyajit Ray, *op. cit.*, p. 216 et 217.

l'image répond à la phrase chantée par l'esprit lors de la prophétie : « C'est ainsi que l'odeur de pourriture se transforme en une délicate fragrance. » La scène qui a eu lieu dans la chambre maudite aura son écho dans *Ran*, quand le général décapite Dame Kaede et que le sang gicle sur le mur. Dans *Le Château de l'Araignée*, cette chambre, lieu clos et angoissant, est une sorte d'équivalent phénoménologique de la forêt qui avance à la fin du film. Le vent fait vibrer une forêt qui marche, tout comme une tache de sang séchée et moisie se transforme en forêt et en montagne ; c'est le même phénomène, mais inversé. Une fois de plus, il faut en passer par la peinture pour que s'exprime la maladie de la terre. La lumière joue sur cette paroi funeste devenue paysage en créant la sensation supplémentaire qu'il s'agit d'un paysage d'incendie. Plus loin dans le film, un soldat constate que même les rats ont fui le château. Le cinéma de Murnau revient à nouveau à la mémoire du cinéaste, et à la fuite des rats dans *Nosferatu* répondra l'invasion des corbeaux dans la salle du conseil.

La peur va de pair avec la maladie de la terre. Dans *Vivre dans la peur*, les deux droits communs, petits délinquants incarcérés avec Kiichi, persiflent : « Si tu as la trouille, il faut déménager pour une autre planète. » Et dans *Barberousse*, où la maladie des corps s'est associée puis substituée à la maladie de la terre, revient dans tout le film une belle invention de mise en scène : les malades sont couverts par des couvertures identiques qui finissent par faire un sol, une écorce, une enveloppe, une croûte couvrant les corps. Dans la scène où, à l'agonie, le charpentier Sahachi transpire de fièvre sous une telle couverture, et parle de son amour et de la mort de la femme aimée, la pluie diluvienne à cet instant exhume le corps de cette femme qu'il avait enseveli sous la maison où il n'était resté que pour être près d'elle. Ces couvertures ont une fonction magnifiquement ambiguë. En témoigne l'étrange dialogue amoureux entre Chobo et Otoyo ; ils s'échangent des confiseries. Cette scène a lieu dans un labyrinthe, un labyrinthe constitué par les parois que font ces couvertures qui sèchent. Elles construisent une architecture solide, et cette scène reprend le motif du linge-étendard battant au vent (la fin de *L'Ange ivre*, la fin de *Duel silencieux*, l'épisode du ferrailleur dans *Entre le ciel et l'enfer*) pour en accentuer le sens.

Dodes'kaden est consacré à cette description de la maladie de la terre ; Kurosawa l'expérimente dans une enclave, par une sorte de prélèvement, où elle est exemplairement visible. Un lieu ouvert mais clos où il ne se passe rien. Ce rien qui est celui de l'angoisse et de l'ennui des profondeurs, ce rien qui oblige chacun au geste machinal pour résister à la fois à ce néant et survivre sur une terre où rien ne pousse : le geste du conducteur de tram, celui de la jeune fille qui fabrique des fleurs artificielles, celui enfin de l'aveugle qui déchire des étoffes. Sa maison en tôle et l'arbre mort qui n'a plus de nom surplombent le film ; cet arbre est le gnomon inutile d'un film où l'absence de temps répond au néant. *Dodes'kaden* assèche ce qui se décomposait, pourrissait, germait et envahissait le cloaque de *L'Ange ivre*. Il libère ce qui étouffait dans les *Bas-fonds*, mais afin d'éprouver la sensation d'enfermement et d'inéluctable dans le périmètre d'un ghetto sans clôtures visibles. *Dodes'kaden* est inspiré du roman de Shugoro Yamamoto, *Kisetsu no mai machi*, que l'on a pu traduire par *Quartier sans soleil*. Or, le soleil dans *Dodes'kaden* est présent. Il est celui de l'angoisse et du plein midi, celui qui draine et stérilise la terre malade de *L'Ange ivre* ou de *Scandale*, non pas pour la purifier, mais pour tracer dans un faubourg comparable un espace minéral, desséché et stérile, un espace aveuglé. On bascule d'une diathèse à une autre pour une même étiologie.

Dans *Le Château de l'Araignée*, Washizu dit : « Sur les charniers de cette forêt s'élèvera une montagne de cadavres qui montera jusqu'au ciel, et il y aura un fleuve de sang qui submergera cette forêt. » *L'Ange ivre* et *Scandale* restent les deux films où la maladie de la terre et celle du corps sont nommées et associées. La tuberculose répond à la présence au centre du film d'un cloaque pathogène autour duquel tourne l'action. Le décor de *L'Ange ivre* vient de la réutilisation d'un décor du maître de Kurosawa, Kajiro Yamamoto. Le film dont il est issu est un film sur le marché noir, et son décor comportait trois marchés[1]. Kurosawa décida de démembrer et de noyer un des marchés, afin qu'une mare l'envahisse et devienne le symbole de *L'Ange ivre.* L'idée était qu'elle serait à la fois une immense flaque stagnante et pathogène, et une décharge où les rebuts et déchets du marché noir s'amoncelleraient. Foyer de maladies, tuberculose et typhus, décharge d'une société parallèle et illicite, auraient leur lieu au centre du film. Métaphore non seulement de *L'Ange ivre* mais aussi d'un état de la société. Gaz en décomposition et huiles donnèrent à la surface de cette mare l'aspect que Kurosawa souhaitait ; on y insufflait régulièrement une fumée jaune, afin qu'à ses bords une écume jaunâtre se dépose. On retrouve dans cette anecdote la préoccupation d'une couleur symbolique mais réelle dans le noir et blanc du cinéma, comme s'il fallait qu'il y eût une vérité et un réalisme au tournage, l'usage d'une couleur adéquate et vraie, afin que la tonalité affective escomptée soit plausible. Pour les bulles et autres bouillonnements à la surface du cloaque, le décorateur se souvient qu'ils utilisaient le plus souvent une paille « à peine plus longue » que celles pour boire, et dans laquelle ils soufflaient lorsque la caméra devait faire un gros plan.

Sanada – le médecin alcoolique – dira au début du film : « Je ne sais pas pourquoi je m'occupe de ton poumon, je me demande si je ne suis pas un ange. » *L'Ange ivre* oscille en montage alterné entre l'évolution de la maladie du yakuza et la fausse pérennité du cloaque, fausse pérennité parce qu'il est évident que cette sentine devient chaque jour plus nocive. À la charnière du film, le médecin dira : « Ton poumon ressemble à cette mare, le nettoyer ne suffirait pas. » L'évolution de la tuberculose, la déchéance physique (balisée par les quatre scènes où Matsunaga dérobe un œillet), croît et ne peut que continuer à croître. Matsunaga doit disparaître, d'une façon ou d'une autre. Il est bien cette figure de kamikaze devenu inutile, mais qui, néanmoins, doit mourir. J'ai interprété ainsi la poupée flottant à la

1. Il s'agit de *Shin baka Jidai* qu'on peut traduire littéralement mais imparfaitement par « L'âge de la nouvelle folie ».

surface du cloaque, et même si le premier plan sur cette poupée répond au départ de la compagne du yakuza, cette poupée est d'abord une poupée de kamikaze. Lorsque le yakuza, en dernier recours, mendiera une audience chez le parrain, il l'entendra dire à Okada : « Oui il est malade mais bientôt il y aura la guerre, il pourra mourir en héros, [...] tu récupèreras sa zone. » Le plan suivant dévisage Matsunaga, et son visage ressemble alors à ceux des soldats sortant du *Tunnel*. Les présages de sa mort hantent le film. Il est paradoxal que le moment où son destin bascule soit celui où le bandage à son poignet gauche a disparu, comme si la cicatrice de la balle n'avait plus besoin d'être dissimulée. À ce moment, il cesse de porter la marque visible d'un combat qui est aussi « l'indice » de sa force et celui du mal. Il cesse de porter ce bandage au poignet puisqu'il va cesser de faire le mal (Kurosawa s'en souvient dans *Entre le ciel et l'enfer*, en donnant au bandage qui dissimule la cicatrice de l'interne une importance capitale). Matsunaga est cerné par les présages ; j'ai mentionné l'œillet qu'on lui refuse et la silhouette noire d'un parapluie jeté dans le cloaque, silhouette d'un oiseau de malheur et de mauvais augure. Autre présage, le rêve prémonitoire, brouillon magistral du rêve du kagemusha, allusion cinéphile à Murnau : au soleil couchant, le soleil est peint sur la toile-écran qui borde une plage, Matsunaga est poursuivi par son double. L'écharpe blanche, l'écume, la course au ralenti où le corps lutte dans l'espace, contre l'espace, annonce sa mort. Nous retrouverons cette puissance onirique amplifiée par la couleur dans *Kagemusha*, mais aussi reprise dans la fuite de la grand-mère à la fin de *Rhapsodie en août*. Le parapluie de la grand-mère se retourne et tous les membres de sa famille semblent la poursuivre dans un rêve. C'est le même ralenti, pour une course sans issue mais réelle. Dans *L'Ange ivre*, la référence à *Nosferatu* imprègne également la scène d'adieux bâclés quand la femme quitte et fuit le yakuza. Il lui arrache en partant un baiser. Et si l'on devait chercher une généalogie à la maladie de la terre, c'est chez Murnau que nous la trouverions. C'est « dans la terre souillée qui les recouvre que les vampires tirent leur force » et c'est dans cette terre malade que voyage le vampire. Enfin, la dernière phrase de *Nosferatu* n'est-elle pas : « Et dans les rayons victorieux du soleil matinal, on vit disparaître l'ombre de l'oiseau de mort. »[1] Dans la chambre où le yakuza repose, la femme, subrepticement, reprend ses fourrures. À la façon des grands expressionnistes, Kurosawa encombre le décor, on remarque une marionnette, un *wayang golek*. Ensuite, un plan insiste sur l'ombre persistante de cette marionnette, symbole du yakuza mais signe surtout qu'il est devenu sa propre ombre, son propre kagemusha. Le mur devient un écran dans l'écran, et à la fin de la scène, un plan reviendra sur deux marionnettes d'homme et de femme dos à dos.

Présages de la déchéance donc, sous de multiples formes. Ainsi, la première fois où le yakuza crache du sang, c'est sur le tapis de jeu où il vient de tout perdre ; nous ne voyons pas le sang. Peut-être faut-il à la fin que le corps du yakuza soit blanc, pour que les rayons victorieux du soleil donnent cette sensation que le mal, à la seconde de sa mort, vient de le quitter. L'oiseau de mort s'est envolé et laisse le corps exposé aux rayons du soleil et au vent qui fait battre le linge tel des étendards. Catharsis dont la peinture blanche est l'instrument, servie et amplifiée dans la scène précédente par un dispositif qui est un goulet, un goulot, un dévidoir. C'est ainsi que nous apparaît le couloir où a lieu la lutte entre Matsunaga et Okada. Dans un premier temps, la peinture blanche renversée du bidon accentue le caractère saccadé et discordant du combat. Il y a deux sortes de combats chez Kurosawa : ceux que l'esprit n'habite pas et qui sont des combats imprécis, confus, embrouillés, par exemple dans *Rashômon* ; et ceux, tout au contraire, qui se résument à un geste, à l'instar de l'avant-dernière scène de *Sanjuro* : dans le scénario, Kurosawa avait écrit : « La lame du sabre luira et il en sera fini du duel. » Ce qui est filmé là, de toute évidence, ne peut pas être pré-écrit, et témoigne du retard du scénario sur l'image et le montage. Kurosawa note également de cette scène : « L'éclaboussure devait être comme une bombe de sang. »

1. Autre occurrence de la maladie de la terre dans le cinéma de Murnau : *La Terre qui flambe* (*Der Brennende Acker*) est un film sorti en 1921 au cinéma, film perdu, réapparu grâce à un prêtre italien qui en possédait une copie qu'il projetait dans un asile d'aliénés sous le titre *Il Campo del Diavolo*, nom donné à cette terre filmée comme une malédiction.

À ce geste définitif, à cette formidable éclaboussure, répond la fin de *L'Ange ivre*. La phénoménalité qui préside à cette narration est celle d'une expulsion. Ce couloir doit rejeter le corps du yakuza. Mort et renaissance, la peinture blanche est ici une substance particulière, entre la boue et le contraire de la boue, une substance qui purifie et absout. La mise en scène veut donner l'impression que, lorsque le yakuza rampe, son mouvement est celui d'une ascension horizontale. Après le jet de peinture blanche, la caméra le cadre, le précède, et s'oblige à reculer devant lui, rendant l'escalade et le combat laborieux et plus âpre encore. Dans la chambre où les trois miroirs, dans un effet expressionniste, renvoyaient l'image du combat, nous avons vu Matsunaga vomir du sang. À l'issue du duel, le spectateur ne verra pas une goutte de sang, le coup de poignard final n'éclabousse rien, le blanc n'est donc pas là pour servir cet éventuel effet de contraste. En revanche, on éprouve la sensation que le couloir vomit le corps du yakuza, et le vomissant, le rend dans la mort à une pureté sanctifiée par le soleil et le vent. Je ne me souviens pas si dans cette scène il y a le moindre cri, ma mémoire la reconstitue telle une scène de cinéma muet, et pourtant le corps expulsé de Matsunaga est comme crié par le film, et le silence de ce corps exposé au soleil et au vent est le silence qui succède à un cri. Ce cri silencieux reprend le cri réel et démultiplié des femmes dans *Barberousse*, hurlant le nom de l'enfant qui doit vomir pour être sauvé. Elles crient dans le puits comme on vomit, et pour faire vomir Chobo, c'est son nom qu'elles crient, jusqu'à ce que le « petit rat » rejette le poison. La caméra va jusqu'au vertige chercher dans les entrailles de la terre une résurrection qui appartient à l'ordre du propitiatoire et de l'irrationnel. Dans la scène de *L'Ange ivre*, il s'agit d'un vertige horizontal, augmenté par le blanc. Kurosawa fait à peine pivoter le couloir, bouge à peine la caméra, crée une pente imperceptible, et la peinture blanche aide à l'expulsion du corps de Matsunaga. Elle rejette ce corps empoisonné de l'autre côté du monde – celui des « rayons victorieux du soleil » – : une terrasse où le linge sèche. Le yakuza de *L'Ange ivre* est le héros par excellence du cinéma de Kurosawa, et dans l'incipit de *Ran*, quand nous entendons : « Nous sommes aussi les enfants de cette époque de fin du monde », c'est à lui que nous pensons. Pour cette scène, Kurosawa a marqué l'espace de deux escabeaux qui sont de toute évidence des étais; deux machines de bois qui rendent solide l'espace du couloir, et sont des paliers ou les stations d'une escalade vaine, dont l'issue est une chute. Le corps du yakuza sera incinéré et la jeune aubergiste amoureuse, qui a payé six mille yens pour ces obsèques, emportera ses cendres à la campagne, là où elle aurait voulu vivre avec lui. Kurosawa apprendra pendant le tournage la mort de son père, sans pouvoir se rendre aux obsèques; ce jour de profonde tristesse, il entendra *La Valse du coucou*, et décidera d'en incruster dans le film les premières mesures, marque d'un instant qui n'appartient qu'à lui et qui doit sceller son film. *La Valse du coucou* trouvera dans le récit sa place à un moment fatidique : quand Matsunaga, errant dans le marché noir, conscient qu'il est en train de tout perdre, entend, venues d'un mégaphone, les premières mesures de cette valse; c'est à la minute où le yakuza a perdu son territoire que le coucou (cet oiseau qui fait son nid dans le nid d'autres oiseaux) fait entendre son chant lancinant.

À peine deux ans plus tard, Kurosawa tourne *Scandale* et reprend pour dispositif spatial ce cloaque, au centre du monde de l'avocat, dont on apprendra que le nom, Otokichi Hiruda, signifie littéralement « champ de sangsues ». La première apparition de l'avocat permet à Takashi Shimura de montrer l'étendue de son talent[1]. Il vient se vendre au jeune peintre diffamé, et effectivement, la composition de Takashi Shimura identifie physiognomoniquement son personnage à une sangsue. Kurosawa prend soin que la mise en scène devienne l'alliée du jeu de l'acteur; celui-ci vide sa botte pleine d'eau, enlève sa chaussette, l'essore. Cet homme appartient au monde de

1. On se reportera à l'étude de Clélia Zernik à propos des *Sept Samouraïs*, à paraître aux éditions Yellow Now. À propos du jeu d'acteur de Takashi Shimura, elle souligne que l'intelligence pleine de sensibilité qui caractérise Kambei se donne à voir dans la manière si particulière que l'acteur a de se frotter le crâne. La remarque est judicieuse, mais je pense pour ma part qu'il s'agit là d'un tic propre à Takashi Shimura, que Kurosawa exploite et annexe à sa mise en scène dans de nombreux films. Jean-Michel Alberola de son côté me dit y voir un geste qui est la mesure du temps qui passe, le temps pour les cheveux de repousser (le samouraï, pour sauver un enfant, s'est grimé en bonze et s'est rasé le crâne au début du film, ses cheveux qui repoussent ponctuent la diégèse).

l'humide et du spongieux. Les corps, chez Kurosawa, et les personnages, renvoient souvent à l'animal. Le personnage d'Hiruda est accordé à son biotope, ce marigot qui est au centre de l'univers où il vit, où il est contraint de faire vivre sa fille tuberculeuse, cette enfant que tout le film va traiter comme une enfant, et qui n'a pas d'âge. Quand Aoe, intrigué par l'étrange bonhomme qu'est cet avocat, se rend chez lui et rencontre Masako pour la première fois, il diagnostique après cette rencontre : « une créature de Dieu particulièrement réussie, on dirait une étoile ». La maladie de la terre va dans *Scandale* trouver deux réponses inattendues : la présence miraculeuse de Masako, et une insistance implicite à solliciter Dieu.

Masako explique à Aoe que depuis cinq ans elle est alitée ; le peintre en est désolé et triste, elle le console. Nous sommes en hiver. Petite sentinelle à un poste frontière entre, d'une part, le minuscule jardin – elle dira : « Dans ce jardin de poche, il se passe tant de choses. » –, et d'autre part, l'intérieur de la maison et ce qu'elle y contemple : un kimono de mariage que vient de coudre sa mère, et qui représente un paysage de printemps. Cette puissance du microcosme n'appartient pas en propre au Japon[1]. L'allusion renvoie également à deux arts traditionnels du Japon : celui des jardins et celui des kimonos, qui, alliés à la simplicité de Masako, s'opposent à la vanité de la peinture de chevalet. Vanité cependant qui faseille devant tant de simplicité, et le trouble d'Aoe est manifeste, puisqu'il a les larmes aux yeux. En regard de l'art des jardins, de celui des kimonos, et surtout de la peinture de chevalet, la photographie joue une partition singulière ; elle n'est pas sans faire penser au colt, référence de « l'âge moderne » dans *Yojimbo*. Un des photographes, satisfait du cliché compromettant, fanfaronne : « On peut remercier mon Leica. » Cette notation sur l'optique allemande répond involontairement à la remarque de Aoe : « Je doute de la conception du nu au Japon. », (et si je m'en tiens au sous-titre : « On manque de tonus

1. Elle a partie liée avec une dimension numineuse qui traverse les cultures. Je cite seulement pour mémoire : « *Non coerceri maximo contineri minimo, divinum est* », exergue d'*Hypérion* d'Hölderlin, extrait de l'épitaphe d'Ignace de Loyola.

mental pour peindre des nus imposants. »). Le Japon en matière d'appareil photo, de peinture de chevalet, est, pour Kurosawa, décalé, et essaie de s'approprier des savoirs qui ne lui appartiennent pas en propre. La peinture se conforme à une peinture de chevalet venue d'Europe, et la photographie, en 1950, a besoin d'outils fabriqués en Allemagne[1]. Il y a une tonalité poétique et dérisoire dans ce film à la fois bancal, ironique, tendre et désespéré. Ainsi, le soir de Noël, Aoe fait en moto le tour du cloaque, et sur sa moto est juché un sapin décoré qu'il va offrir à Masako. Le soir de Noël est l'épicentre du film : une constellation d'étoiles, des étoiles partout, sur le front de l'ours, sur la couronne de Masako, et chaque plan en débusque de nouvelles. Cet ours qui est là, assis à la place du père, contredit l'essence animale du pauvre Hiruda : de sangsue il devient ours. Quand, ivre mort, il avait apporté cet ours à Masako, elle lui avait dit : « Tu as quelque chose à te faire pardonner. » Hiruda s'était effondré, ivre, près de Masako, l'ours entre elle et lui, et Masako de lui caresser les cheveux, comme elle caressait l'ours. Hiruda, déplorable, honteux, misérable, épie derrière la vitre la joie de ce soir de Noël et sa constellation d'étoiles. Joie à laquelle il n'a pas accès et n'a pas le droit de se mêler. La cantatrice chante pour Masako un chant de Noël. De l'autre côté de la vitre, Hiruda bascule, bouscule tout et s'enfuit en courant tel le malfaiteur qu'il est. Aoe le rattrape, ils finiront ensemble cette nuit de Noël dans un bistrot minable. Cette scène est un morceau d'anthologie. Son accent fordien est revendiqué, et l'hommage à John Ford, d'une générosité bouleversante ; alors que tout est là pour qu'elle verse dans la grandiloquence et le ridicule, la scène est sauvée par miracle. Hiruda et le peintre se saoûlent ensemble, chantent ensemble, et dans ce bouge, tout le monde chante. Mais ce qu'ils chantent est davantage qu'un chant de Noël. Ils chantent *Auld lang syne – Ce n'est qu'un au revoir –*, dont la traduction japonaise *Hotaru no hikari* signifie « Lueur d'une luciole ». Masako

1. Paradoxe de Kurosawa, qui aimait tant les arts traditionnels du Japon et les arts dits « mineurs », et qui sera le seul cinéaste japonais à construire des films aussi imposants que ceux de John Ford.

est donc présente jusque dans cette chanson. Ceux qui sont là anticipent la fin de l'année. Ils expulsent l'année passée par vœux et promesses, et le font le soir de Noël. On a l'impression que c'est le Japon tout entier qui veut se débarrasser, avec quelques jours d'avance, de toute une année. Hiruda et Aoe vont, un peu plus tard, échouer sur la rive du cloaque. Aoe porte une couronne de carton et dit : « Une étoile est tombée dans la boue [...] ; même un minable salopard comme toi peut avoir pour fille une étoile. » Le mot étoile marque le film à trois moments clés, dessinant une constellation sommaire, simple et visible. Au début du film Aoe annonce : « On dirait une étoile. » Puis, à la pliure du film : « Une étoile est tombée dans la boue. » Enfin, après qu'Hiruda se soit racheté en avouant son infamie devant le tribunal, Aoe concluera devant les journalistes : « On vient d'assister à la naissance d'une étoile... ».

Ce qui est malade dans le Japon de 1950, et que matérialise le cloaque et la maladie qui a raison de Masako, réclame dans le film d'étranges antidotes : cette omniprésence des étoiles, d'abord, et une référence christique, ensuite. Masako rejette les fleurs que le peintre vient de lui offrir, tant elle a honte, et ne veut plus accepter de cadeau de l'homme que son Judas de père est en train de trahir. La scène où Hiruda vient annoncer à Aoe la mort de Masako fait écho à celle de la chorale de Noël. Aoe semble pressentir ce malheur, il enfourche sa moto, entreposée dans l'atelier, fait vrombir le moteur et un bruit assourdissant envahit l'espace. Ce bruit est comparable à ce que je commentais de l'aveuglement. Il est véritablement un cri. Une minute plus tard, Aoe s'en expliquera : « J'avais besoin de ce bruit. » Tout alors semble exagéré, presque ridicule, et en même temps poignant. Il y a dans le cinéma de Kurosawa une expérimentation sur un mode mineur de ce qui trouvera son amplification dans la tragédie (le cri des femmes dans *Barberousse* répond à ce bruit de moteur). Quand la moto vrombit, un détail me frappe. Le phare rond, central dans le plan, reste éteint comme si le bruit retenait la lumière, faisait entendre la lumière. Ce qui assourdit là est comparable à ce qui aveugle et annonce ce qui va avoir lieu, et qui est insurmontable et impossible à entendre. Hiruda est entré, il annonce la mort de

Masako. Il dit : « Masako est morte », et titube contre l'immense chevalet qui se trouve là. Il s'y accroche comme au mât d'un navire. À cette seconde, le spectateur devine que ce chevalet est une croix. Rien pourtant ne formalise cette croix dans l'espace. La caméra pivote, cadre Hiruda de face, et la croix que fait le chevalet se dessine. Le symbole est confirmé par le plan. C'est le même mouvement de caméra que nous retrouverons dans *Vivre*, quand à la fin, Watanabe, longuement filmé de profil sur sa balançoire, se retrouve de face. On réentend alors dans *Vivre*, à cette seconde, ce qui avait été dit au tout début du film : cet homme porte sa croix, et « sa croix c'est son cancer ». Dans *Scandale*, Hiruda porte maintenant sa croix, et cette croix est la mort de son enfant. Elle a dit avant de mourir : « Aoe a gagné son procès. » La maladie, la maladie de la terre, le mal, sont soulignés par l'idée d'une rédemption. Les seules dates qui apparaissent dans le cinéma de Kurosawa sont celles des batailles de *Kagemusha*. Pourquoi alors inscrire la date de la première audience avec tant de solennité et d'insistance dans *Scandale* ? Cette date prend un sens particulier en se référant à la scène incantatoire du soir de Noël, où chacun en appelle à son devoir et à sa responsabilité pour l'année à venir. Le 15 janvier devenait, deux ans plus tôt au Japon, en 1948, le jour de la cérémonie civile du *Seijin no Hi* (« Jour de l'accession à la majorité »)[1]. Cette date, inscrite solennellement, invite à deux remarques. Masako n'atteindra pas cet âge de la responsabilité, elle qui pourtant porte le destin de chacun sur ses épaules et est responsable de tous. L'autre remarque renvoie à une ambiguïté laissée en suspens, concernant le soir de Noël, qui semble commémorer trop de choses en même temps. L'intronisation de l'Empereur avait eu lieu en 1926 précisément un 25 décembre : le jour de Noël est donc aussi ce jour anniversaire. Et cette double célébration qui hâte le premier janvier, devance également l'anniversaire d'un premier

1. Le *Seijin no Hi* résulte d'une ancienne tradition shintoïste appelée *gempuku* (« don du chapeau de l'homme ») pour les jeunes garçons, et *mogi* (« revêtir une robe ») pour les jeunes filles. L'esprit de ces rites a subsisté après la seconde guerre mondiale dans le « Jour de la majorité », cérémonie civile et depuis démocratisée, instituée en 1948 et célébrée, jusqu'en 1999, le 15 janvier de chaque année.

janvier historique, le premier janvier 1946. Dans la presse écrite, l'Empereur du Japon – empereur sacré et inviolable, ne donnant jamais d'ordres lui-même, invisible, mystérieux, s'appuyant sur un système complexe de relations hiérarchiques où tout se faisait au nom de l'Empereur, cet empereur dont le peuple entendit pour la première fois la voix, s'exprimant dans une langue archaïque, le 15 août 1945 – publia la déclaration suivante, j'en traduis en substance les termes : « Le lien qui existe entre moi et vous, le peuple, est un lien de confiance et d'affection réciproques, ce n'est pas quelque chose qui vient des mythes et des légendes, ce n'est pas non plus fondé sur l'idée non exacte que l'empereur est une divinité sous forme humaine, et que le peuple japonais est supérieur aux autres peuples et destiné à diriger le monde. » Aoe a gagné son procès. Il dit – les journalistes ne comprennent pas – pour seule conclusion : « Nous venons d'assister à la naissance d'une étoile. » Le vent arrache les affiches scandaleuses et compromettantes, et le papier en lambeaux, froissé, déchiré, frissonne contre le mur.

Dans *L'Ange ivre*, le médecin disait à l'ex-femme de Okada, le yakuza qui vient de sortir de prison : « Ne va pas chez Okada. Tu ne dois pas te sacrifier, c'est une mauvaise habitude chez les Japonais. » Kurosawa sacrifie en le sachant les histoires d'amour qui pourraient se nouer dans ses films, il les fait exister sur le mode du non-lieu. Dans *La Légende du grand judo* d'abord, dans *Duel silencieux* de façon explicite, et dans *Scandale*, où l'histoire d'amour ordinaire, attendue entre Aoe et la cantatrice, est suspendue, détournée par une affaire sordide qui rend public ce qui aurait pu être privé, qui rend faux ce qui aurait dû être vrai. Cette histoire d'amour rendue impossible éclipse une impossible histoire d'amour. Celle-là, Kurosawa sait la filmer ; c'est ce qui lie Masako et Aoe. Un tel sentiment, Kurosawa le retrouvera dans *Dersou Ouzala*, il est ce qui unit Arseniev au vieux chasseur. Le véritable anticorps à la maladie de la terre et au malheur des hommes est cet amour-là.

filmographie

LA LÉGENDE DU GRAND JUDO
(Sugata Sanshiro) 1943

N&B. Scénario : Akira Kurosawa, d'après le roman de Tsuneo Tomita, *Sugata Sanshiro.*
Image : Akira Mimura.
Lumière :Shogo Onuma.
Son : Tomohisa Higuchi.
Décors : Masao Totsuka.
Montage : Toshio Goto, Akira Kurosawa.
Musique : Seiichi Suzuki.
Producteur : Keiji Matsuzaki.
Production : Toho.
Durée : 1 h 19 (après coupes de la censure).
Avec : Susumu Fujita (Sugata Sanshiro), Denjiro Okochi (Shogoro Yano, maître de judo), Takashi Shimura (Hansuke Murai, vieux maître de jiu-jitsu), Ryunosuke Tsukigata (Gennosuke Higaki, disciple de Murai), Yukiko Todoroki (Sayo, fille de Murai), Yoshio Kosugi (Saburo Monma), Ranko Hanai (Osumi, fille de Monma), Kokuten Kodo (le bonze).

LE PLUS BEAU
(Ichiban utsukushiku) 1944

N&B. Scénario : Akira Kurosawa.
Image : Joji Ohara.
Décors : Teruaki Abe.
Montage : Akira Kurosawa.
Musique : Seiichi Suzuki.
Producteurs : Motohiko Ito, Jin Usami.
Production : Toho.
Durée : 1 h 26.
Avec : Yoko Yaguchi (Tsuru Watanabe, chef du groupe féminin des volontaires), Sayuri Tanima (Yuriko Tanimura), Takako Irie (Noriko Mizushima), Takashi Shimura (Goro Ishida).

LA NOUVELLE LÉGENDE DU GRAND JUDO
(Zoku Sugata Sanshiro) 1945

N&B. Scénario : Akira Kurosawa, d'après le roman de Tsuneo Tomita.
Image : Takeo Ito.
Son : Shoji Kameyama.
Décors : Kazuo Kubo.
Montage : Akira Kurosawa.
Musique : Seiichi Suzuki.

Producteur : Motohiko lto.
Production : Toho.
Durée : 1 h 23.
Avec : Susumu Fujita (Sugata Sanshiro), Denjiro Okochi (Shogoro Yano), Ryunosuke Tsukigata (Gennosuke Higaki), YukikoTodoroki (Otomi), Eijiro Tono (Toten Mazaki), Akitake Kono (Genzaburo Higaki).

LES HOMMES QUI MARCHENT SUR LA QUEUE DU TIGRE
(Tora no o fumu otokotachi) 1945

N&B. Scénario : Akira Kurosawa, d'après la pièce de kabuki *Kanjincho.*
Image : Takeo Ito.
Son : Keiji Hasebe.
Décors : Kazuo Kubo.
Montage : Toshio Gotto.
Musique : Tadashi Hattori.
Producteur : Motohiko Hito.
Production : Toho.
Durée : 59 mn.
Avec : Denjiro Okochi (Benkei), Susumu Fujita (Togashi), Kenichi Enemoto, dit Enoken (le porteur), Masayuki Mori (Kamei), Takashi Shimura (Kataoka), Hanshiro Iwai (Yoshitsune).

JE NE REGRETTE RIEN DE MA JEUNESSE
(Waga seishun ni kuinashi) 1946

N&B. Scénario : Eijaro Hisaita.
Image : Asakazu Nakai.
Son : Isamu Suzuki.
Décors : Keiji Kitagawa.
Montage : Toshio Goto.
Musique : Tadashi Hattori.
Producteur : Keiji Matsuzaki.
Production : Toho.
Durée : 1 h 51.
Avec : Denjiro Okochi (le professeur Yagihara), Setsuko Hara (Yukie, sa fille), Susumu Fujita (Ryukichi Noge), Takashi Shimura (le policier), Haruko Sugimura (la mère de Noge), Miyoshi Eiko (la femme du professeur), Kokuten Kodo (le père de Noge).

UN MERVEILLEUX DIMANCHE
(Subarashiki nichiyobi) 1947

N&B. Scénario : Keinosuke Uekusa.
Image : Asakuzu Nakai.
Son : Shigeharu Yasue.
Décors : Kazuo Kubo.
Montage : Akira Kurosawa.

Musique : Tadashi Hattori.
Producteur : Shojio Motoki.
Production : Toho.
Durée : 1 h 48.
Avec : Isao Numazaki (Yuzo), Chieko Nakakita (Masako), Ichiro Sugai (l'homme du marché noir), Midori Ariyama (sa femme).

L'ANGE IVRE
(Yoidore tenshi) 1948

N&B. Scénario : Keinosuke Uekusa, Akira Kurosawa.
Image : Takeo Ito.
Son : Wataru Konuma.
Décors : Takashi Matsuyama, assisté de Yoshiro Muraki.
Montage : Akira Kurosawa.
Musique : Fumio Hayasaka, Osuke Ito (guitare).
Producteur : Shojiro Motoki.
Production : Toho.
Durée : 1 h 38.
Avec : Toshiro Mifune (Matsunaga), Takashi Shimura (le docteur Sanada), Reizaburo Yamamoto (Okada), Michiyo Kogure (Nanae), Eitaro Shindo (Nakayama), Yoshiko Kuga (la lycéenne), Chieko Nakakita (Miyo).

DUEL SILENCIEUX
(Shizuka naru ketto) 1949

N&B. Scénario : Senkichi Taniguchi, Akira Kurosawa, d'après la pièce de Kazuo Kikura, *Datai (L'Avorteur).*
Image : Soichi Aisaka.
Son : Mitsuo Hasegawa.
Décors : Koichi Imai.
Montage : Masanori Tsujii.
Musique : Akira Ifukube.
Producteur : Shojiro Moroki, Isao Ichikawa.
Production : Daiei.
Durée : 1 h 35.
Avec : Toshiro Mifune (Kyoji Fujisaki, le chirurgien), Takashi Shimura (Konosuke Fujisaki, son père), Miki Sanjo (Misao Matsuki), Kenjiro Uemura (Tatsuo Nakada, le patient syphilitique).

CHIEN ENRAGÉ
(Nora inu) 1949

N&B. Scénario : Ryuzo Kikushima, Akira Kurosawa.
Image : Asakazu Nakai.
Lumière : Choshiro Ishii.
Son : Fumio Yanoguchi.

Décors : Takashi Matsuyama, assisté de Shinobu Muraki.
Montage : Toshio Gotto.
Musique : Fumio Hayasaka.
Producteur : Shojiro Motoki.
Production : Shintoho, Geijutsu Eiga (Akira Kurosawa, Kajiro Yamamoto, Senkichi Taniguchi).
Durée : 2 h 02.
Avec : Toshiro Mifune (Goro Murakami, le jeune policier), Takashi Sbimura (Sato), ReizaburoYamamoto (Honda), Isao Kimura (Yusa, l'homme au pistolet), Teruko Kishi (Ogin, la femme pickpocket), Keiko Awaji (Harumi).

SCANDALE
(Shubun) 1950

N&B. Scénario : Ryuzo Kikushima, Akira Kurosawa.
Image : Toshio Ubukata.
Son : Saburo Omura.
Décors : Tatsuo Hamada.
Montage : Akira Kurosawa.
Musique : Fumio Hayasaka.
Producteur : Takashi Koide, Shojiro Motoki.
Production : Shochiku.
Durée : 1 h 45.
Avec : Toshiro Mifune (Ichiro Aoe, le peintre), Takashi Shimura (Otokichi Hiruda, l'avocat), Yoshiko Yamaguchi (Miyako Saijo, la chanteuse), Yoko Katsuragi (Masako, la fille de l'avocat), Sakae Ozawa (Hori, le patron du journal), Noriko Sengoku (Sumie, le modèle du peintre).

RASHÔMON 1950

N&B. Scénario : Shinobu Hashimoto, Akira Kurosawa, d'après deux nouvelles de Ryunosuke Akutagawa, *Dans le fourré* et *Rashômon*.
Image : Kazuo Miyagawa.
Son : Iwao Otani.
Décors : Takashi Matsuyama.
Montage : Akira Kurosawa.
Musique : Fumio Hayasaka.
Producteurs : Masaichi Nagata, Matsutaro Kawaguchi.
Production : Daiei.
Durée : 1 h 28.
Avec : Toshiro Mifune (Tajomaru, le bandit), Masayuki Mori (Takehiro Kanazawa, le samouraï), Machiko Kyo (Masago, son épouse), Takashi Shimura (le bûcheron), Minoru Chiaki (le bonze), Daisuke Kato (le policier).

L'IDIOT
(Hakuchi) 1951

N&B. Scénario : Eijiro Hisaita, Akira Kurosawa, d'après *L'Idiot.* de Dostoïevski.
Image : Toshio Ubukata.
Son : Yoshizaburo Senoo.
Décors : Takashi Matsuyama.
Montage : Akira Kurosawa.
Musique : Fumio Hayasaka.
Producteurs : Takashi Koide, Shojiro Motoki.
Production : Shochiku.
Durée : 2 h45.
Avec : Masayuki Mori (Kinji Kameda, l'idiot), Toshiro Mifune (Denkichi Akama), Setsuko Hara (Taeko Nasu), Takashi Shimura (M. Ono), Chieko Higashiyama (son épouse), Yoshiko Kuga (Ayako Ono, leur fille), Minoru Chiaki (Mutsuo Keyama).

VIVRE
(Ikiru) 1952

N&B. Scénario : Shinobu Hashimoto, Hideo Oguni, Akira Kurosawa.
Image : Asakazu Nakai.
Son : Fumio Yanoguchi.
Décors : Takashi Matsuyama, assisté de Yoshiro Muraki.
Montage : Akira Kurosawa.
Musique : Fumio Hayasaka.
Producteur : Shojiro Motoki.
Production : Toho.
Durée : 2 h 23.
Avec : Takashi Shimura (Kanji Watanabe), Nobuo Kaneko (Mitsuo, son fils), Kyoko Seki (Kazue, sa belle-fille), Ynosuke Ito (le romancier).

LES SEPT SAMOURAÏS
(Shichinin no samurai) 1954

N&B. Scénario : Shinobu Hashimoto, Hideo Oguni, Akira Kurosawa.
Image : Asakazu Nakai.
Son : Fumio Yanoguchi.
Décors : Takashi Matsuyama, assisté de Yoshiro Muraki.
Montage : Akira Kurosawa.
Musique : Fumio Hayasaka.
Producteurs : Shojiro Motoki.
Production : Toho.
Durée : 3 h 13.
Avec : Toshiro Mifune (Kikuchiyo, le septième samouraï), Takashi Shimura (Kanbei Shimada, le maître), Yoshio Inaba (Gorobei), Ko Kimura (Katsushiro, le jeune samouraï), Daisuke Kato (Shichiroji), Seiji Miyaguchi (Kyuzo).

VIVRE DANS LA PEUR autre titre SI LES OISEAUX SAVAIENT (Ikimono no kiroku) 1955

N&B. Scénario : Shinobu Hashimoto, Hideo Oguni, Akira Kurosawa.
Image : Asakazu Nakai.
Son : Fumio Yanoguchi.
Décors : Yoshiro Muraki.
Montage : Akira Kurosawa.
Musique : Fumio Hayasaka.
Producteur : Shojiro Motoki.
Production : Toho.
Durée : 1 h 44.
Avec : Toshiro Mifune (Kiichi Nakajima), Eiko Miyoshi (Toyo, sa femme), Minoru Chiaki (Jiro, son fils), Takashi Shimura (le dentiste Harada, médiateur), Haruko Togo (Yoshi, la fille de Nakajima), Ken Mitsuda (le juge Araki), Masao Chimizu (Yamazaki), Akemi Negishi (Asako).

LE CHÂTEAU DE L'ARAIGNÉE (Kumonosu jo) 1957

N&B. Scénario : Shinobu Hashimoto, Hideo Oguni, Ryuzo Kikushima, Akira Kurosawa, d'après *Macbeth* de Shakespeare.
Image : Asakazu Nakai.
Lumière : Kyuichiro Kishida.
Son : Fumio Yanoguchi.
Décors : Yoshiro Muraki.
Montage : Akira Kurosawa.
Musique : Masaru Sato.
Producteurs : Shojiro Motoki, Akira Kurosawa.
Production : Toho.
Durée : 1 h 50.
Avec : Toshiro Mifune (Taketoki Washizu), Isuzu Yamada (Dame Asaji, l'épouse de Washizu), Takamaru Sasaki (Kuniharu Tsuzuki), Takashi Shimura (Noriyasu Odagura), Minoru Chiaki (Yoshiaki Miki), Akira Kubo (Yoshiteru, le fils de Miki), Yoichi Tachikawa (Kunimaru, le fils de Tsuzuki).

LES BAS-FONDS (Donzoko) 1957

N&B. Scénario : Hideo Oguni, Akira Kurosawa, d'après *Les Bas-Fonds*, de Gorki.
Image : Kazuo Yamazaki.
Son : Fumio Yanoguchi.
Décors : Yoshiro Muraki.
Montage : Akira Kurosawa.
Musique : Masaru Sato.
Producteurs : Shojiro Motoki, Akira Kurosawa.
Production : Toho.

Durée : 2 h 10.
Avec : Toshiro Mifune (Sutekichi, le voleur), Ganjiro Nakamura (Rokubei), IsuzuYamada (Osugi, la femme de Rokubei), Kyoko Kagawa (Okayo, la sœur d'Osugi), Akemi Negishi (Osen), Kamatari Fujiwara (l'acteur).

LA FORTERESSE CACHÉE
(Kakushi toride no san akunin) 1958

N&B. Scénario : Shinobu Hashimoto, Hideo Oguni, Ryuzo Kikushima, Akiru Kurosawa.
Image : Kazuo Yamazaki.
Son : Fumio Yanoguchi.
Lumière : Ichiro Inohara.
Décors : Yoshiro Muraki.
Montage : Akira Kurosawa.
Musique : Masaru Sato.
Producteurs : Masumi Fujimoto, Akira Kurosawa.
Production : Toho.
Durée : 2 h 19.
Avec : Toshiro Mifune (le général Rokurota Makabe), Misa Uehara (la princesse Yuki), Minoru Chiaki (Tahei, le gros paysan), Kamatari Fujiwara (Matashichi, le paysan maigre), Susumu Fujita (Hyœi, le général ennemi), Takashi Shimura (Izumi Nagakura).

LES SALAUDS DORMENT EN PAIX
(Warui yatsu hodo yoku nemuru) 1960

N&B. Scénario : Shinobu Hashimoto, Hideo Oguni, Ryuzo Kikushima, Eijaro Hisaita, Akira Kurosawa.
Image : Yuzuru Aizawa.
Son : Fumio Yanoguchi.
Décors : Yoshiro Muraki.
Montage : Akira Kurosawa.
Musique : Masaru Sato.
Producteurs : Tomoyuki Tanaka, Akira Kurosawa.
Production : Toho, Kurosawa Production.
Durée : 2 h 32.
Avec : Toshiro Mifune (Koichi Nishi), Masayuki Mori (Iwabuchi), Kyoko Kagawa (Yoshiko), Takashi Shimura (Moriyama, le directeur général), Akira Nishimura (Shirai), Kamatari Fujiwara (Wada), Chishu Ryu (Nonaka, le procureur), Susumu Fujita (un policier), Takeshi Kato (Itakura).

YOJIMBO autre titre LE GARDE DU CORPS
(Yojimbo) 1961

N&B. Scénario : Ryuzo Kikushima, Akira Kurosawa.
Image : Kazuo Miyagawa.
Son : Choshichiro Mikami, Hisashi Shimonoga.

Décors : Yoshiro Muraki.
Montage : Akira Kurosawa.
Musique : Masaru Sato.
Producteurs : Tomoyuki Tanaka, Ryuzo Kikushima.
Production : Toho, Kurosawa Production.
Durée : 1 h 50.
Avec : Toshiro Mifune (Sanjuro), Tatsuya Nakadai (Unosuke), Takashi Shimura (Tokuemon), Isizu Yamada (Orin), Kyu Sazanka (Ushitora), Seizaburo Kawazu (Seibei), Susumu Fujita (Homma), Yoko Tsukasa (Nui), Daisuke Kato (Inokichi), Kamatari Fujiwara (Tazaemon).

SANJURO
(Tsubaki Sanjuro) 1962

N&B. Scénario : Ryuzo Kikushima, Hideo Oguni, Akira Kurosawa, d'après une nouvelle de Shugoro Yamamoto, *Hibi Heian (Jours de paix)*.
Image : Fokuzo Koizumi, Takao Saito.
Son : Hisashi Shimonoga.
Décors : Yoshiro Muraki.
Montage : Akira Kurosawa.
Musique : Masaru Sato.
Producteurs : Tomoyuki Tanaka, Ryuzo Kikushima.
Production : Toho, Kurosawa Production.
Durée : 1 h 36.
Avec : Toshiro Mifune (Sanjuro), Tatsuya Nakadai (Hanbei Muroto), Takashi Shimura (Kurofuji, le chef de la garde), Kamatari Fujiwara (Takebayashi, l'intendant), Yunosuke Ito (Mitsuta, le gouverneur du château), Takako Irie (la femme du gouverneur), Dan Reiko (Chidori, la fille du gouverneur), Yuzo Kayama (Iori Izaka, le chef des jeunes samouraïs).

ENTRE LE CIEL ET L'ENFER
(Tengoku to jigoku) 1963

N&B. Scénario : Ryuzo Kikushima, Hideo Oguni, Eijiro Hisaita, Akira Kurosawa, d'après une nouvelle d'Ed McBain, *King's Ransom*.
Image : Asakazu Nakai, Takao Saito.
Son : Fumio Yanoguchi.
Décors : Yoshiro Muraki.
Montage : Akira Kurosawa, Reiko Kaneko.
Musique : Masaru Sato.
Producteurs : Tomoyuki Tanaka, Ryuzo Kikushima.
Production : Toho, Kurosawa Production.
Durée : 2 h 23.

Avec : Toshiro Mifune (Kingo Gondo), Kyoko Kagawa (Keiko, sa femme), Tatsuya Nakadai (le commissaire Tokura), Akashi Nishimura (l'associé de Gondo), Tsutomu Yamazaki (Ginjiro, le kidnappeur), Yukata Sada (le chauffeur de Gondo), Tatsuya Miwashi (Kawanishi).

BARBEROUSSE (Akahige) 1965

N&B. Scénario : Ryuzo Kikushima, Hideo Oguni, Masato Ide, Akira Kurosawa, d'après la nouvelle de Shugoro Yamamoto, *Akahige Shinryo Dan (Histoire de la clinique de Barberousse).*
Image : Asakazu Nakai, Takae Saito.
Son : Shin Watarai.
Lumière : Hiromitsu Mori.
Décors : Yoshiro Muraki.
Montage : Akira Kurosawa, Reiko Kaneko.
Musique : Masaru Sato.
Producteurs : Tomoyuki Tanaka, Ryuzo Kikushima.
Production : Toho, Kurosawa Production.
Durée : 3 h 05.
Avec : Toshiro Mifune (Kyojo Niide, dit Barberousse), Yuzo Kayama (Noburu Yasumoto, l'interne), Yoko Kagawa (la folle), Takashi Shimura (le riche Tokubei), Kamatari Fujiwara (Rokusuke), Akemi Nageshi (Okuni, fille de Rokusuke), Tsutomu Yamazaki (Sahachi, le charpentier), Terumi Niki (Otoyo), Chishu Ryu (le père de Yasumoto), Kinuyo Tanaka (la mère de Yasumoto).

DODES'KADEN 1970

Scénario : Hideo Oguni, Shinobu Hashimoto, Akira Kurosawa, d'après le roman de Shugoro Yamamoto, *Kisetsu no mai machi.*
Image : Takao Saito, Yasumichi Fukuzawa.
Lumière : Hiromitsu Mori.
Son : Fumio Yanoguchi, Hiromitsu Mori.
Décors : Yoshiro Muraki, Shinobu Muraki.
Montage : Reiko Kaneko.
Musique : Toru Takemitsu.
Producteurs : Yoichi Matsue, Akira Kurosawa.
Production : Yonki no kai (ou « Le groupe des quatre cavaliers » : Akira Kurosawa, Keisuke Kinoshita, Kon Ichikawa, Masaki Kobayashi), Toho Distribution.
Durée : 2 h 20.
Avec : Yoshitaka Zushi (Rokuchan, le conducteur du tram), Kin Sugai (sa mère), Juzaburo Ban (l'homme aux tics), Kiyoko Tange (sa femme), Atsushi Watanabe (Tanba), Hiroshi Akutagawa (l'homme aveugle), Tomoko Naraoka (Ocho, sa femme), Noboru Matani (le père mendiant), Hiroyuki Kawase (son fils).

DERSOU OUZALA
(Derzu Uzala) 1975

Scénario : Youri Naguibine, Akira Kurosawa, d'après le roman de Vladimir Arseniev, *Dersou Ouzala*.
Image : Asakazu Nakai, Iouri Gantman, Fedor Dobronravov.
Son : Olga Burkova.
Décors : Youri Rakcha.
Montage : V. Stepanovoi.
Musique : Isaac Shwartz.
Producteurs : Yoichi Matsue, Nicolai Shizov.
Production : Mosfilm.
Durée : 2h25.
Avec : Maxime Mounzouk (Dersou Ouzala), Youri Solomine (Vladimir Arseniev), Vladimir Kréména (Tourtyguine), Alexandre Piatkov (Olentiev), S. Danilentchenko (Anna, la femme d'Arseniev).

KAGEMUSHA 1980

Scénario : Masato Ide, Akira Kurosawa.
Image : Takao Saito, Masaharu Ueda, Kazuo Miyagawa, Asaichi Nakai.
Lumière : Takeji Sano.
Son : Fumio Yanoguchi.
Décors : Yoshiro Muraki, Hatsumi Yamamoto, Daisaburo Sasaki, Koichi Hamamura.
Montage : Tome Minami, Akira Kurosawa.
Musique : Sinichiro Ikebe.
Producteurs : Tomyuki Tanaka, Akira Kurosawa, Francis Ford Coppola, George Lucas.
Production : Toho, Kurosawa Production, Twentieth Century-Fox (droits mondiaux).
Durée : 2 h 40.
Avec : Tatsuya Nakadai (Shingen Takeda et son double, le kagemusha), Tsutomu Yamazaki (Nobukado Takeda, le frère cadet de Shingen), Kenichi Hagiwara (Katsuyori, le fils de Shingen), Hideji Otaki (Masakage Yamagata, le chef militaire du clan Takeda), Daisuke Ryu (Nobunaga Oda), Masayuki Yui (Ieyasu Tokugawa), Takashi Shimura (Gyobu Taguchi), Kamatari Fujiwara (le médecin de Shingen Takeda).

RAN 1985

Scénario : Masato Ide, Hideo Oguni, Akira Kurosawa, d'après *Le Roi Lear* de Shakespeare.
Image : Takao Saito, Masaharu Ueda, Asakazu Nakai.
Lumière : Takeji Sano.
Son : Fumio Yanoguchi.
Décors : Yoshiro Muraki, Shinobu Muraki.
Montage : Akira Kurosawa.
Musique : Toru Takemitsu.
Producteur : Serge Silberman, Masato Hara.
Production : Greenwich Film Production.

Durée : 2 h 43.
Avec : Tatsuya Nakadai (Hidetora Ichimonji), Akira Terao (Taro Ichimonji), Jinpachi Nezu (Jiro Ichimonji), Daisuke Ryu (Saburo Ichimonji), Mieko Harada (Dame Kaede), Yoshiko Miyazaki (Dame Sue), Takeshi Nomma (Tsurumaru, l'aveugle, frère de Dame Sue), Hisashi Igawa (le lieutenant de Jiro), Masayuki Hui (Tango, fidèle de Saburo), Peter (Kyoami, le « fou » d'Hiderota).

RÊVES
(Dreams / Yume) 1990

Scénario : Akira Kurosawa.
Image : Takao Saito, Masaharu Ueda.
Lumière : Takeji Sano.
Son : Kenichi Benitani.
Décors : Akira Sakuragi, Yoshiko Muraki.
Montage : Tome Minami.
Musique : Sinichiro Ikebe.
Conseiller artistique : Inoshiro Honda.
Producteur : Hisao Kurosawa, Mike Y. Inoue, Steven Spielberg (version internationale).
Production : Warner Bros.
Durée : 1h59.
Avec : Akira Terao (Akira adulte), Toshihiko Nakano (Akira enfant), Mitsuko Baisho (la mère de l'enfant), Mitsunori Isaki (Akira jeune garçon), Mieko Harada (la femme des neiges), Yoshitaka Zushi (le soldat Negushi), Hisashi Igawa (l'ingénieur), Chosuke Ikariya (le démon gémissant), Chishu Ryu (le vieil homme du moulin), Martin Scorsese (Vincent Van Gogh).

RHAPSODIE EN AOÛT
(Hachi gatsu no kyshikyoku) 1991

Scénario : Akira Kurosawa, d'après le roman de Kyoko Murera, *Nabe no naka.*
Image : Takao Saito, Musaharu Ueda.
Son : Kenichi Benitani.
Décors : Yoshiro Muraki.
Montage : Akira Kurosawa.
Musique : Sinichiro Ikebe.
Producteur : Hisao Kurosawa.
Production : Feature Film Enterprise, Kurosawa Production.
Durée : 1h38.
Avec : Sachiko Murase (Kane), Hisashi Igawa (Tadao), Richard Gere (Clark), Narumi Kayashima (Machino), Mitsunori Isaki (Shinjiro).

MADADAYO 1993

Scénario : Akira Kurosawa, d'après l'autobiographie de Hyakken Uchida, *Maada kai.*
Image : Takao Saito, Masaharu Ueda.
Lumière : Takeji Sano.
Son : Hideo Nishizaki.

Décors : Yoshiro Muraki.
Montage : Akira Kurosawa.
Musique : Sinichiro Ikebe.
Conseiller artistique : Inoshiro Honda.
Producteur : Hisao Kurosawa.
Production : Kurosawa Production.
Durée : 2h19.
Avec : Tatsuo Matsumura (le professeur Hyakken Uchida), Kyoko Kagawa (son épouse), Hisahi Igawa (Takayama, un ancien élève), Masayuki Ui (Kiriyama, un ancien élève), Akira Terao (Sawamura, un ancien élève), Takeshi Kusaka (le docteur Kobayashi).

AKIRA KUROSAWA SCÉNARISTE

(liste non exhaustive)

Un Allemand au temple de Daruma, 1941.
Mille et Une Nuits dans la forêt, 1941.
La Fleur de San Paguita, 1941.
Un souffle de jeunesse, de Satsuo Yamamoto, 1942.
Le Triomphe des ailes, de Satsuo Yamamoto, 1942.
Une histoire de lutteurs, de Santaro Marune, 1944.
La Montagne d'argent, de Senkichi Taniguchi, 1947, avec Toshiro Mifune.
Le Portrait de Shozo, de Keisuke Kinoshita, 1948.
La Dame de l'enfer, de Motoyoshi Oda, 1949.
Nora Inu, de Morisaki Azuma, 1973 (écrit en 1949).
Jakoman et Tetsu, de Senkichi Taniguchi, 1949 ; remake de Kinji Fukasaku, 1964.
L'Évasion à l'aube, de Senkichi Taniguchi, 1950.
Jiruba no tetsu, de Isamu Kosugi, 1950.
Danpei le lutteur, de Masahiro Makino, 1950.
Au-delà de l'amour et de la haine, de Senkichi Taniguchi, 1951.
La Cage aux fauves, de Tatsuo Osone, 1951.
Duel au carrefour Kagiya, de Kazuo Mori, 1952.
Vagabonds de la guerre civile, de Hiroshi Inagaki, 1952.
Souffle ! Vent du printemps, de Senkichi Taniguchi, 1953.
La Brigade disparue, de Akira Mimura, 1955.
La Légende du chêne qui rêve aux lendemains, de Hiromichi Horikawa, 1955.
Tora ! Tora ! Tora !, de Richard Fleischer, 1970.
Runaway Train, de Andreï Konchalovski, 1985.
The Last Man Standing, de Walter Hill, 1996.
Après la pluie (Ame Agaru), de Takashi Koizumi, 1999.
Dom Heita, de Kon Ichikawa, 2000, d'après ShugoroYamamoto.
Umi wa miteita (The Sea ls Watching), de Kei Kumai, 2002, d'après Shugoro Yamamoto.

index

acteur 10, 11, 15, 17, 22, 25, 28, 29, 47, 58, 59, 67, 75, 89, 100, 108, 120, 145, 176, 183
angoisse 40, 48, 68, 82, 96, 101-107, 109, 110, 112, 116, 131, 155, 178
animal, 16, 26, 28- 30, 32, 33, 34, 59, 79, 103, 109, 124, 125, 168, 184
- chat 32, 33, 172
- corbeaux 27, 28, 96, 97, 176, 177
- ours 27, 44, 124, 125, 126, 185
- renards 25, 26, 33, 34, 57, 69, 78, 114
- serpent 19, 26, 41
apparaître 15, 17-18, 20-21, 23, 29, 31, 32, 52, 57, 88, 90, 97, 101, 105, 124, 127, 128, 135, 169
après-guerre 59, 82, 84, 87, 88-90, 105, 164
arrêt sur image 68, 107, 148
attente 19, 20, 62, 74, 150
aufhebung 9, 96, 162
aveuglement 70, 92, 101, 103, 106, 109, 122, 130, 131, 155, 169, 172, 186

benshis 63
bombardement 32, 80, 171
bunraku 35

cadre 9, 20, 24, 28-31, 39, 42, 52, 65, 66, 68, 80, 83, 87, 96-98, 101, 109, 110, 113, 126, 129, 135-138, 140, 141, 147, 165, 169, 182, 187
caméra 11, 21, 30, 40, 42, 44, 58, 59, 85, 89, 91, 104, 108, 118, 146, 147, 154, 168, 173, 179, 182, 187
CARUS Carl Gustav 82, 123, 126, 161, 162, 171
CASPAR David Friedrich 82, 123, 126, 127, 130, 162, 170
chaos 103, 108, 109, 112, 115, 116, 141, 163, 164, 169
cicatrice 92, 93, 95, 150, 154, 156, 167, 180
ciel 10, 15, 18, 20, 24, 26, 36, 65, 66, 70, 85, 89, 96, 106, 111, 112, 116, 118, 123, 127, 128, 155, 167, 169, 178
CONRAD Joseph 62
couleur 36, 37, 41, 53, 54, 70, 72-74, 79-81, 90, 91, 111, 112, 118, 121, 123, 124, 139, 140, 143, 163-165, 167, 169, 179, 180

DELEUZE Gilles 130, 132
disparaître 21, 55, 57, 64, 175, 179, 181

DOUANIER ROUSSEAU 171-173
dramatisation 26, 62, 86, 144, 145, 172

éclair 12, 16, 31, 48, 66, 75, 99, 100, 102, 116, 157
effet pictural 124
EISENSTEIN Serguei 139, 140
éléments 14-18, 20- 27, 29, 30, 56, 57, 168
étoile 111, 112, 184-186, 188

fantôme 21, 39, 55-59, 63-66, 77, 78, 113, 151, 156, 157, 167
fascination 31, 32, 124
fleurs (usage métaphorique) 9, 29, 30, 36, 37, 39-44, 49, 97, 141, 150, 151, 174, 176, 178, 186
force symbolique 124
FORD John 15, 22, 28, 29, 30, 34, 128, 129, 141, 170, 185

guerre 12, 13, 16, 30, 41, 49, 78, 79, 80, 83-89, 110, 117, 141, 160, 165, 166, 176, 180, 187

haiku 30, 31
HAYASAKA Fumio 109, 110, 122
HEIDEGGER Martin 24, 40, 103, 109
HIROSHIGE Utagawa 21, 115, 116, 121
HUSSERL Edmund 100, 113, 114

ikebana 42
invisible (métaphore) 8, 15, 16, 23, 24, 31, 36, 37, 42, 97, 107, 112, 116, 117, 137, 165, 169-171, 179

kabuki 67, 99, 119, 120
kami 15, 21, 22, 26, 56, 67, 78, 82, 169
KOBAYASHI Masaki 55, 64, 66
KOIZUMI Takashi 60, 62

LANG Fritz 12, 22, 39, 54, 61, 70, 87, 152
ligue des artistes prolétariens 49, 51
lumière 12, 13, 16, 21, 25, 29, 32, 37, 39, 40, 64, 65, 68, 82, 96, 99, 100, 103, 104, 109, 112, 114, 128, 137, 154, 163, 165-167, 169, 170, 172, 173, 177, 186

mal 56, 83, 84, 86, 114, 144, 145, 150-154, 156, 158-160, 162-164, 180, 181, 187
maladie de la terre 82, 103, 121-123, 125, 141, 151, 153, 162-164, 169-171, 175, 177, 178, 180, 181, 184, 187, 188
malheur 42, 92, 107, 118, 129, 175, 180, 186, 188
MARKER Chris 21, 77, 169
mémoire 7, 8, 16, 22, 25, 31, 33, 37, 46, 50, 52, 54, 58, 59, 69, 70, 77, 79-81, 83, 95, 98, 99, 107, 108, 115, 119, 121, 124, 129, 135, 173, 175, 182
métaphore 8, 15, 16, 23, 24, 29, 31, 36, 37, 42, 97, 107, 112, 116, 119, 139, 165, 169, 170, 171, 179
miroir 20, 29, 57, 75, 87, 93, 98, 137, 138, 146, 155, 165, 182
mise en scène 10, 12, 13, 19, 20-22, 24, 27, 28, 29, 37, 39, 50, 51, 56, 57, 58, 60, 64, 67, 70, 83, 103, 119, 135, 137, 146, 147, 150, 155, 157, 158, 166, 177, 182, 183
mono no aware 17-19, 74, 158, 173
mort 9, 10, 12, 24, 27, 29, 33, 36, 37, 39, 43, 45, 47, 49, 55, 58, 61, 62, 64, 68-70, 78, 79, 83, 85, 86, 88-93, 98, 13, 104, 107, 108, 110, 111, 113, 114, 117-119, 122, 126, 128, 134-136, 138-140, 145, 146, 151-

155, 157-159, 162, 164-168, 171, 173, 174, 177, 178, 180-183, 185, 186
motif pictural 116

nature 18, 23, 28, 39, 50, 113, 116, 122, 123, 124-127, 158, 162
noir et blanc 36, 37, 41, 42, 71, 80, 104, 139, 140, 146, 179
nucléaire 80, 82, 101, 105, 116, 117, 164

obscurité 24, 25, 40, 55-57, 64, 70, 77, 96, 97, 110, 111, 144, 166, 170, 171
OZU Yasujiro 18, 121

peinture 8-10, 21, 26, 36, 51-54, 60, 65-67, 69, 70, 75, 80-82, 90, 91, 94, 96-98, 100, 101, 106, 111, 112, 115, 116, 119, 121-126, 130, 138-142, 143, 148, 149, 161, 162, 164, 167, 170, 172, 173, 177, 181, 182, 184, 185
phénomène 10, 15, 18, 19, 22, 23, 28, 57, 113, 114, 131, 133, 134, 136, 137, 177
phénoménologie 22, 100, 102, 131
photographie 18, 47, 97, 98, 107, 129, 147-150, 184, 185
pluie 10, 12, 15-17, 19, 21, 22, 65, 105, 127, 135, 177
portée dramatique 22
principe de création 98, 115
principe de vérité 60
procession 25, 26, 29, 30, 31, 33, 41, 78, 110, 114

ralenti 34, 58, 65, 67-70, 107, 139, 165, 167, 168, 173, 180
RENOIR Jean 9, 44, 48, 161
rouge 31, 36, 37, 40, 42, 66, 68, 78-81, 90, 91, 93, 112, 115, 116, 118, 119, 123, 143, 157, 164, 165, 167, 168, 170

samouraï 10, 28, 35, 37, 38-40, 42, 45, 50, 60, 69, 71, 145, 153, 168, 183
scénario 9, 17-19, 30, 38, 45, 53, 54, 56, 60, 63, 74, 83, 121, 146, 154, 173, 181
SCHUBERT 59
SIMENON 27, 84
soleil 12, 15, 20-22, 24, 54, 81, 83, 93, 95-97, 100, 101, 103-106, 109, 111-114, 117, 127-129, 135, 136, 148, 149, 155, 166, 169, 170, 172, 173, 180-182
symbolique 29, 36, 52, 59, 112, 124, 128, 179

tableau 8, 9, 15, 26, 36, 65, 66, 68, 70, 81, 91, 95-100, 111-113, 115, 116, 118, 130, 140, 168, 171, 172
TARKOVSKI 10-12, 42, 52
temporalité 30, 124, 179
tension dramatique 17
terreurs 19, 24, 25, 40, 64, 69, 77, 87, 91, 102, 106, 125, 164
théâtre Nô 9, 10, 25, 35, 39, 55, 57, 78, 99, 156
théorie 7, 8, 16, 18, 56, 87, 119, 120, 132
théorie des genres 8, 119-123, 145, 149, 155
tramway 19, 79, 81, 82
trompe l'œil 101

violence 20, 21, 26, 38, 39, 69, 70, 78, 112, 113 128, 145, 147
visage 2, 25, 35, 38, 39, 42, 50, 64, 74, 78, 89, 90, 95, 97-100, 106, 108, 135, 136, 138, 144, 155, 156, 157, 180
viseur 83, 87, 128

table des matières

introduction 7
1. un soleil sous la pluie 15
2. le verger aux pêchers 35
3. la tempête de neige 55
4. le tunnel 77
5. les corbeaux 95
6. la montagne rouge 115
7. les démons gémissants 143
8. le village des moulins à eau 161
filmographie 189
index 201

Ce livre a été imprimé
en France par **ICN**

Zone Industrielle des Saligues
98, rue Louis Rabier
64300 Orthez

05 59 69 77 80
icn@imprimerie-icn.fr

Dépôt legal : Mai 2011